Rock and Roll Junkie

Wasted Youth
Wie die Eighties wirklich waren

Rock and Roll Junkie

Wasted Youth

Wie die Eighties wirklich waren

Rediroma-Verlag

Bibliografische Information der Deutschen Nationalbibliothek:
Die Deutsche Nationalbibliothek verzeichnet diese Publikation in der Deutschen Nationalbibliografie; detaillierte bibliografische Daten sind im Internet über http://dnb.ddb.de abrufbar.

ISBN 978-3-96103-198-6

Umschlagillustration:
Vorderseite: Dr. Ralf Heinze
Rückseite: Dr. Achim Heinze
Foto des Autors: Oliver Loy

www.rediroma-verlag.de
11,95 Euro (D)

Inhaltsverzeichnis

The memory remains

Wasted Youth spielt zu einer Zeit als die Flüsse gewundener, die Autos kleiner und eckiger, die Haare länger und die Kneipen noch so richtig verraucht waren: in den 1980er Jahren. Erfahrene Eltern konnten damals am day after dem dumpfen und schweren Tabakgeruch der Lederjacke ihres Nachwuchses problemlos entnehmen, wer wo und wie lange unterwegs gewesen sein musste. In den 80ern hatte schließlich noch Philip Morris das Sagen und nicht Doc Morris: Dieses Jahrzehnt war weder rauchfrei, noch zucker-, laktose- oder glutenfrei!

Wasted Youth konzentriert sich vorrangig auf das, was Jugend seinerzeit ausmachte – die Musik! Denn Fraktionszwang gab es nicht nur in der großen Politik: Welche Bands jemand gut fand, entschied darüber, in welchem Outfit er unterwegs war und welche Freunde er hatte.

Musik wurde nicht gestreamt, nicht in Talentshows misshandelt, nicht in Feuilletons zerrissen, sondern einfach nur gehört – und gelebt. Der persönliche Soundtrack war folglich bei so manchem dafür (mit-)verantwortlich, wenn er in die falschen Kreise geriet und seine persönliche Abwärtsspirale von Metal, Moshen und illegalem Medikamentenkonsum mit einer Überdosis endete: nicht die Überdosis Gefühl, von der Mitte der 80er Jahre so mancher Austro-Popper sang, sondern eine letale Überdosis Heroin. In den meisten Fällen blieb es für die Eighties-Youth glücklicherweise bei Bangen, Bier und belanglosen Beschädigungen.

Ihre Zeit – und davon gab es im 80er-Jahrzehnt mehr als genug – verbrachte die Jugend auf der Straße und nicht vor dem PC: Streetrock anstelle von Facebook; statt gepostet wurde geprostet! Statt eines Cell-Phones gab es die beschmierte, versiffte und oft mit sämtlichen Körperexkrementen verunstaltete gelbe Telefonzelle – und zwar noch ohne Karte!

Wenn es wirklich einmal sein musste, war es nicht You Porn, sondern dann tat es die Penthouse-Sammlung des großen Bruders; zum Einstieg reichte den dahingehend wenig verwöhnten Heranwachsenden schon der Quelle-Katalog mit seinen Unterwäsche-Models. Den Rest konnte man sich ja gut vorstellen!

Das Leben der Eighties Youth spielte sich grundsätzlich draußen ab, ob beim Lagerfeuer am See oder beim Rock Open Air; täglich wurde auf öffentlichen Plätzen herumgelungert. Dabei trug man gestreifte Stretchhosen oder gebleichte enge Domestosjeans, die fast mit dem Schuhlöffel angezogen werden mussten! Man vertrieb sich die Zeit in Plattenläden anstatt Amazon, I-Tunes oder Spotify zu frönen – wenn jemand etwas Triviales spielen wollte, warf man eben mal 50 Pfennig in den Flipperkasten einer abgefuckten Bahnhofskneipe und verschwendete seine kostbare Jugendzeit nicht wie viele Jahre später an der X-Box oder am Home-PC.

Für alle, die ob ihrer eigenen unspektakulären Jugendzeit manchmal neidisch auf die Achtundsechziger oder „The year Punk broke“ (natürlich `76 und nicht ´91!) sein mögen, gilt ab jetzt: forget ´68, fuck ´76 – here comes ´89! Screaming Sixties? Sucking Seventies? Eternal Eighties! Denjenigen mit der Ungnade der späten Geburt sei deshalb vorab gesagt: Das habt ihr alles vom Jahrzehnt mit dem langen Nachhall (was besonders für die Snare-Drum gilt) versäumt! Die Achtundsechziger hatten vielleicht Brot und Rosen, wir Neunundachtziger hingegen Guns and Fxxxin′ Roses!

Wer wissen will, wer wir waren, was aus uns wurde und wer wir manchmal noch sind, darf sich jetzt zurück begeben auf eine Zeitreise ins Jahr 1988 – mit einem kleinen Zwischenstopp zu Beginn der Neunziger Jahre. Also: Rein in die Cowboystiefel, dazu die gefährlich enge Leopardenhose noch ein letztes Mal über die Oberschenkel quetschen; den Bauchansatz kaschiert ein in der Schlankheitsfarbe schwarz gehaltenes Metal-Shirt, noch ein verwaschenes Bandana um die Platte gewickelt und die Bierflasche aufgeploppt: Flashback – die Zeitreise kann beginnen! Oder, um mit Thin Lizzy zu sprechen: Are you ready?

Scarred for live

August 1991. Frei, endlich draußen! Fast eineinhalb Jahre hinter Gittern sind mit dem heutigen Tag Vergangenheit geworden. Als die schwere Eisentür der Justizvollzugsanstalt mit einem letzten metallischen Krachen hinter mir ins Schloss fällt, stehe ich allein auf einer staubigen Straße. Am Körper trage ich nach langer Unterbrechung wieder dieselbe Kleidung, welche vor siebzehn Monaten abgegeben wurde: Sneakers, eine ziemlich eng anliegende schwarze Hose (die immerhin noch passt!) und natürlich mein rotes, selbst designtes Shirt, auf dem vorn in verschnörkelter Schrift „Wasted Youth“ und rückseitig in fetten Lettern „Rock and Roll Junkie“ geprintet steht.

Bedächtig sehe ich mich um. Die Stadt scheint fast menschenleer zu sein. Zu so früher Stunde ist es auch noch empfindlich kühl. Derzeit sollte eigentlich Hochsommer sein, doch der morgendliche Tau auf dem Gras und die ersten zarten Nebelschleier vermitteln schon einen verfrühten Anflug des kommenden Herbstes. Ich fröstle leicht. Vor mir liegt eine lange und gerade Allee, die ich langsam und alle Eindrücke aufsaugend entlang schlendere: am Straßenrand streiten sich zwei Amseln um einen dicken Regenwurm – das größere Exemplar versucht, den etwas kleineren Vogel mit zänkischen Lauten und aufgeregtem Flügelschlag zu verscheuchen; auf der anderen Straßenseite, vor einer Parkbank steht in sich zusammen gekrümmt und auf einen Stock gelehnt ein alter Mann.

Ziellos schlendere ich weiter. Bereits am frühen Vormittag blendet mich die sich ihren Weg durch die Nebelschleier bahnende Sonne ungewohnt stark. Allzu oft habe ich den „gelben Planeten" nicht zu Gesicht bekommen während der letzten Monate. Ein paar Schritte vorwärts gehen, stehen bleiben, durchatmen und vor allem: nach vorn schauen und keinen einzigen Blick zurück riskieren! Heute ist ein besserer Tag als gestern!

20 Jahre werde ich – Rock and Roll Junkie genannt – demnächst alt. Geboren Anfang der 1970er Jahre in einem Münchener Vorort, dort aufgewachsen und auch nur einmal so richtig herausgekommen – das alles hätte sich nicht unbedingt so entwickeln müssen. Nach knapp eineinhalb Jahren hinter schwedischen Gardinen habe ich nun das Leben wieder vor mir, aber noch viel mehr hinter mir. Ich bin ein Kind der Achtziger. Zu dieser Zeit habe ich meine Jugend verbracht, die Weichen fürs weitere Leben wurden

in diesem Jahrzehnt gestellt. Dass mich mein hoffnungsvoller Weg direkt aufs Abstellgleis führen sollte und so schnell zu Ende sein könnte, hätte ich niemals gedacht! Wie es trotzdem dazu kam, diese verhängnisvolle Geschichte werde ich nun erzählen.

I wanna rock

September 1988, das letzte Schuljahr hat für uns begonnen. Wir – das sind Stefan Weichselbaumer (genannt Stevie), Johann Wagner (Joe), David Oberbauer (Dave), Kai Schmidt (einfach nur Kai) und meine Wenigkeit, Michael Zieneh (bis der passende Spitzname vergeben wird, dauert es noch ein paar Seiten...). Typen wie wir werden gemeinhin als „Harte" bezeichnet: Frei nach dem damals noch nicht existierenden Wikipediawissen handelt es sich dabei um Menschen, die regelmäßig auf Konzerte gehen, wo die Schlangen vor den Herren-WCs länger sind als bei denselben Einrichtungen für Frauen. Sind die harten Rocker – wie meistens – abseits ihrer weihehaften Örtlichkeiten wie Stadthallen oder Plattenläden im Alltag unbekuttet unterwegs, erkennt man sie daran, dass sie mit dem Außenseiterstempel deklariert auf dem Schulhof abseits stehen und unter sich bleiben. Oder etwas prägnanter formuliert: Das, was alle anderen super finden, finden wir in der Regel immer ziemlich bescheiden!

Unsere Fünferclique besucht die Schulabschlussklasse eines tristen Münchener Vorortes. Dort mühen wir uns im Großen und Ganzen mit wenigen Ausnahmen (Stevies Ehrgeiz in Mathe und Joes angeborenes Talent für die Physik) mehr schlecht als recht ab.

Wieder einmal eine dieser nicht enden wollenden Schulstunden im Fach Deutsch. Das in die Jahre gekommene Fräuleinwunder am Pult doziert im Vortragsstil Wort für Wort aus ihrem Manuskript. Außer zwei Mädchen in der ersten Reihe, die ihren Blick unentwegt nicht von ihr lassen, immer wieder verständig nicken und brav mitprotokollieren, hört niemand von uns 30 unmotivierten Schülern zu. Es wird auch gar nicht mehr erwartet: Zwischenfragen oder Kontrollaufrufe gibt es längst nicht mehr. Die letzte Reihe, wo traditionell die Outsider sitzen, hat längst andere Betätigungsformen gefunden. Stevie zeichnet hingebungsvoll Iron Maiden Eddies auf einen Block, Kai studiert die neuesten Angebote im Disc-Center-Katalog, während Joe und ich uns gegenseitig Löcher in die Hose reißen; „Abfucken" nennen wir das. Man beginnt am Knie, wo der Stoff schon leicht durchgescheuert ist, und zieht dann mit einem Bleistift Faden für Faden aus dem Gewebe heraus. Nicht zu viel natürlich, es soll auf keinen Fall gefakt aussehen!

Nur noch wenige Minuten, dann ist es soweit: Punkt zwölf geht die Rocksirene los. Danach kann man die Uhr stellen – und wir alle warten insgeheim darauf. Noch eine Minute, eine halbe – ein paar Sekunden, der stille Countdown von zehn auf null beginnt. Wird Dave es heute wieder tun? Beim letzten Mal gab es einen verschärften Verweis, beim nächsten Ausbruch blüht angeblich eine Direktoratstrafe. 5, 4, 3 – fast die ganze Klasse blickt zum Shouter in Spe, der zuversichtlich und siegessicher grinst, aufsteht – sogar die Lehrerin spürt die Unruhe, sie ahnt was unweigerlich auf sie zukommen wird – 2,1: „I WANNA ROCK!!" Ohrenbetäubend laut hallt der Schrei wie ein Weckruf durch den Schulsaal, die letzte Reihe antwortet mit einem noch derberen „ROCK!!!“, danach herrscht sofort wieder absolute Ruhe. Das hatte Dee Snider auf Stay hungry auch nicht besser hinbekommen. Dave setzt sich gleich wieder hin, die 12-Uhr-Sirene hat geläutet, Alarmprobe geglückt und die Lehrerin macht einfach so weiter als ob gar nichts gewesen wäre. War schließlich nicht das erste Mal!

Wasted

Heute Abend beginnt der Tanzkurs. Die ganze Schulklasse wird dort einfach angemeldet, das ist wie bei der Taufe oder beim ADAC – man wird erst gar nicht richtig gefragt und gehört als nachwachsender Beitragszahler automatisch zum Verein mit dazu.

„Wenn ihr den Tanzkurs hinter euch habt, seid ihr immerhin kleine Erwachsene und zählt zu den Großen“, tröstet uns ein Lehrer, der ansonsten eigentlich ganz cool ist und so manches Mal unsere Bedenken wenigstens halbwegs verstehen kann. Doch plötzlich siezt er uns. Was hat denn das zu bedeuten? Vor zwei Monaten hieß es noch wahlweise: „Joe und Michael, ihr zwei Deppen“ und jetzt auf einmal „Herr Soundso, bitte?“ Außerdem: Zu den Anzugträgern, Lackaffen und Krawattenfuzzis dazu gehören? Genau das wollen wir überhaupt nicht! Wenn schon mitgefangen und mitgehangen, dann wenigstens mit Stil – und zwar unserem, so die Meinung unserer Gang!

Die erste Tanzstunde beginnt um halb acht, die Happy Hour in einem berüchtigten Pub in der Nähe schon um sechs. Pünktlich treffen wir dort ein. Leider nur zu dritt: Dave findet den Tanzkurs wegen des Nahkampfes mit den

Mädchen eigentlich ganz gut, deshalb will er nüchtern antreten. Stevie hat wie immer „ganz plötzlich keine Lust mehr“, so die offizielle Version. Tatsächlich aber haben seine strengen Eltern irgendwie Wind von der Sache mit dem Warmtrinken bekommen, sodass er nicht mitdarf. Es bleibt eben wieder einmal der ganz harte Kern übrig: Joe, Kai und ich. Unsere Elternteile – wie man Vater und Mutter später einmal nennen wird – lassen uns immer gewähren; stets mit der vergeblichen Hoffnung, dass wir, wenn wir uns endlich endgültig ausgetobt hätten, anschließend umso ruhiger würden. Doch diese Rechnung sollte nicht ganz aufgehen.

Abgesehen von zwei stadtbekannten Saufköpfen sind wir die einzigen Gäste in der Spelunke. Vormittags in der Schule bleibt es für uns Jungspunde immer noch bei Bluna, Sunkist oder Quench; doch hier, wo allabendlich echte Männer trinken, wird gleich ein Bier pro Mann und Nase geordert. Allerdings: Halbe Preise bedeutet nicht etwa, wie wir eigentlich gedacht hätten, statt 2,20 DM nur 1,10 DM pro Humpen zu löhnen. Die wenig attraktive Kellnerin stellt jedem von uns kommentarlos einen vollen Maßkrug hin: Gleicher Preis, aber doppelte Menge, so ist das mit der Happy Hour gedacht. So viel wollten wir eigentlich gar nicht trinken! Wir drei blicken uns verschwörungsvoll an. Joe, der am wenigsten veträgt, ahnt gleich, was kommen wird: Augen trinken. Man muss dabei, wenn man den Maßkrug zum Trinken ansetzt, immer so viel schaffen, dass eine Reihe der vier ovalen „Glasaugen“ bierfrei wird – also jeweils einer Viertelliter auf ex. Das gelingt uns locker im Drei-Minuten-Takt, sodass alle drei unserer Beer-Group nach einer knappen Viertelstunde schon ordentlich angeheitert sind.

Kai verzieht sich als erster klowärts und offenbart auf dem Weg dorthin schon eine leichte Schlagseite. Als er von der Toilette zurückkommt, hat er die Kellnerin und drei neue Bierkrüge im Gepäck. Das wird übel, doch irgendwie pressen wir uns das Zeug schon rein! Da es bekanntlich auch die Menge macht, verzichten wir bei der zweiten Maß auf das bewährte Augenritual, was die Schlagzahl aber nur unwesentlich verringert. Die Stimmung hingegen steigt immer höher: die alteingesessenen Alkis freuen sich über den engagierten Nachwuchs und die Kellnerin über die unerwartete Umsatzsteigerung.

Schließlich sind die zweiten Maßkrüge allesamt geleert, wir hingegen randvoll. Eine halbe Stunde vor unserem Abflug kommt Stevie tatsächlich noch vorbei. Trotz unseres euphorischen Zustandes merken wir ihm sofort die Enttäuschung an, dass er erst jetzt bei unserem erweiterten Vorglühen dabei sein kann. Nach einer guten Stunde Trinkgelage bietet sich ihm ein Bild, das man sonst nur von späterer Abendstunde kennt. Joe klappt mit dem Stuhl nach hinten um und bleibt einfach liegen. Kai schmust angeblich schon wieder mit der Kloschüssel – um kurz nach sieben, das wäre glatt ein neuer Rekord! Er rappelt sich aber noch einmal auf, entfernt mit einem letzten Kraftakt beidhändig die Klobrille von ihrem angestammten Platz und hängt sich diese – wie dies ansonsten nur die Ironmannen auf Hawaii mit ihren Siegerkränzen zu tun pflegen – glatt um den Hals, um damit als stolzer Triumphator durchs Lokal zu marschieren.

Stevie und ich diskutieren als die einzig verbliebenen am Biertisch im Zwiegespräch heftig und zunehmend einsilbiger darüber, ob Motorhead jetzt eigentlich Metal oder doch Rock and Roll ist. Gegen Argumente und Songtitel wie „Built for Steel“ und „Killed by death“ tue ich mich schwer mit meiner These, dass Chuck Berry, Johnny Rotten und Gegenpapst Lemmy bzw. Korporal Wurzel in Wirklichkeit ein- und dieselben Rock and Roller sind und nur jeweils ohne ihr Zutun anders vermarktet werden.

Plötzlich steht Joes Mutter im Raum. Das Entsetzen über unseren Auftritt ist ihr anzusehen. Sie will ihren Sprössling abholen und herrscht sogleich alle an, was uns denn eigentlich einfiele, ihren einzigen Sohn hier und heute so abzufüllen. Irgendwie haben wir gar nicht so recht mitbekommen, dass er schon komplett am Ende ist und deshalb jemand vom Lokal bei ihm zu Hause angerufen haben muss. Doch Frau Wagner ist nach einigen insgesamt wenig überzeugenden Erklärungen unsererseits immerhin so nett, den traurigen Rest von uns zum Tanzlokal zu bringen, wir sind sowieso schon knapp dran. Trotzdem kommen wir zu spät, genießen dennoch den Auftritt vor versammelter Mannschaft, die teils pikiert, teils aber auch sehr amüsiert reagiert.

Der Tanzlehrer nuschelt so undeutlich, dass man ihn kaum versteht. Zum Glück ist der Tanzheini so sehr im Redefluss, dass ihm ein lautstarker Rülpser aus unserer Richtung entgeht. Erneut großes allgemeines Gelächter im Saal. Längst hat jetzt auch der Rest der Klasse bemerkt, was mit uns los ist.

Was mit ihm los ist, wird schnell offensichtlich: Er hat es auf unsere Oberstreberin aus der ersten Reihe abgesehen – die kann der Tanzpädagoge gerne haben. Wie einstudiert wirbeln beide sogleich über das Parkett. Wir hingegen haben große Mühe, uns überhaupt noch auf den Beinen zu halten. Außerdem tanzt es sich mit voller Blase nicht wirklich gut! Kai muss sich gleich wieder hinsetzen, besonders gesund sieht er jetzt wirklich nicht mehr aus.

Don´t tell me

Trotzdem riskiert Kai nach dem Kurs wieder mal eine dicke Lippe: Er wäre hier der Stärkste und könne das jederzeit beweisen. Die Jungs vom Sportverein protestieren heftigst, da sie sich angesichts solcher Anmaßungen sofort in ihrer Ehre gekränkt fühlen. Es kommt zu einem unschönen und immer aggressiver werdenden Wortgefecht. Behauptungen und Übertreibungen gehen hin und her bis sich die Argumentationskette bald nur noch im Kreis dreht.

Schließlich hat jemand die erlösende Idee, zum nächsten Fitnessstudio zu fahren, um dort Taten statt Worte sprechen zu lassen, eine Art spontanes ad hoc Eighties-Entschleunigungsangebot. Der volltrunkene Kai lässt sich auf dem Weg dorthin zu einer Wette überreden, die er nie und nimmer gewinnen kann: Wenn er in seinem Zustand ein 100 Kilo-Hantelgewicht stemmen könne, dann würden alle Anwesenden zusammenlegen, sprich Geld für seine Heldentat spenden. Im umgekehrten und viel wahrscheinlicheren Fall wäre Kai zwar zu keinerlei Zahlung verpflichtet, aber sämtlicher Ehrenrechte beraubt, als Witzfigur gebrandmarkt und quasi aus der Gemeinschaft ausgestoßen. Kai schlägt dennoch ein. 100 Kilo? Das schafft er nicht einmal stocknüchtern! Um die Anforderung zu erhöhen, schlägt Kai in überheblicher Manier sogar noch vor, zuvor einen Astronautentest über sich ergehen zu lassen.

Man schreitet zur Tat: Er wird ordentlich durchgedreht und strebt anschließend erstaunlich sicher dem Kraftplatz zu. Inzwischen sind wir in das Zentrum der Aufmerksamkeit der gesamten lokalen Muskelprotzszene gerückt. Ein Typ im rosa Spaghetti-Träger-Shirt beendet seine Übungen an der Blutdruckpresse, apportiert die Langhantel und legt diese in vorbildlich rückengerechter Haltung vor Kais Füßen auf einer Weichbodenmatte ab. „Hundert Kilo, ohne zu wackeln, das möchte ich sehen, junger Sportsfreund!“, lacht er höhnisch.

Doch Kai verzieht keine Miene. Er zelebriert das Ganze richtig. Bevor Kai loslegt, entblöst er publikumswirksam seinen Belly, was verhaltenes Gelächter einiger Umstehender hervorruft, ölt seinen babyweichen Bizepsansatz mit Allgäuer Latschenkieferöl ein, wischt sich anschließend die Hände mit einem weißen Frottee-Handtuch trocken und ordert als letzte vorbereitende Maßnahme einen Red Bull, den man in den Achtzigern nur in Muckibuden wie dieser illegal unter der Ladentheke bekam. Wie „Buds Benzer“ zu seinen besten Zeiten, „als er noch mit Strom aufgeladen wurde“, stolziert Kai Richtung Eighties-Schafott.

Dann muss er Farbe bekennen. Der alkbedingt eigentlich fast Vollnarkotisierte stellt sich relativ souverän auf eine Weichbodenmatte. Kai dehnt noch einmal alles durch, was sein Gummikörper zu bieten hat, dann ist es soweit. Unser Zeremonienmeister bückt sich nach unten, greift Richtung 100 Kilo-Langhantel, um dann kurz vor dem Zugriff eine der bisher unbeachtet daneben liegenden 1-Kilo-Kinderhanteln zu ergreifen. Zackig beginnt er, diese nach oben zu „stemmen“.

„Was soll denn das werden?“, beschwert sich jemand lautstark. „Lass ihn nur, der wärmt sich erst auf“, meint ein anderer. Uns schwant etwas anderes: Kai rechnet irgendwie auf eine ganz unterschiedliche Weise: „...achtundneunzig, neunundneunzig, einhundert. Bitte sehr!“ „Und das alles ohne zu zittern!“, stehen wir unserem Kumpel bei.

Sprachlos stehen uns die Fitnessfreunde gegenüber. Nicht wegen der gerade erlebten sportlichen „Höchstleistung“, sondern vielmehr wegen Kais Unverfrorenheit, die Bizepsblaster mit der banalen Ein mal Eins-Rechnung, „100 mal ein Kilo ergibt einmal hundert Kilo“, so billig anzuschmieren. Bei einigen Umstehenden scheint deshalb der Sixpack vom Bauch auf die Strin hochgewandert zu sein. Denksport kann auch anstrengend sein: die ersten Schweißperlen bilden sich auf den breiten Frontpartien. Im geschlossenen Kreis stehen die Prachtexemplare gleich bayerischen Premium-Zuchtstieren um uns herum, senken bedrohlich die Köpfe zur Angriffshaltung und rücken gefährlich näher. Neandertal reloaded. „Solche Tricksereien gehen gar nicht!“, findet der erste die Sprache wieder, wobei ihm anzusehen ist, dass es wahrlich nicht leicht fällt, die Contenance zu halten.

Wir helfen selbstverständlich zu unserem Kumpel, schließlich hat er ja getan, was abgemacht war. So kommt es am Schluss des Abends noch zu einer größeren Rangelei, bei der das gesammelte Geld auf den Boden fällt. Ein paar Sportfreunde können es gar nicht eilig genug haben, möglichst viel davon aufzusammeln. Wir verzichten und es fallen noch einige deutliche Worte zwischen den beiden Lagern. Schließlich einigt man sich als Gage für den Alk-Athleten auf zwei Kästen Bier, die gemeinsam getrunken werden sollen.

Damit ist schließlich der Abend der ersten Tanzstunde vorüber, das absolute Betretungsverbot in dieser Mucki-Bude besiegelt und wir sind alle einen ganz großen Schritt Richtung Erwachsensein gegangen. Fast alle!

Russian Roulette

Ob uns die spießige Tanzerei auf den rechten Weg bringen wird oder nur noch weiter davon ab – das sollte sich am finalen Ball der Debütanten zeigen. Im Oktober 1988 ist es soweit: Die angehende Abschlussklasse der Schule hat sich bewährt und darf nach einem Monat altbackensten Tanzdrills zur Belohnung in die Welt der Erwachsenen aufgenommen werden! Unser Jubel hält sich dennoch in Grenzen. Wir tanzen nämlich weder offen noch geschlossen, sondern überhaupt nicht – wir bängen!

Im feinsten Zwirn stehen wir fünf Kumpels uns am betreffenden Abend wie fremd gegenüber. Im Pinguindress und mit Stock im Kreuz fühlen wir uns alle sichtlich unwohl. Kurz bevor wir den Ballsaal entern, zwinkert Joe mir verstohlen zu und knöpft ganz eilig sein weißes Hemd auf, wobei er versehentlich den obersten Knopf abreißt. Man sehe und staune: darunter kommt glatt ein schwarzes WASP-Shirt zum Vorschein. Ich kontere mit dem „Stop dancing – start destructing!"-Spruch auf einem selbst bepinselten weißen T-Shirt unter der Abendgarderobe. Zwei Dumme, ein Gedanke! Und unser Englischlehrer hätte sich ob unserer eingeschränkten fremdsprachlichen Fähigkeiten wieder einmal bestätigt gefühlt. Unsere Shirts wollten wir nach der Pflicht (Vortanzen im Sakko) eigentlich auch zur Kür (Vorbangen im Muskelshirt) aktivieren, aber dazu kam es gar nicht. Jemand anders sollte eindeutig mehr zu bieten haben!

Über diesen Abschlussball selbst gäbe es im Prinzip nicht viel Besonderes zu berichten, außer tanzen bzw. trinken bis die Lichter ausgehen – wenn da nicht eine außergewöhnliche Aktion zweier ehemaliger Schüler gewesen wäre, welche unsere Schule zwangsweise vorzeitig verlassen mussten, bei der tatsächlich die Lichter ausgehen sollten: Während wir Abschlussschüler uns bei der Cha-Cha-Cha-Vorführung auf dem Parkett reichlich dämlich vorkommen, stehen plötzlich Brucki und Raider am Rand der Tanzfläche, beide fast komplett in Leder gekleidet, samt Nietengürtel und jeweils mit fettem Rückenaufnäher. Sie haben sich seit ihrem erzwungenen Schulaustritt stark verändert. Aus zwei braven Bubis sind zwei fertige Typen geworden – „fertig" weniger im Sinne von komplett, sondern vor allem im Kontext von extrem „abgefuckt" und fertig mit der Welt. Ihre Haare sind schon gefährlich lang, zahlreiche Aufnäher von Exploited bis Slayer zieren die ranzigen Lederjacken, ihre Gesichter wirken irgendwie verschlagen und das gesamte Auftreten erscheint viel souveräner als damals im Schulunterricht. Ich kann mich noch gut daran erinnern, als der Lateinlehrer immer auf Brucki herumgehackt hatte: „Bruckmeier, das muss schneller gehen! Wird´s bald?" Immer war es dieser Pennäler, der am Ende der Stunde alles zusammenfassen musste, was ihm kein einziges Mal gelang. Kein einziger von uns anderen Schülern hätte so etwas jemals gekonnt! Als Brucki dann unvorsichtigerweise wüste Verwünschungen in Richtung des Pädagogen in sein Schulbuch schrieb, dieses am Jahresende geprüft und die Beleidigungen entdeckt wurden, war es ganz vorbei mit seiner Schulkarriere. Im nächsten Jahr hatte er rein gar nichts mehr zu lachen.

Doch heute soll sich das Blatt wenden; die beiden uninvited guests fallen gleich richtig unangenehm auf, als es zur Damenwahl kommt: Während wir uns immer tiefer in unsere Sessel drücken und vergeblich auf Tauchstation gehen, skandieren die beiden lautstark „Äi-Sie-Die-Sie, Äi-Sie-Die-Sie!“ Passend dazu lugt aus Raiders Lederjacke eine Flasche Bon Scotch. Das sorgt schon einmal für die erste große Verwirrung, doch alles nichts gegen die folgende subversive Aktion: Im Tanzsaal wollen die zwei Zaungäste eine überraschende Einlage aufs Parkett legen. Was das genau sein soll, verraten sie nicht. Nur so viel: Joe und ich sollen uns als halbwegs eingeweihte Komplizen in einem günstigen Moment unbemerkt die Kellertreppe hinunter schleichen und für einen kurzen Blackout sorgen.

Wir tun wie uns befohlen und stehen kurz darauf im kühlen und modrigen Keller vor einem großen altmodischen Sicherungskasten. Es ist nicht ganz einfach, die schon leicht verblichene Beschriftung zu entziffern. Fieberhaft suchen wir nach einer weiß-gelblichen Keramiksicherung, auf der „Saal“ steht. Kaum haben wir sie entdeckt, wird das gute Stück herausgedreht.

Entfernt dringt aus dem Ballsaal ein Aufschrei zu uns herab, was bedeutet, dass dieser erste Teil der Mission erfolgreich war. Relativ gut sichtbar legen wir die herausgedrehte Sicherung auf den Boden, was wir vielleicht nicht hätten tun sollen. Lange würde es nämlich nicht dauern bis diese gefunden werden sollte.

Just in time schaffen wir es selbst die Treppe hinauf, als uns schon der Hausmeister dienstbeflissen und mit entschlossener Miene entgegenkommt. Glücklicherweise beachtet er uns in seiner Eile nicht. Wir überlegen, ob wir Brucki noch warnen sollten, dass der Zeitrahmen für sein Big Business doch sehr eng gesetzt sein dürfte und sich die Rahmenbedingungen für sein großes Geschäft durchaus zum Negativen entwickeln könnten. Aber es ist bereits zu spät! Sicherheitshalber machen wir uns deshalb schleunigst aus dem Staub, um unsere eigene Haut zu retten. Vor dem Gebäude warten wir äußerlich äußerst lässig, innerlich hingegen zitternd bis zur Zirbeldrüse ab, wie sich die Situation entwickeln wird.

Es sieht nicht und geht auch nicht gut aus: Das aufgebrachte Ballvolk verlässt gleich einem Hühnerhaufen völlig ungeordnet das Lokal. Den aufgeregt geführten Gesprächen entnehmen wir, dass offenbar jemand gerade versucht, während des etwas zu kurz geratenen Blackouts vor dem VIP-Tisch ein menschliches Hundehäuflein zu platzieren.

Aus „offenbar" wird „offensichtlich", als just in diesem Moment die grelle Saalbeleuchtung wieder eingeschaltet wird. So kommt es, dass Brucki wieder einmal in absolut peinlicher Pose vor seinem Ex-Lateinlehrer, der als einziger im Saal an seinem Tisch geblieben ist, dasteht bzw. sitzt. Als Brucki nur Sekunden später aufspringt, mit halb herunter gelassener Jeanshose die sich auswärts bewegende Menschenschlange überholt und mit hochrotem Kopf grußlos an uns vorbeistiert, kann dieser Abgang mit dem vorigen Auftreten in Punkto Coolness nicht mehr ganz mithalten. Dieser unrühmliche Anblick sollte der Letzte bleiben, den wir von Raider und Brucki jemals gesehen haben.

Trapped under ice

Vom ungebührlichen Ende unseres ersten Abends als vollwertigen Mitgliedern der Gesellschaft steht am Montag darauf nichts im Zeitungsbericht, nur ein Foto à la Provinzvariante des Wiener Opernballes ziert das Lokalblatt: „70 junge Tänzerinnen und Tänzer in die Gesellschaft eingeführt“ lautet die Schlagzeile des Lokalteils; eigentlich sind es ja nur 65, denn uns Fünf als dem harten Kern des Widerstands gegen alles Spießige hat dieser Ballabend eher noch weiter von der Wunderwelt des Erwachsenseins entfernt.

Bereits ein Wochenende danach bietet die legendäre Brückenparty – sozusagen „Under the bridge“, auch wenn es den gleichnamigen Song im Herbst ´88 noch gar nicht gab – ein Kontrastprogramm, das eher nach unserem Geschmack ist. Das Ganze wird veranstaltet von der Hauptschule des Nachbarortes. Von diesem Megaevent, wie man eine mehrere hunderte Jugendliche starke Feier heutzutage nennen würde, erfahren wir ohne jegliches digitale Kommunikationsmittel ganz einfach per Mundpropaganda. Was sich dort alles abspielen sollte, hätte fraglos jeder modernen aus dem Ruder gelaufenen Facebookparty zu Ehren gereicht: Als wir um halb zehn Uhr abends eintreffen, sind mehr als einhundert Halbstarke schon jenseits von Gut und Böse. Es bietet sich uns fast noch nüchtern aufkreuzenden ein verwegenes Bild der Verwüstung: ein riesiges Feuer, dessen rußige Flammen und Rauch sogar die Straßenbrücke hoch darüber anschwärzen, lodert wild flackernd zum dunklen Himmel. Genährt wird dieses Flammeninferno von mächtigen Baumstämmen, die man sicherlich nur mit archaisch-bajuwarischer Willenskraft bewegen konnte. Drei Mofa-Skelette liegen in der hellrot leuchtenden Glut und Benzin ist der bevorzugte Brandbeschleuniger. Vier dunkle Gestalten sind im Begriff, eine Mülltonne ins Fegefeuer zu zerren, als sie gerade noch feststellen, dass dort jemand wie betäubt drin liegt und deshalb in letzter Sekunde von ihrem Vorhaben ablassen. Zwei weitere Mülltonnen dienen als überdimensionierte „Goaß-Massen“, einem Mischgetränk aus Bier, Cola, Kirschlikör, und – wie wir sogleich beobachten können – geschmacklich abgerundet mit körperwarmem, zapffrischem Urin. Wir bleiben vorsichtshalber beim Bier und zwar aus der Flasche, so wie es Phil Lynott in einem seiner letzten Interviews gelehrt hat – auch wenn es ihm selbst nicht mehr viel geholfen haben dürfte: „Trinke nie aus einem Glas, das du nicht selbst eingefüllt hast“ – oder nie aus einer Flasche, die du nicht selbst geöffnet hast. Da es deren im Überfluss gibt, machen wir uns einen Spaß daraus, gegenseitig auf die geöffneten Bierflaschen zu schlagen und den Rest des Gebräus effektvoll zu verspritzen.

Beim letzten Nachfassen, als sich mit der einsetzenden Morgendämmerung das Fest dem Ende zuneigt, stoßen wir unerwartet auf ein regelrechtes Getränkelager. Flugs schnappt sich jeder von uns dort einen Kasten als Wegzehrung und mit einer Hand am Mopedlenker und der anderen das Diebesgut auf dem Tank balancierend, bringen wir die Beute auf einer mühseligen Schlangenlinienfahrt in Sicherheit. Auf unser bewährtes Ritual, den Helm an den Lenker zu hängen und in angedröhntem Zustand die Sterne am Nachthimmel bei Vollgasfahrt zu betrachten, müssen wir dieses Mal leider verzichten. Bis wir schließlich vor einem Problem stehen: Wohin eigentlich mit dem Diebesgut? Kurzerhand beschließen wir, die sechs Kästen bei Stevie, der heute Abend gar nicht dabei ist, im Garten abzustellen. Da freuen sich seine überstrengen Eltern sicher! Damit ist das Projekt „Looking for Freibier“ erfolgreich abgehakt!

Strafrechtliche Konsequenzen hat unser Diebstahl natürlich nicht, die inoffizielle und völlig ausgeartete Brücken-Veranstaltung allerdings schon. Es geht sogar um Mord! Wie man der Zeitung und dem allgemeinen Ortsgespräch entnehmen kann, taucht Thomas Höllsteiner, ein äußerst ambitionierter und deshalb polizeilich nicht ganz unbekannter Betäubungsmittelkonsument weder zu Hause noch bei seinen Kumpels oder sonst irgendwo auf. Als schließlich – dieses Mal, was ihn betrifft, von der eigenen Seite – die Polizei eingeschaltet wird, ändert sich daran dennoch nichts; der Gesuchte bleibt spurlos verschwunden. Es gibt Gerüchte, Tom sei nach Marokko ausgewandert, weil man dort leichter an Drogen käme – dagegen spricht allerdings, dass das bei uns auch nicht gerade besonders schwierig ist; andere reden von Selbstmord, da Tom von harten Drogen längst abhängig gewesen sein soll – gesehen hat niemand etwas und erinnern kann sich nach dieser Nacht verständlicherweise keiner mehr an irgendwelche Details. Auf die Idee, im Betonverlies im Inneren der Brücke zu suchen, kamen die Fahnder nicht. Verzweifelte Rufe wären allein schon wegen des Verkehrs auf der Brücke von niemand bemerkt worden. Man einigte sich schließlich auf die Version, der Abgängige wäre wohl aller Sinne beraubt bzw. berauscht im nahen Fluss ertrunken. Doch sein Ende war weitaus qualvoller: Erst Jahre danach fand man bei Wartungsarbeiten an der Brücke Toms sterbliche Überreste.

Die Mordkommission rekonstruierte den Tathergang folgendermaßen: „In vermutlich angetrunkenem Zustand muss der Verstorbene in den Hohlraum im Brückeninneren gekrochen sein und konnte sich von dort selbst nicht wieder befreien. Ein Fremdverschulden ist auszuschließen."

Es war die letzte Party dort und für die meisten der Hauptschüler begann schon mit 15, nach neun Jahren Schule, der Arbeitsernst des Lebens und das abrupte Ende ihrer exzessiv gelebten Sturm- und Drangzeit. Die meisten von ihnen hat man anfangs noch öfter, dann sporadisch und bald schon überhaupt nicht mehr gesehen – aus dieser Ecke ist in punkto jugendliche Gegenkultur nicht mehr viel gekommen.

Unser Leben als unreife Schüler der Oberstufe hingegen läuft unablässig weiter, es sollte sich so schnell nichts daran ändern. Obwohl es uns, was das Lernen anbelangt, nicht besonders gut in der Schule gefällt, diese aber zugleich den Mittelpunkt unseres spätjugendlichen Lebens darstellt, ist unser Dasein nach wie vor einfach: vormittags Absitzen der Schulstunden, am Nachmittag Abhängen im Ortszentrum, abends kurz nach Hause zum Essenfassen und rauf ins Zimmer, um die neuesten Musikerwerbungen anzuhören, bis schließlich zur Nachtzeit der kontrollierte Absturz erfolgt. Von größeren oder gar existenziellen Problemen bleiben wir noch eine ganze Weile verschont. Der Fokus liegt auf viel Trivialerem. Groß ist deshalb unsere Enttäuschung nach der Brückenparty, als wir bei Helligkeit feststellen müssen, dass von den geklauten „Bierkästen" nur zwei mit Gerstensaft gefüllt sind. Limo und Spezi haben wir für die nächste Party nun jedenfalls genug.

Comfortably numb

Schließlich ist es auch für unsere Clique soweit; die erste private Großveranstaltung kann stattfinden! Joe hat es tatsächlich geschafft, seine Eltern nicht nur in den Herbsturlaub zu schicken, sondern ihnen währenddessen sogar noch das Auto abzuluchsen. Kurzfristig funktionieren wir den Pkw zum Stock-Car um und drehen höchst amateurhaft ein paar fiese Rennrunden, bis der gepflegte Garten wie ein Schlachtfeld aussieht und vom vormals grünen Rasen außer braunen Furchen nicht mehr viel übrig ist. Anschließend geht´s ans Basteln: Die Techniker unter uns friemeln aus Autobatterie, Kassettendeck, Elektronikteilen meiner Stereoanlage und zwei geliehenen Boxen ein Soundsystem zusammen, welches das ganze Viertel beschallen kann. Zum Soundcheck knüppeln wir „...and justice for all“ auf volle Lautstärke gedreht durch bis auf einmal der Ortspfarrer (nicht die Polizei!) vor uns im Garten steht und zum Gespräch bittet. Bei so viel Autorität drehen wir etwas leiser, am Abend dann dafür aber umso lauter – bis zum bitteren Ende der Autobatterie.

Als weitere Vorbereitung für den Fall der Fälle stellen wir etwas abseits des Feiergeschehens ein kleines Zelt auf und legen liebevoll eine große Doppelluftmatratze, einen Schlafsack, ein Kissen sowie eine Flasche Bier für ihn und eine Dose Cola für sie danach ins „Draufhau-Zelt“. „Draufhauen“ ist im Oberbayern der 1980er Jahre der orts- und zeitenübliche Ausdruck für Beischlaf, wobei keiner von uns diesbezüglich schon aus eigener Erfahrung mitreden kann. Was jemand besonders auffällig ins Schaufenster legt, das führt er gar nicht, heißt es bekanntlich. Daran ändert sich trotz Zelt und guten Vorsätzen auch in dieser Nacht nichts. Ganz umsonst wurde das Campinggehäuse jedenfalls nicht aufgebaut: Beim wenig trinkerfahrenen Dave ist schon um halb elf Schicht im Schacht, weshalb er das Zelt zweckentfremdet, um seinen ersten Vollrausch dort auszuschlafen. Anders als auf einer LP mit einem politisch inkorrekten Titel, den man heute nicht mehr zitieren darf, ist „Jack Daniels and Pizza“ nicht Intro, sondern Outro für Dave. Ihn werfen wir beim Aufräumen am nächsten Morgen aus dem unbrauchbar gewordenen Zelt und den vollgekotzten Schlafsack direkt in den Müll.

Too fucking loud

Wer regelmäßig Musik hört, will einem ungeschriebenen Gesetz folgend auch einmal selbst Musik machen. Abseits von lehrbuchartigem Instrumentalunterricht mit den immerfort währenden mechanischen und seelenlosen Etüden und fernab biederer Hausmusik bei Familientreffen finden unsere ersten musikalischen Gehversuche in der Schule statt. Zu unserer Pennälerzeit sind die Lehrplangestalter sehr bemüht, die U-Musik im Schulunterricht zu verankern und ihr einen höchstmöglichen Bildungsanspruch zuzuweisen. Konsequenz dieser pädagogisch-institutionellen Durchdringung dessen, was definitiv nicht dafür (meist sogar dagegen) kreiert wurde, ist, dass in den allerorts neu angeschafften Musikbüchern (zuvor gab es nur Liederbücher mit antiquiertem Volksgut) Bands wie Pink Floyd, Eloy oder Amon Düül überpräsent sind.

Eines Tages werden am Schwarzen Brett Instrumentalmusiker für die Gestaltung eines Gottesdienstes gesucht. Sämtliches Equipment vom Drumset bis zum schuleigenen Marshall-Verstärker wird den musikalisch Aktiven dabei gestellt. Die Möglichkeit, Profi-Equipment zu spielen, was für Schülergeldbeutel ansonsten unerschwinglich und außerhalb jeglicher Vorstellungskraft liegt, gibt letztlich den Ausschlag für unsere erfolgreiche Bewerbung. Zweimal pro Woche können wir nun nachmittags einen top ausgestatteten Raum zum Proben nutzen. Die paar Kirchenlieder hobeln wir schnell herunter, danach geht es nur noch darum, unsere eigenen Songs zu perfektionieren: Langenscheidt-Lyrics und Pons-Platituden als Textinhalte, dazu eine Mischung aus Ramones meets Aerosmith; nur, dass das bei uns nicht nach Guns and Roses klingt, sondern bestenfalls nach Street-Punk oder eben den Neckbreakers, wie wir uns als hart rockende Absolute-Beginner-Band nennen.

Unser Verhältnis zum Musiklehrer wird in Kürze dank unseres Engagements so gut, dass wir sogar bei den nächsten Anschaffungen mitreden dürfen. Im lokalen Musikshop fühlen wir uns damit wenigstens einmal wie im Schlaraffenland! Bisher waren wir dort nur als Kunden aufgefallen, die zwar immer alles ausprobieren, aber nie irgendetwas kaufen. Besonders Kai hat sich schon einmal richtig in die Nesseln gesetzt, als er das Schild an der Türe zum Verstärkerraum „Wer noch einmal Smoke on the water spielt, zahlt der Belegschaft einen Kasten Bier!" nicht sah und ebendieses Riff anspielte; und das sogar noch mit dem klassischen Vergreifer beim sechsten Akkord.

Beim Schulgottesdienst vor Allerheiligen kommt nach unserer erfolgreichen Shoppingtour ein von mir als Gitarrist neu erworbener Flanger zum völlig übertriebenen Einsatz. Natürlich sehr zum Erstaunen und Missfallen des Pfarrers, der aber nicht mehr eingreifen kann. Wir erlauben uns außerdem, nach der fünften Strophe von „Danke für diesen guten Morgen“ als unerwünschte Zugabe noch eine weitere im Speed-Metal-Modus durchzupflügen. Dabei wird der Notenständer weggekickt – vom Blatt spielen ist schließlich kein Rock and Roll! Der Schulleiter blickt erschrocken zu uns, dann vorwurfsvoll zum Musiklehrer, der wiederum zum Hausmeister, doch auch er findet auf die Schnelle keinen Netzstecker, den man einfach so ziehen könnte. Das Ganze endet mit einem Chaos-Schluss und offenen Mündern bei den meisten Schülern. Auch der auffallend hübschen Michaela scheint unser Auftritt gut gefallen zu haben! Sie sitzt ganz links vorn und steht zum Applaudieren sogar auf, wobei sie direkt in meine Richtung blickt. Ihr erhobener Daumen versetzt mich in den siebten Himmel und gibt mir ein Gefühl, das ich bis dato noch nicht gekannt habe. Zeit wird es, dass wir unseren ersten richtigen Bandauftritt außerhalb von Schulgottesdiensten und Proberaumpublikum buchen – dorthin werde ich sie dann einladen. Die Gelegenheit dazu sollte bald kommen.

Video killed …

Spielt man wie wir im Herbst 1988 mit seiner Schülerband angesagte Songs und tritt damit nach gefühlten fünf Proben beim Feuerwehrfest im Nachbardorf auf, braucht sich noch niemand irgendwelche Gedanken über GEMA-Gebühren zu machen. Learning by doing ist das Motto; die Akkordwechsel spielt man einfach zur Schallplatte mit, als Problem erweisen sich höchstens einmal die englischen Texte:

Sind diese nicht auf der LP-Hülle abgedruckt, muss man den Textinhalt akustisch heraushören – da kommt gerne einmal etwas anderes als im Original dabei heraus. Statt „Tell your honey how it feels“ singen wir „Tell your Mommy I would be ill“. Unfreiwillig zum Linguistik-Dadaisten zu werden, ist übrigens selbst erfahrenen und bekannten Musikern passiert, wie etwa dem Megadave-Cheflyriker mit seinem Anarchy in the UK-Cover.[1] Aus „Pose to your sister“ wird bei uns Sprachlabor-Anglizisten unfreiwillig „Oppose to the system“, der Wunsch ist dabei wohl auch Vater des Gedankens. Als wir später Call of the wild von Circus of Power nachspielen wollen und in den Liner Notes der Live at the Ritz-Japan-Pressung etwas von „Take your baby by the hair“ (statt „...by the hand“) lesen, wissen wir immerhin, dass unser „Bavarian English“ aus dem Unit 6-Schulbuch doch nicht so schlecht sein kann![2]

Selbst wenn Zeilen fälschlicherweise reproduziert wurden – gemerkt hat das ohnehin niemand. Es funktionierte immer ganz gut. Das Internet als Informationsquelle, wo man den (oft auch nicht treffend wiedergegebenen) Text einfach kopieren hätte können, gab es nicht. Und besser als die Innersleeve-Texte auf so mancher Importpressung waren unsere hörerprobten Interpretationen allemal!

Schade ist aus gegenwärtiger Sicht, dass die technischen Aufnahmemöglichkeiten im Jahr 1988 besonders im Amateurbereich unzureichend waren. Das permanente Bandrauschen der Kassettenrecorder war unerträglich; da half auch keine Dolby A- oder B-Taste; deren Benutzung machte eine Aufnahme höchstens dumpfer! Die besten Ergebnisse erzielten wir erstaunlicherweise mit einem alten Uher-Tonbandgerät aus den späten sechziger Jahren, bei dem der Kopfhörer sogar noch per Luftleitung funktionierte.

Das erste eigene Promo-Bandvideo wurde ebenfalls antiquiert noch mit Super 8 ohne Tonspur abgedreht und dazu begleitend ein Demotape aufgenommen, aber beim Nachvertonen geriet nichts so richtig synchron. Das kam beim Sänger schon nicht besonders gut, richtig schlimm wurde es für den Schlagzeuger. Wenn er dank fehlender Synchronisierungsmöglichkeit auf dem Videotape völlig daneben auf die Becken drosch, merkte das sogar der unmusikalischste Betrachter – summa summarum also alles nicht vorzeigbar.

Immerhin sollte es damit bald vorbei sein: Super 8 war die längste Zeit der Standard gewesen – bis Mitte der Achtziger Jahre endlich die ersten überdimensionierten Videocamcorder kamen: so groß wie eine Fernsehkamera und nur auf der Schulter zu tragen. Der Kampf dieser Systeme nannte sich Video 2000, Betamax oder VHS, wobei sich letzteres als neuer Standard durchsetzen sollte.

Im Jahr 1988 wird damit die Film- und Aufnahmetechnik für blutige Amateure wie uns endlich handlicher und vom Preis her erschwinglich. Für uns beginnt ein neues Zeitalter! Joes technisch versierter Vater greift gleich zu; wir ebenfalls – kaum, dass die Neuerwerbung im Hause ist, steht sie auch schon bei uns im Band-Proberaum. Schnell haben wir uns mit der Bedienung der Kamera vertraut gemacht und schon wird das erste offizielle Bandvideo der Neckbreakers gedreht. Wir finden sogar drei Mädchen aus der zehnten Klasse, die im Bikinidress als zusätzlicher optischer Reiz im Video vorbeikommen wollen. Zur Freude unseres Bassisten ist sogar seine Favoritin Kerstin mit der großen Oberweite dabei. Michaela frage ich lieber nicht, ob sie ebenfalls mittanzen will, da würde sie vielleicht doch etwas pikiert reagieren.

Das fertige und im Endergebnis hochnotpeinliche Bewerbungsvideo senden wir nach seiner Fertigstellung von den einschlägigen Musikmagazinen über den Bayerischen Rockverband bis hin zu lokalen Landdiscos an so ziemlich jede Adresse, die wir kriegen können. Dass durch das viele Kopieren die Bandqualität ordentlich leidet – geschenkt! Auch unsere Selbstkategorisierung als „Bavarian Hardcore“ ist todespeinlich.

Dann heißt es warten auf Angebote. Exakt eine Antwort kommt von den Plattenfirmen zurück: Wir würden nicht zur Produktpalette des Unternehmens passen[3], aber man wünsche uns für die Zukunft alles Gute. Danke, das hilft uns bestimmt weiter!

Doch wir lassen nicht locker. Alles, was in Reichweite unserer Möpeds ist, wird nun im Plan B-Modus persönlich und direkt angefahren. Bei den meisten Discos im Münchener Umland (ins Zentrum selbst trauen wir uns angesichts unserer eingeschränkten musikalischen Fähigkeiten noch nicht) ist bestenfalls im angeschlossenen Wirtshaus jemand erreichbar, wenn überhaupt. Es sieht wieder einmal nicht gerade gut aus für die Neckbreakers!

Im Fantasy haben wir schließlich doch noch Glück: Als wir eintreffen, kocht gerade die Großmutter in der urigen Wirtshauskuchel und bittet uns immerhin, auf ihren Sohn zu warten, der um halb fünf von der Arbeit heimkommen wird. Als er eintrifft, schildern wir unser Anliegen. Von einer zugesendeten Videokassette weiß er überhaupt nichts. Kein Wunder, das Paket liegt ungeöffnet auf einem Stapel Zeitungen, direkt unter dem Bayernkurier. „Freilich kiint´z ihr bei mia spuin!“, ist alles was er zu sagen hat und wir schlagen ein. Am Samstag, dem 19.11.1988, werden die

Neckbreakers erstmals öffentlich im Rampenlicht stehen: Dave als Sänger (weil er kein Instrument spielen kann), Kai als Rhythmusgitarrist (Paul Reed Smith), Joe am oberbayerischen Selfmade-Viersaiter (Bass, nicht Bauernhof!), Drummer Stevie – vom Sänger immer „Ludwig“ genannt, weil dieser international wenig klangvolle Name überall auf seinen Drumparts geschrieben steht (damit wäre der „Na-gut-weil-du-schon-so-lange-nervst-gebe-ich-dir-zehn-Prozent-Rabatt-Endorsement-Deal“ bereits geklärt) und ich als Leadgitarrist (schwarze Les Paul Standard). Backing-Vocals setzen wir uns allesamt in großspuriger Manier als Credit, doch trotz persönlichem Mikrofon samt riesigem Ständer mit Plektrumhalter à la Stanley für jeden von uns, kommt aus dieser Richtung akustisch eher wenig Brauchbares an.

Soundchecking the soundcheckers

Ob unser Bandname „Neckbreakers“ nicht vielleicht doch ein bisschen übertrieben ist, fragen wir uns, als sechs Typen eines ortsansässigen Motorradclubs während unseres „Tour Truck-Downloads“ aufkreuzen und im Saal, wo wir aufbauen wollen, routiniert ihre Currywurst vertilgen. Dass man Hunde beim Fressen nicht stören soll, haben wir schon einmal gehört, dass dasselbe auch für Kuttenträger gilt, wissen wir jetzt. Die Tatsache, dass wir Typen von der Band noch ziemlich jung sind, scheint den Bikern jedenfalls nicht gerade zu imponieren. Selbst die Praxis, uns gegenseitig in Mentors-Manier mit Band-Pseudonymen der untersten Schublade anzusprechen („Evil Dickhead“, „Brutal Ballkicker“ „Panty Shitter“, „Dirty Diaper“, „Wicked

Warlord“), verbessert unser Standing nur unwesentlich. Als wir zu allem Überfluss Gespräche der Marke „...und dann hab´ ich dem schwindsüchtigen Zigarettenbürscherl noch einen Spitz mitgegeben der is nimmer aufg´stand´n!“ belauschen, fühlen wir uns plötzlich nicht mehr so wohl in unserer dünnen Stoffstretchhosenhaut. Ausnahme Dave; denn er hat doppelt vorgesorgt! Damit seine dünnen „Stangerlhaxn“ nach etwas mehr aussehen, hat er extra eine von Opas Stalingrad erprobten langen Unterhosen daruntergezogen; selbstverständlich in blütenreinem Schiesser-Weiß! Offenbar rechnet er nicht mit Groupies nach dem Konzert. Hat er denn nie gehört, was da für Orgien gefeiert werden? Zu Daves Verteidigung muss allerdings angemerkt werden, dass in den 80ern ganze Skikurse als Schiesser-Armada unterwegs waren und sogar Sexmaniac Big Mick auf seinem Solo-Debut in einer solchen vor einer hübschen Frau herumpost und sich dabei offensichtlich mächtig sexy vorkommt!

Haben wir eigentlich Bodyguards dabei? Bei kleineren Bands machen der Tourmanager oder der Soundmann diesen Job. Einen Manager haben wir natürlich nicht und unser Mischpultmensch ist mein vierzehnjähriger Cousin. Zwar hat sich dieser in Personalunion zugleich als unser Promoter aufgetan und den fiktiven, dafür besonders wichtig klingenden Job als „Production Designer“ bekommen – aber letztlich nur deshalb, damit ein paar mehr Freimarken für Getränke herausspringen. Die Roadies sind wir selbst, was natürlich niemand merken darf. Das hat wenigstens den Vorteil, dass uns die Groupies ungebraucht zufallen.

Payback´s a bitch: Finanziell lohnen sich solche Auftritte in der Provinz sowieso kaum, deshalb soll wenigstens das

Catering etwas hermachen; doch das vor der Show gratis servierte Wiener Schnitzel sieht aus wie schon einmal gebraucht und mundet in etwa so wie ein panierter Putzlappen. Der Spezi mit einer labberigen Zitronenscheibe am Glasrand riecht nach Klostein und schmeckt nach Spülmittel. Eindeutig abturnend – denn Festgage gibt es sowieso keine, wir spielen auf Eintritt: eine Mark pro Gast gehört uns. Als wir feststellen, dass der Eintrittspreis für den heutigen Abend glatte sechs Mark beträgt, zucken wir regelrecht zusammen: So viel ist unsere spielerische Qualität definitiv nicht wert! Außerdem können sich das die meisten aus unserer Altersklasse gar nicht so recht leisten.

So verstimmt wie unsere Instrumente im kalten Bus machen wir uns ans Aufbauen. Der Wirt meint, wir sollten in einer Ecke zwischen Herrgottswinkel und Schnapsbar spielen – damit sind wir schon mal überhaupt nicht einverstanden. Unwillig räumt er daraufhin unter grummeligem Protestgemurmel drei große Tische der Bauart Eiche-rustikal beiseite, sodass wir nun doch in der Mitte des Saales aufbauen dürfen. Unser Drummer Stevie besteht darauf, erhöht auf einem Podest zu thronen, also stellen wir zwei weitere massive Wirthaustische nebeneinander. Es wird für ihn trotzdem immer noch ziemlich eng dort oben, schließlich braucht er zwei Basstrommeln, selbst wenn Stevie die Double-Bass-Technik nicht richtig beherrscht und deshalb erst beim letzten Song einsetzen darf. Umrahmt wird der Bühnenaufbau von einer überdimensionierten Marshall-Wand, wobei die Hälfte der Speaker aus leeren, längst ausrangierten Attrappen besteht, hinter deren Netz sich gar keine Lautsprecher befinden. Für den Wirtshaussaal reicht unsere Wall of Sound allemal, weil wir auch lange vor

Steel Panther schon auf elf drehen: All man play on ten, boys like us on eleven!

Creeping Death knüppeln wir als ersten Song beim Soundcheck durch, kommen aber nur bis zum ersten Refrain, dann geht die Wirtin entschieden dazwischen. „Seid´z ihr wahnsinnig? Des könnt´z net spuin! Da lauff´n uns alle Leut´davon!“ Halbwegs versöhnlich stimmen wir sie mit einer improvisierten Version von „Children of the damned“, bei welcher der Verzerrer nicht benutzt wird. Am Abend spielen wir so eine Schunkelballade bestimmt nicht, aber dann kann die Wirtin ohnehin nichts mehr machen, wenn schon alle Fans da sind. Da soll die Kratzbürste dann ruhig dazwischen fluchen, wie sie will!

Ein paar im Hintergrund aufgetauchte Dorfgesichter finden das, was wir hier abziehen, immerhin ganz gut, wie sie uns mit ehrfurchtsvollen Blicken bedeuten. Zumindest interpretieren wir das allgemeine Anstarren, als wären wir von einem anderen Stern, in dieser Hinsicht. Wir kommen eben vom Planeten Rock! Lange halten wir uns mit dem Soundcheck sowieso nicht auf: ein paar Riffs und noch kurz gejamt, das war´s – echte Profimusiker nehmen so etwas auch locker, glauben wir zumindest!

Abgesehen davon haben wir auf einmal Wichtigeres zu tun: Plötzlich kommt nämlich Michaela mit ihren beiden Freundinnen zur Tür herein. Gleich setze ich mich zu meinem neuen Schwarm und tue im Übereifer der allgemeinen Euphorie so, als ob ich ein berühmter Rockstar mit Groupie wäre, was ihr allerdings bald ziemlich auf die Nerven geht: „Was ist denn heute mit dir los? Hier im Hellen brauchst du mir wirklich nicht gleich an die Wäsche gehen!“, werden meine leicht überheblichen Annäherungsversuche entschieden und für meine danach nicht mehr ganz intakte Reputation als selbst ernanntes Rockidol eine Spur zu laut und energisch zurückgewiesen; großes allgemeines Gelächter weist mich schnell wieder in meine altbekannten, gut bürgerlichen Schranken.

Der Rest der Band holt sich nach diesem Zwischenfall mit mehr Erfolg die ersten Freigetränke. Als die Wirtin kurz wegfährt, schlüpft Joe schnell hinter die Theke und greift sich eine Flasche Wodka. Das hochprozentige Getränk wird umgeleert, die Wodkaflasche stattdessen mit Wasser gefüllt und wieder an ihren Platz zurückgestellt. Ein dreiviertel Liter Wodka geteilt durch drei (unser Sänger traut sich aus Nervosität nicht und ich habe mit dem Anbaggern von Michaela nun wirklich Wichtigeres zu tun!) verfehlt seine Wirkung nicht. Unseren Rhythmusgitarristen Kai erwischt es am schlimmsten, nachdem er sich diesem freiwilligen Leberschnelltest unterzogen hat: In Embryostellung kauert er nach dem letzten kräftigen Zug auf dem kalten gepflasterten Wirtshausboden. „Ich glaub, ich kann heut nicht mehr auftreten. Bringt mich bitte nach Hause“, flüstert er kaum mehr verständlich und gibt wie immer, wenn etwas nicht läuft, seiner attestierten Feinmotorikstörung die Schuld an allem. Schließlich war er deshalb eineinhalb Jahre in autogener Trainingstherapie, dem Ritalin der 80er Jahre. Wir sind da ganz anderer Meinung: Kai verträgt einfach nichts! Unser selbsternannter Mr. Beast of Bourbon macht bekanntlich schon nach der ersten Whiskyschorle schlapp. Für den Rest des Tages bleibt Kai deshalb antialkoholisch auf Entzug beim Spezi. Wäre ja noch schöner, wenn einer von uns so kurz vor dem ganz großen Durchbruch den Pete Best macht und einfach abflitzt!

Die drei Mädchen zeigen sich ob unserer Manieren und des pseudoprofessionellen Gehabes mittlerweile leicht entsetzt. „Beim Auftritt werden sie schon merken, was wir draufhaben“, sind wir uns trotzdem ganz sicher. Doch so lange dürfen sie leider noch nicht bleiben – eine halbe Stunde vor Konzertbeginn werden unsere drei Groupies von Michaelas Vater schon wieder abgeholt. Bei der Verabschiedung werde ich von Michaela glatt gefragt, ob ich morgen zu ihr kommen möchte: Ihre Eltern wären nicht zuhause, flüstert die Angebetete mir vielversprechend ins Ohr. Sturmfreie Bude? In meiner ersten Verliebtheit braucht man das nicht zweimal sagen! Als Vorschuss erhalte ich von ihr einen ersten zarten Kuss, noch dazu direkt auf den Mund. Natürlich sage ich zu und erzähle gleich allen eine Spur zu groß, was morgen so alles zwischen uns beiden passieren soll.

Live, mad and dangerous

Als die wenigen Stunden bis zum Live-Gig schließlich zu Minuten werden, macht sich unter uns fünf langsam aber sicher Nervosität breit. Wir sind echt gespannt, wer heute Abend alles aufkreuzen wird! Tatsächlich ist punkt 21 Uhr die Bude voll. Als Fans sollte man, abgesehen von der ersten Reihe, in diesem Fall jedoch niemand bezeichnen; die meisten kommen samstags ohnehin immer hierher und meckern jetzt sogar, dass sie wegen uns heute doppelten Eintritt bezahlen müssen. Zumindest belauscht unser Sänger kurz vor Konzertstart derartige Klogespräche und gibt sich dort vorsichthalber lieber nicht als Mitglied der Band zu erkennen. Schließlich wird er auf der Bühne noch gebraucht!

Der Countdown läuft. Nur ein paar letzte Adjustments noch, dann ist es soweit, dass unsere lang ersehnte Stagetime kommen kann. Die Gitarre noch einmal durchstimmen, hektisch wird nach meinem Bottleneck gesucht, einen letzten kräftigen Sprüher aus der Haarspray-Dose, das Wasted Youth-Shirt übergestülpt und die heute Abend offenbar besonders enge Stretchhose mit einem beherzten Sprung nochmal ganz hochgezogen; Joe stopft sich – ganz in Kiss-Manier – heimlich ein zusammengerolltes Band-Shirt vorne in seine enge Hose. „Wozu soll denn das gut sein?“, frage ich ihn direkt. „Tja, damit es nach mehr aussieht, alter Trick zwecks Groupies und so!“, gibt er zurück. Unsere Zielgruppe sind schließlich nicht bloß irgendwelche Macho-Rocker, sondern vor allem ihre Freundinnen, die sie hoffentlich mitbringen; extra für uns, so glauben wir. Schließlich sind wir jetzt Typen, die fast besser geschminkt sind als ihre Tussies.

Kai übertreibt es wieder einmal ein bisschen, als er meint, dass wir uns „eyelinern“ sollen: „Warum soll ich meine E... anmalen?“, fragt unser Englischprofi Dave ganz verdutzt. Stevie droht unterdessen wieder einmal, „sofort aus der Band auszusteigen“. Wohl weniger wegen unserer Bemerkungen, sondern vielmehr deshalb, weil er – weiß wie die Roger Waters-Wall – dem ganzen Bandstage-Chaos offensichtlich nicht mehr ganz gewachsen ist. Stress gibt es auch noch mit Deo-Versager Joe, der das von uns allen selbst auferlegte bandinterne zehnwöchige Friseurverbot vor dem Auftritt missachtet hat und wegen seines halb durchgestuften, schon fast popperhaften Verschnitts zur Huttragepflicht verdammt wird. Jeder von uns Nervenflatterbündeln muss noch einmal kurz für kleine Rocker, dann geht es endlich hinaus in die Welt des Rock and Roll, auf die große Bühne; selbst wenn diese wie in unserem Fall ebenerdig ist. Abschütteln und abrocken – das ist alles, was jetzt noch zählt.

Punkt 22:00 Uhr aktiviert DJ Maik, der mit „Turn me loose" und „Black Betty" eher die Prolo-Rock-Ecke bedient, den Trockeneisnebel für das Live-Intro. Dabei übertreibt er es ein wenig – man sieht von uns den ganzen ersten Song lang nämlich rein gar nichts.

Beim zweiten Stück bricht unserem Schlagzeuger Stevie gleich ein Drumstick ab – leider befindet sich der Ersatz irgendwo in einer Tasche und diese wiederum ist im Auto auf dem Parkplatz vor dem Lokal geblieben. So ein Anfängerfehler! Notdürftig bringen wir Nighttrain noch zu Ende – leider ohne Schlusssolo, weil unser Drummer einfach abkürzt und zum Chaosschluss übergeht. Wieder einmal kann er es nicht lassen und setzt jetzt schon sein holpriges Doppelbassgeschepper ein, um über den fehlenden Stick hinwegzutäuschen. Während er direkt nach Songende zur Irritation des Publikums, das uns nun, als sich der Kunstnebel langsam lichtet, zum ersten Mal in voller Lebensgröße sehen kann, in Richtung Auto davonläuft, nicke ich Joe verschwörerisch zu: Flugs entfernen wir mit einem im Proberaum des Öfteren einstudierten Handgriff die zweite Basedrum. „Schau, die bauen gleich wieder ab!" bzw. „sie hören eh schon wieder auf!" sind die Reaktionen des Publikums, doch unser plötzlich zu absoluter Schüchternheit verstummter Sänger sagt keinen Piepton, um die Sache aufzuklären. Als Stevie endlich zurück ist, bemerkt dieser in seiner Hektik gar nicht, dass bei seinem Drumset etwas fehlt.

Als Nächstes kommt die erste eigene Nummer: Love, trust and peace. Hierzu haben wir uns ein kleines Gimmick überlegt: Bei den ersten drei Schlägen sollten eigentlich alle vier von uns gleichzeitig mit gespreizten Beinen in die Luft springen, doch Joe bleibt wie angewurzelt stehen. „Heute klappt ja gar nichts“, denke ich und verpasse ebenfalls den nächsten Einsatz.

Doch die Misere geht weiter: Eine sündteure endfünfziger Humbucker-Les Paul, welche mir mein Gitarrenlehrer für diesen Auftritt als Ersatzgitarre geliehen hat, klappt nach vorne vom Ständer als unser Bassist aufs Gitarrenkabel steigt. Mit folgendem Ergebnis: Der Hals des teuren Instrumentes bekommt einen am geplatzten Lack deutlich sichtbaren Riss, ohne dass ich überhaupt einen Ton darauf gespielt hätte. Sein Besitzer, der im Publikum diese Entweihung tatenlos mitverfolgen muss, wird bleich wie Ozzy beim Ameisensnorten am Pool.

Unser Sänger Dave ist sich seiner Sache plötzlich gar nicht mehr so sicher und lässt deshalb alle vorher genauestens überlegten Ansagen weg. Im Bandraum ist er dauernd herumgesprungen und hat die skurrilsten Verrenkungen gemacht – doch hier auf der Bühne steht er jetzt stocksteif herum, fast wie in Stein gemeißelt und versucht, sich hinter dem dünnen Mikroständer zu verstecken. Auch das Publikum steht uns unbewegt gegenüber. Ich erblicke meinen Cousin, wie er abwechselnd am Mischpult schon ziemlich chaotisierend die Regler hin- und herschiebt bzw. uns sorgenvoll mit einem „Tut-endlich-was-Blick“ anschaut. Was soll ich denn machen? Sicherheitshalber lassen wir den nächsten Song weg, es wäre eine Ballade gewesen, diese käme bei der momentanen Nullstimmung viel zu früh. Sonst rennen gleich die ersten aufs Klo. Also einen Song überspringen – das hat allerdings unser Drummer hinter uns wieder einmal nicht mitbekommen. Er zählt den falschen Song ein, natürlich viel zu langsam, worauf wir wieder abbrechen müssen – der Worst Case.

Um das Publikum wieder zu versöhnen, ziehen wir gleich Whisky in the jar vor, immer eine todsichere Nummer. Doch schon beim Vorspiel reißt bei meiner Gitarre eine Saite: ausgerechnet die G-Saite, auf der das Riff gespielt wird. Jetzt heißt es umdenken, was in der Hektik und im Scheinwerferlicht etwas schwerer fällt. Gleich beim nächsten Versuch wird die Melodie versemmelt. Das fällt sogar den Nichtmusikern auf. Mist! Beim Solo stehe ich dann so neben mir, dass ich mich selbst wie von außerhalb spielen höre und merke, wie meine Finger zu improvisieren beginnen. Wohin soll denn das jetzt führen? Wird dieser allererste richtige Auftritt tatsächlich gleich unser Winterland? Oder Lynotts Marbella? The Last Waltz beim ersten Gig? Mit äußerster Mühe und Not schaffe ich es wieder zurück zum Refrain. Bei der dritten Strophe hat mein Instrument Pause, die spielen wir ganz zurückgezogen. Währenddessen nippe ich immer lässig an einer Bierflasche. Mit meinen verschwitzten Händen jedoch entgleitet mir diese und fällt krachend zu Boden. Der Wirt zuckt zusammen, schaut mich scharf an und lässt für den Rest unseres Auftritts seinen strengen Blick nicht mehr von mir.

So halbwegs haben wir uns allmählich wieder gefangen, als plötzlich gegen Ende des Konzertes ein krachendes Geräusch hinter uns zu vernehmen ist. Ich drehe mich erstaunt um: Unser Drummer ist nicht mehr da! Samt Stuhl muss Stevie rückwärts vom Podest gefallen sein. Er rappelt sich jedoch unter johlenden Anfeuerungsrufen des Publikums schnell wieder auf. Endlich: Jetzt läuft es runder; wir scheinen doch noch gewonnen zu haben! Die Stimmung ist bald so gelöst, dass unser Bassist in seiner Euphorie das macht, was er sonst nur im Dunkel unseres Proberaums wagt: Während einer Achtelpassage, die er einhändig auf der A-Leersaite spielen kann, nutzt er die freie Hand, um seinen Zepter samt Kronjuwelen an die frische Luft zu hängen. Obwohl er musikalisch eigentlich der Schwächste von uns ist, ergattert er mit dieser Nummer den mit Abstand größten Applaus des langsam, aber sicher doch noch gelingenden Abends.

Nach der dritten Zugabe kicken wir schließlich das restliche Drumset vom Podest, werfen die Bühnenaufbauten um und verlassen selbige, wobei wir laut rückkoppelnde Verstärker zurücklassen. Das hätten Motörhead auch nicht besser gekonnt!

Auf dem Weg von der Bühne in den Backstagebereich – wenn man den kalten und feuchten mit leeren Getränkekästen vollgestellten Abstellraum so nennen will – werde ich unsanft an der Schulter gepackt: „Die Bierflasche zahlst du mir, Bürscherl!“, herrscht mich der immer noch erboste Wirt an. Erst als er spät am Abend Kassensturz macht, hellt sich seine Miene wieder auf: „Ihr könnt´z nächsten Monat wieder bei uns spuin“, macht er ein überraschendes Angebot. „Nein danke! Das haben wir jetzt nicht mehr nötig“, erklärt unser Sänger in leicht verblendeter Anfangsarroganz.

Showdown

Niemals sollte der Tag vor dem Abend bzw. der Abend vor der Nacht gelobt werden. Als wir beim Abbauen die letzten Mikroständer zum Parkplatz tragen, bahnt sich dort ein Duell der Giganten an. Gleich brünftigen Hirschen stehen sich zwei wütende Widersacher gegenüber: Es handelt sich um den Bodybuilder Jimmy und das gefürchtete untersetzte Kraftpaket Fonsi mit Meister-Propper-Frisur, jeweils lautstark unterstützt von ihren Gangs, den Whites Shawks bzw. den Exsperminators. Letztere gelten allgemein als ein Sammelsurium der härtesten und gefährlichsten Typen der Gegend, was auf den neunzehnjährigen Glatzkopf besonders zutrifft. Begründung: Er läuft zu jeder Jahreszeit im immer gleichen schwarzen Muskelshirt herum – bei dreißig Grad Hitze im Sommer und bei minus fünfzehn Grad Kälte im Winter. Sein etwas älterer Gegner kann als Referenz vorweisen, dass er angeblich im Atomkraftwerk arbeitet. Mehr Härte geht eigentlich gar nicht! Doch: Wie soll man jemand bewundern, der auf hart macht und dann wie heute gegen Ende der Veranstaltung in der Disco betrunken zu My Boy Lollypop tanzt? Wenn schon Songs mit nur drei oder vier Akkorden, dann aber bitte Punk und nicht das halbgare Rockabilly-Schlager-Geschnulze! Ein ganz normaler Durchschnittsloser, sonst nichts – das ist er für uns!

Sein Gegenüber Fonsi ist jünger und vom Outfit her eher unser Mann, ein klassischer Halbstarker mit dem Abdruck der Metallklammern eines alten Bettenrostes auf der Jeansjacke. Seine Gang trifft sich auch nicht auf irgendwelchen Spielplätzen, sondern hat sich auf dem lokalen Dorfplatz längst das Hoheitsrecht erstritten. Gemäß konditioniertem Revierverhalten höherer Säugetiere wird dort jeder fremde

Eindringling von den zu jeder Tages- und Nachtzeit immer präsenten Möpedtypen in unfroher Erwartung vertrieben und bis zum Ortsende, der amtlichen Reviergrenze, verfolgt; dann drehen die Halbstarken wieder ab und kehren erfolgreich auf ihre angestammten Plätze zurück.

Doch zurück zum aktuellen Schlachtfeld, denn in unmittelbarer Nähe erkennen wir gleich den Grund des Streits: Fonsis silbernes Mofa ist vom Atomkraftwerker von oben her in einen Laternenmast eingefädelt worden und der dazu gehörige Helm hängt zwölf Meter hoch auf der Dachrinne des Discostadels. Das macht den Jüngeren, eigentlich körperlich unterlegenen, besonders wütend. Nachdem bei einer Schlägerei bekanntermaßen nie der Bessere, sondern immer der Aggressivere gewinnt, sieht es tatsächlich schlecht für den Uranmann aus. Er wird vom wüste Verfluchungen ausstoßenden Halbstarken gegen die Wand gedrängt. „Schnell, holt´s an Wirt!“, wird aus dem neutralen Teil der Umstehenden gerufen und wie auf Befehl stürmt jemand sofort ins Haus. Kurz danach trifft vom Balkon herab ein Eimer Wasser die beiden grölenden Rabauken.

Augenblicklich erstarren die Kampfhandlungen – bis der Jüngere plötzlich wie von Sinnen losrast. Wie von der Tarantel gestochen kämpft sich der Halbstarke als Reserve-Hubert Karl die Dachrinne hinauf. Anfangs souverän in bester Maibaumkraxlermanier, dann immer langsamer werdend, bis sich die Kupferrinne bedrohlich zu biegen beginnt. Im halbkreisartig umstehenden Auditorium wird es totenstill. Zuerst langsam, dann immer schneller entfernt sich die Dachrinne samt Klettermax mit einem quietschenden Geräusch von der Hauswand. Krachend stürzt schließlich der Selfmade-Bergfex zu Boden. Unmittelbar danach hört man nur noch das Klacken des aufschlagenden Helmes, dann wirkt die Szene optisch eingefroren wie ein Freeze-Frame.

Langsam rappelt sich der Gestürzte wieder auf. Doch dieses Mal folgt kein Wutausbruch mehr. Inzwischen haben es einige tatkräftige Burschen nämlich geschafft, das Mofa wieder aus der Gefangenschaft des Laternenmasts zu befreien. Dabei muss offenbar der Tankdeckel verloren gegangen sein, denn es riecht mittlerweile unangenehm stark nach Benzin. Klammheimlich hat sich Jimmy inzwischen aus dem Staub gemacht. Langsam löst sich deshalb die Vollversammlung wieder auf. Auch wir steigen in unseren Tourbus, respektive 5-Sitzer-Kleinkombi und entschwinden in die dunkle Nacht. Da hat uns tatsächlich noch jemand am Ende des Abends ganz schön die Show gestohlen!

Is this the end?

Tags darauf fahre ich höchstmotiviert zu Michaela, die mich an der Türschwelle fast grußlos und ungewohnt wortkarg empfängt. Eigentlich ist – zumindest von mir bei meinen Freunden – angekündigt worden, dass heute aufs Ganze gegangen werden soll, was bedeutet, dass es zum intimen Nahkampf kommen soll! Nur mein weiblicher Counterpart weiß noch nichts von diesem Plan und muss erst noch davon überzeugt werden, was – so wie die Stimmungslage hier zu sein scheint – nicht ganz einfach werden dürfte. Als besonderen Trumpf habe ich immerhin das Promovideo der Neckbreakers dabei. Schnurstracks spaziere ich damit ins Wohnzimmer der Eltern, die heute außer Haus sind und lege das Tape in den Videorekorder. Vorher muss nur noch die Katze mit dem merkwürdigen Namen „Dori-Dora“ aus dem Raum vertrieben werden, dann setzen wir uns bequem aufs Sofa.

Offensichtlich missfällt Michaela die Darbietung auf dem Video: „Warum stehst du da wie ein Ritter?“, fragt sie provozierend, während ich auf dem Video gerade am Moshen bin. „Den Leuten hat unser Auftritt gestern Abend ganz gut gefallen!“, werfe ich etwas beschönigend ein. „Aber mir gefällt´s nicht, das schaut doch alles total lächerlich aus!“, bleibt sie bei ihrem Statement. Als schließlich Kerstin im Bikini auf der Mattscheibe auftaucht, ist es ganz vorbei; entsetzt springt Michaela auf und drückt die Stopptaste. „Meinetwegen, dann eben später, der Tag ist ja noch lang und ihre Eltern sind bis morgen verreist“, tröste ich mich in aller Stille über den kleinen anfänglichen Misserfolg hinweg. Vielleicht war ich doch etwas zu direkt, ist ja noch nichts aus der Zeit.

Diktatorisch wird von Michaela beschlossen, dass wir anstelle des Sch(l)äferstündchens zu ihren Freundinnen ins Freizeitzentrum fahren. Das Klima zwischen uns beiden bleibt auch auf dem Weg dorthin frostig. Mir kommt es reichlich merkwürdig vor, als wir gemeinsam auf meinem Möped sitzen, dass sich Michaela trotz der Kälte nicht an mir, sondern lieber am Gepäckträger festhalten will. Irgendetwas läuft eindeutig falsch heute! Trotzdem darf man niemals aufgeben – das wusste man schon zwei Jahrzehnte vor Olli Kahns „Immer weiter-Eckfahne“.

Da ich zu Hause noch meine Badesachen holen muss, wittere ich eine letzte Gelegenheit, um doch noch das einzulösen, was meinen Freunden bereits lauthals versprochen wurde. „Die krieg′ ich schon noch rum!“, mache ich dem Anliegen „erste Flachlegung“ wieder etwas Mut, als wir bei mir zu Hause eintreffen. Doch just in dem Moment, wo wir uns meiner mit Bandpostern übersäten Zimmertür nähern, schwinden die Chancen auf das gemeinsame Glück erneut: „Das sieht ja furchtbar aus! Wer wohnt denn da?“, gibt sich Michaela erkennbar angewidert. Schnell reagiere ich und schiebe jemand anderen vor: „Ähem, mein Cousin, das ist sein Zimmer, dem gefällt so etwas“, lüge ich in feiger Selbstverleugnung. Stattdessen steuere ich das Zimmer eine posterfreie Tür weiter an, welches wirklich meinem Cousin gehört (in den Achtzigern gab es noch Großfamilien!). Während ich gezwungenermaßen die mir vermutlich viel zu engen Badesachen meines deutlich kleineren Cousins zusammenkrame, versuche ich einen letzten Annäherungsversuch. „Und wenn wir schnell die Jalousien runterlassen und alles andere auch und es uns zu zweit einfach ein bisschen gemütlich machen, hier in meinem dunklen Zimmer?“, versuche ich relativ plump, noch irgendwie einen Quickie einzuschieben, was nur ein entrüstetes „Kommt überhaupt nicht in Frage, wir sind sowieso schon spät dran – wegen dir!“ hervorruft. „Wegen mir? Wer will denn unbedingt ins Hallenbad? Etwa ich?“, gebe ich jetzt ebenso patzig zurück!

Plötzlich ist die Stimme meines Cousins zu hören, der gerade die Treppe herunterkommt und gleich mein, unser, also eigentlich sein Zimmer betreten wird. Vorsichtshalber breche ich deshalb unseren ersten Zwist ab und dränge ebenfalls zum schnellen Aufbruch. „Wie doof muss man sein, wenn man so was hier braucht? Na ja, seine Verwandten kann man sich nicht aussuchen“, beleidigt Michaela glatt meinen Cousin bzw. mich, während sie bei Verlassen des Zimmers verächtlich auf die Maiden-Poster an meiner eigenen Zimmertür zeigt. Das hat gesessen! Jetzt reichts mir endgültig mit dieser Zicke. Warum habe ich mir die überhaupt ausgesucht?

Diese Frage wird sehr schnell beantwortet. Nur ein paar Schritte weiter, während Michaela direkt vor mir, ihr netter Hintern auf Augenhöhe, die Treppe hochwackelt. Der Abdruck ihres Slips zeichnet sich deutlich erkennbar durch ihre enge Jeans ab. So schnell kann man seine Meinung ändern. Als letzte Hoffnung auf die Erfüllung meiner großen Ankündigung bleibt jetzt nur noch der Gedanke an die Umkleidekabinen im Hallenbad: Da könnte vielleicht doch noch etwas gehen!

Als wir unser letztes gemeinsames Ziel erreichen, kommen wir entgegen meinen Wünschen als Paar nicht mehr viel weiter als bis zum Parkplatz. „Ich muss mit dir reden“, platzt es aus Michaela heraus – dieser Satz verheißt erfahrungsgemäß nichts Gutes und man ahnt, was kommen wird: „Wir beide passen nicht so gut zusammen, ich glaub´, das wird nichts mit uns beiden, das meint auch meine beste Freundin“, usw. Michaela macht glatt am Tag nach unserem ersten erfolgreichen Bandauftritt schon wieder Schluss mit mir, wo unsere Beziehung doch noch gar nicht richtig begonnen hat! Ein tiefer Fall, so eiskalt von einem dahergelaufenen Groupie vom Rock-Olymp gestoßen zu werden! „Aber ins Hallenbad lässt sie sich schon noch kutschieren. Das ist vielleicht ausnutzerisch!“, wundere ich mich reichlich konsterniert über so viel weibliche Raffinesse.

Trotz allem gehen wir noch gemeinsam an der Kasse vorbei ins Bad. Die Kassiererin kennt uns zwar nicht, meint aber trotzdem amüsiert: „Ach, das junge Glück ist da!“ Von wegen! Unser erster und letzter gemeinsamer öffentlicher Auftritt mag nach außen hin aussehen wie frisch verliebt, nur dass nach dem Betreten der Badeanstalt jeder in eine andere Richtung geht: Michaela zu ihren ätzenden Freundinnen und ich zu meinen neugierigen Kumpels.

„Du siehst ganz schön geplättet aus!“ bzw. „Na, wie war´s?“ wird gleich gefragt. „Scheiße war´s, weil nichts war, wegen eurem dämlichen Duttel-Video“ – eine bessere Erklärung fällt mir spontan nicht ein, „und außerdem ist schon wieder Schluss!“ Das hat gesessen! „Du wolltest doch heute...“, dazu noch gratis ein paar schlaue Tipps, was ich alles falsch gemacht haben soll, dann reicht es mir voll und ganz und das Thema wird mit einem „Halt endlich deine dumme Fresse!“-Yell meinerseits abrupt beendet.

Aber so besonders viel macht mir diese Trennung gar nicht aus. So hundertprozentig war Michaela nun wirklich nicht mein Typ. Außerdem: Michael und Michaela – wie hätte denn das geklungen?[4] In etwa so wie das neue Traumpaar der Volksmusik! Diese ganze Aktion mit ihr hätte ich mir eigentlich sparen können, was hat man letztlich schon davon? Wie stehe ich jetzt vor meinen Kumpels da? Zu guter Letzt muss man sich sogar abservieren lassen und ist zu allem Überfluss auch noch der Blamierte!

Life goes on

Am nächsten Morgen sieht die Welt schon wieder etwas besser aus. Trotzdem ist es kein gutes Gefühl, wenn man anders als erhofft so ganz ohne Freundin allein in seinem eigenen Bett aufwacht – sogar dann, wenn man ihres nur einmal von außen gesehen hat, aber die Hoffnung darauf ist jetzt einfach weg! Glücklicherweise ist gegen jedes Leiden ein Kraut gewachsen und das Mittel gegen Liebeskummer lautet Kumpels, Saufen und Musik – die Provinzvariante von Sex, Drugs und Rock and Roll! Dem Summer of Love sollte jetzt ein Herbst of Hate folgen, frei nach dem Motto: Prost ist der beste Trost!

In Kürze schaffen wir es, als Outsider-Clique unseren schlechten Ruf weiter Richtung Ground Zero absinken zu lassen. So tanzen wir wieder einmal hochmotiviert aus der Reihe, als es beim realen Börsenspiel der Schulen darum geht, einen möglichst großen Gewinn zu erzielen. Leicht nihilistisch angehaucht, versuchen wir natürlich, möglichst viel von unserem Startkapital zu versemmeln. Zu unserem Leidwesen geht der Bankmensch noch rechtzeitig dazwischen, sodass der Verlust überschaubar bleibt. Letzte werden wir bei diesem Planspiel Börse trotzdem!

Doch nicht nur unsere Aktienkurse fallen bei diesem Bewerb ins Bodenlose. Auch unsere Schulleistungen sinken in dem Maße ab, in welchem unsere nächtlichen Alk-Pegel steigen und das alles mit Open End. Gerade angesagte Bands, wie z.B. die dunkle Angel (Dark Angel – nicht alle Bandnamen funktionieren international) gelten als das Nonplusultra der neuen Härte; obwohl mir das Ganze eigentlich eine Spur zu heftig ist, drehe ich die Stereoanlage dazu voll auf – eigentlich sollte ich Hausaufgaben erledigen.

Als meine Eltern sich wegen des ersten blauen Briefes von der Schule gezwungen sehen, zu intervenieren, schiebe ich einfach alles auf die Musik: Wenn Sound läuft, dann kann ich mich nicht gleichzeitig auf etwas anderes konzentrieren. „Dann schalt halt deine verdammte Musik endlich aus!“, lautet verständlicherweise die direkte Reply der Erziehungsverantwortlichen. „Musik ist aber mein Ein und Alles. Gerade jetzt ohne Freundin“, wird tränendrüsenreich von mir zurück argumentiert. Warum man sich dafür regelmäßig die Nächte bis in die Puppen um die Ohren schlagen muss, diese Antwort bleibe ich schuldig; und das alles, ohne dass sich in naher Zukunft viel zum Positiven hin ändern sollte: Wasted Youth!

Problem Child

In Bayern werden die Feste gefeiert, wie sie fallen; sollte es tatsächlich einmal nichts zu feiern geben, dann sucht man sich eben einfach irgendeinen Grund dafür: Wer größer als einen Meter fünfundachtzig ist, erhält eine Freimaß beim „Langinus-Treffen“ im Bierzelt, das direkt hinter der Bühne des Christkindlmarktes aufgestellt worden ist. Das lassen wir uns nicht zweimal sagen, einen Versuch ist es auf jeden Fall wert. Zwar sind die meisten von uns Mofarockern schon fast ausgewachsen, trotzdem ahnen wir, dass es für dieses Gardemaß definitiv nicht reichen wird! Ausnahmsweise dürfen deshalb ein paar hochgeschossene, nicht ganz so trinkfeste Typen mit, die uns ansonsten eigentlich zu uncool wären, um mit ihnen in der Öffentlichkeit gesehen zu werden. Es dauert sowieso nicht lange, dann erledigt sich das Problem wie von selbst: Die Strebertypen gehen gleich bei den ersten Takten der Bierzeltdröhnung voll mit. Für uns hingegen gibt es beim Thema Musik bekanntlich keine faulen Kompromisse: Auf eine Bierbank stellen, das geht schon mal gar nicht. Entweder so viel trinken, dass man completely wasted darunter liegt oder es ganz sein lassen!

Zwei unbekannte Schnauzbartträger setzen sich im Laufe des Abends zu uns an den Tisch. Sie protzen damit, eine ganze Hand voll Gutscheine für Freigetränke zu besitzen. So viele so große Menschen wollen die kennen? Da kann doch etwas nicht stimmen! Die Erklärung ist einfach: Die beiden Kleinganoven haben einen originalen gelben Gutschein aus dem Vorjahr als Vorlage genommen und sind damit in den einzigen Schreibwarenladen der Stadt mit Kopierer gegangen, wo schon der Wirt seine echten Biermarken hat drucken lassen. Ein glücklicher Zufall wollte es, dass die Frage der beiden nach gelbem Kopierpapier exakt so beantwortet wurde: „Ja, da haben wir noch einiges übrig! Gerade erst war jemand hier, der dasselbe Gelb zum Kopieren benutzt hat.“ In der Tat hat es sich um den Festwirt gehandelt, dessen Gewinn an diesem Abend wohl etwas geschmälert wurde.

Doch Glück und Pech liegen wieder einmal nah beieinander. Als wir nach Zapfenstreich zurück zu unseren Möpeds wanken, flucht Stevie plötzlich laut: „Verdammt, jemand hat in meinen Helm gepinkelt!“ Umgehend fliegt das Ding in hohem Bogen ins Gebüsch – so etwas setzt man nicht mehr auf! Heute ist definitiv nicht Stevies Abend, denn auch sein Möped will nicht so recht anspringen – offenbar haben noch ein paar größere Tropfen den unversperrten Tank erwischt. Glücklicherweise werden auch Fahrräder in den 1980er-Jahren nicht abgesperrt, sodass sich Stevie einfach ersatzweise ein solches als fahrbaren Untersatz „borgt".

Durch die eiskalte Nacht rast unsere Gruppe zum nächsten Ziel Richtung Baggersee. Voller Übermut hält sich Stevie auf „seinem" neuen klapprigen Fahrrad bei voller Fahrt an Joes Schulter fest, der ordentlich am Gashahn seines Möpeds dreht. Sein auffrisiertes Zweirad bringt es auf eine Spitzengeschwindigkeit von satten 80 km/h und das will er jetzt auch zeigen. Solange wir auf Asphalt unterwegs sind, geht alles gerade noch so einigermaßen gut. Doch als die Teerstraße endet, in einen Kiesweg einmündet und für jemand mit eingeschränkter Wahrnehmung unerwartet scharf nach links abknickt, wird es eng für Stevie, der sich verzweifelt an Joe´s Arm festklammert. Das Möped schafft die Kurve gerade noch so, doch das Fahrrad mit Stevie obendrauf steuert bei voller Fahrt geradeaus ins Gebüsch. Kopfüber geht der Radrenner über den Lenker.

Schlimm sieht er nach diesem unfreiwilligen Abgang aus: seine Brille ist verbogen wie ein modernes Kunstwerk, ein Glas davon fehlt und das andere ist wie bei Joey Ramone jetzt mit einem Sprung verziert; doch darüber kann Stevie nicht mehr lachen, sein Gesicht ist von den feinen Glassplittern ziemlich zerschnitten und blutverschmiert; dazu wirkt seine Haut trotz umgebender Dunkelheit leichenblass. Auch beim total verbogenen Fahrrad dreht sich rein gar nichts mehr. Wir lassen es einfach an Ort und Stelle liegen. Zu zweit heben wir stattdessen Stevie hoch und setzen ihn als Sozius auf Joes Möped; selbstständig festhalten kann er sich in seinem miserablen Zustand allerdings nicht mehr. Also schnappen wir uns zwei Expander vom Gepäckträger, binden ihm diese um die Hüfte und schnallen so seinen leblos wirkenden „Gummikörper" an Joe fest. Als dieser nach einer langen und umständlichen Prozedur des Festzurrens schließlich den Motor seines Zweirades antreten will, fallen beide Personen mitsamt des Möpeds wie in Zeitlupe um.

Irgendwie gelingt es schließlich doch, Stevie zu Hause abzuliefern. Wir übergeben ihn seinen Eltern und er sich vor ihren Füßen. Mama und Papa zeigen sich von alldem nicht gerade begeistert und drohen gleich mit der Polizei, „falls da etwas zurückbleiben sollte". Als ewiges Souvenir richtig ausgelebter Jugend ist tatsächlich ein Cut an Stevies Wange geblieben, den manche noch heute bewundernd als Schmiss einer schlagenden Burschenschaft missverstehen. Im Prinzip traf die Bezeichnung „schlagende Burschenschaft" das ganz gut, was wir damals so trieben, selbst wenn unsere Gesinnung alles andere als konservativ oder althergebracht war. Die punkige Generation Problem Child hat uns eindeutig mehr geprägt als die hippiemäßige Ära Child in Time zuvor – Johnny Rotten und nicht John Lennon war das Maß aller Dinge. Die Generation vor uns hat die Tür für Rock and Roll einen Spalt weit geöffnet, wir treten sie endgültig ein: Talking `bout my Degeneration!

Death Disco

Zuschlagen ist niemals unser Ziel, wir wollen einfach etwas erleben! Wir geben uns in der Tat viel härter als wir tatsächlich sind; die Hälfte von uns würde wohl an einer prätraumatischen Belastungsstörung leiden, falls es tatsächlich einmal gefährlich werden sollte. „Access to excess“ – gemäß diesem Motto wird Wochenende um Wochenende um die Häuser gezogen. In den 80ern gibt es noch richtig große Rockdiscos, das Royal Palace ist so eine. Als wir eines Abends mit fünf Möpeds in Nachwuchsbiker-Formation dort andocken, werden zum Aufwärmen gleich ein paar Rallyerunden auf dem gekiesten Großparkplatz gedreht. Beim Driften durch die Kurven ziehen die abschmierenden Hinterräder unserer getunten „Speedway-Maschinen“ tiefe Furchen in den Kies. Dabei lässt es sich kaum verhindern, dass der eine oder andere Stein ein abgestelltes Fahrzeug trifft. Pech nur, wenn es sich um einen exklusiv ganz vorne geparkten, auf Hochglanz polierten Proletenmercedes handelt; doppeltes Pech, wenn der Besitzer in Schlagweite steht. Ehe wir uns versehen, wird Kai von hinten unsanft am Kragen gepackt. „Was fällt dir überhaupt ein, du Zigarettenbürscherl?“, herrscht ihn ein zwei Meter großer und fast ebenso breiter Typ von oben herab an. Wir wollen Kai zu Hilfe kommen, doch gegen den Doppelzentner-Schrank werden unsere beschränkten Mittel kaum ausreichen. „Selber Zigarettenbürscherl!“, presst Kai noch stöhnend heraus, dann weicht auch sein Widerstand der körperlichen Übermacht.

Trotz der kurzen Gratis-Abreibung entern wir zwei abgerissene Hemdknöpfe und einen Bluterguss am Oberarm später den Discopalast. Dort thront als erster Blickfang schon wieder ein dem Mercedes-Typen ähnlicher Kraftwürfel neben einem Meister-Propper-Lookalike-Türsteher und einer schnippischen Kassiererin; jeder tut ganz wichtig. Hier, direkt neben der Kasse, dürfen sich wirklich nur die Allerbesten der Besten aufhalten; klammheimlich drücken wir uns vorbei.

Full moon fever

Angesichts der zuvor gefühlten Ohnmacht diesem Angebertypen gegenüber ist Kai auch im Inneren der Disse noch immer außer sich. Eine erste Genugtuung verschafft er sich auf der Herrentoilette. Zum Abreagieren gibt es gratis einen gezielten Tritt gegen eine ohnehin bereits auswechselbedürftige Kloschüssel. Danach weist dieser unfahrbare Untersatz einen gefährlichen Schiefstand auf. Als nächstes wird Kai vom Kloschüsselkämpfer zum Kampftrinker und tanzt schließlich sogar zu Alice Coopers Poison.

Viel geholfen hat seine Bewegungstherapie immer noch nicht, denn selbst auf dem Heimweg um fünf Uhr früh schwört Kai noch Rache. Und die Gelegenheit dazu kommt tatsächlich: Als wir in die Hauptstraße einbiegen, steht dort unerwartet in voller Pracht der schwarze Mercedes des Disco-Typen. Der helle Vollmond beleuchtet das edle, blitzblankpolierte Gefährt. Unsere Möpedmotoren stoppen, leise anrollen, ein kurzes Klack und der lokale Autohändler darf ein weiteres Exemplar des meistgebrauchten Ersatzteils bestellen – und Kai hat einen neuen Anhänger für seine Halskette, den er beim nächsten Besuch im Royal Palace stolz tragen wird.

Für den Moment steckt er das gute Stück erst einmal in die rechte Tasche seiner Kappa-Trainingshose, die er als Wärmekleidung übergezogen hat. Zur Belohnung für den erfolgreichen Racheakt trinken wir in einer Billardhalle noch den Absacker. Dort befindet sich zu dieser Uhrzeit ein derartiges Loserpublikum, dass Kai seine Trainingshose gar nicht erst auszieht. Im Gegenteil: Um besonders dämlich auszusehen, zieht er das Frottee-Teil hoch bis unter die Achseln. Kai ist durchaus etwas aggressiv drauf, wenn er wie heute Abend übermäßig viel Alkohol konsumiert hat und gerät deshalb nicht ganz unabsichtlich mit den Typen am Nebentisch aneinander. Doch der Konflikt wird ganz anders gelöst, als etwa mit einer primitiven Pöbelei. Über diese Typen verhängen wir die Höchststrafe: Kurz bevor wir aufbrechen, stecke ich ein Zwei-Mark-Stück in die Jukebox; „Sehnsucht" von Purple Schulz wird dreimal hintereinander angewählt, danach wollen auch wir nichts wie raus aus dem Laden! Ein Abgang nach Maß, der mit einem mehrstimmigen „Rock and Roll forever!" quer über den Parkplatz gebrüllt stimmungsvoll ausklingt. Full moon fever!

Hanging around

Der neu und modern gestaltete Stadtplatz gilt als die neue Mitte unseres aufstrebenden vorstädtischen Mittelzentrums, so steht es im ländlichen Strukturentwicklungsplan geschrieben. Ursprünglich war dieser zentrale Platz von den Stadtplanern „zur Belebung und Konsumorientierung des Ortszentrums" gedacht gewesen, wie es nur die deutsche Amtssprache umständlich ausdrücken kann. Die tatsächliche Art von Leben, welche sich mittlerweile tagtäglich auf diesem Treffpunkt der Jugend abspielt, dürfte von der planenden Verwaltungsbehörde sicherlich nicht so beabsichtigt gewesen sein. Statt vollen Hochglanz-Einkaufstüten kommen auf zerschlissenen ledernen Autorücksitzen ganz andere, weitaus gehaltvollere Tüten zum Einsatz. Die dabei getätigten Geschäfte laufen zudem komplett gewerbesteuerfrei ab. Höchstens der Absatz von Dosenbier wirft etwas Profit für den Einzelhandel ab; doch selbst dieser kleine Vorteil wird wieder durch einen anderen Nachteil aufgewogen: In grauer, noch dosenpfandfreier Vorzeit wird das Areal langsam aber sicher mit Bierbüchsen zugemüllt. In anderen Worten: Das Ortszentrum gehört – anders als von öffentlicher Hand geplant – nicht den einkaufswütigen Konsumenten, nicht den Müttern mit ihren am Rockzipfel zerrenden Kleinkindern, nicht den wenigen alten Menschen, die uns auf ihrem Weg zur Kirche großräumig ausweichen, sondern uns: den jungen, wilden, halbstarken und zugleich so perspektivlosen Typen der 80er Null-Bock-Generation!

Gebundene schulische Ganztagsangebote kennt man als Eighties-Teen glücklicherweise noch nicht; wir betreuen uns gegenseitig! Täglich geht es deshalb für uns mittags direkt von der Fahrradhalle des Schulzentrums, wo unsere Möpeds während der Unterrichtszeit abgestellt sind, direkt zum Stadtplatz – dem Treffpunkt von Jung und „Alt“. Letzteres bedeutet allerdings nicht wirklich das, was der Wortsinn vorgibt, sondern lediglich Ü18, also mit Führerschein und gespoilertem Scirocco; jung hingegen heißt, dass man versucht, auch ohne vierräderigem fahrbarem Untersatz akzeptiert zu werden.

Im Hinblick auf die Altersklassifikation habe ich persönlich ziemlich Glück gehabt: In unsere Schulklasse sind leistungsbedingt bzw. eher nichtleistungsbedingt zwei Jungen der nächsthöheren Jahrgangsstufe gekommen, die in meiner Nachbarschaft wohnen und auf dem Weg ins Halbstarkentum schon etwas weiter voraus gewesen sind. Wenn auch auf dem Papier zwar lediglich eineinhalb Jahre älter, hat diese Zeitspanne exakt den Unterschied zwischen Playmobil und Playboy ausgemacht. Von daher ist mir der Jugendtreffpunkt Ortsmitte mindestens so vertraut wie das heimische Kinderzimmer.

Wie die Hühner auf der Stange sitzen rings um den zentralen Platz diejenigen, welche noch kein Fahrzeug ihr Eigen nennen, nebeneinander auf einer Betonmauer. Bei den Bänken wird grundsätzlich nur die Lehne genutzt, die Sitzfläche ist bei uns Jugendlichen für die Füße da. In den Parkbuchten lehnen die etwas älteren Typen betont lässig an geöffneten Fahrzeugtüren; ganz oben in der Hierarchie stehen diese auch deshalb, weil sie bereits eine Lehre machen und ihr eigenes Geld verdienen.

Aus dem Autoradio dröhnen ADACs „It´s a long way to the top...“ oder „Muppets“ von Metallica und ab und an wagt sich einer der jüngeren Mofarocker zur Quelle des Sounds, um den angesehenen Älteren etwas vorzubangen. Recht viel mehr als ein mitleidiges Lächeln entlocken sie diesen aber selten.

Neben der Altersklassensortierung existiert in den 1980ern trotz The wall immer noch eine soziale Vorprägung durch die (Schul-)Klassengesellschaft, welche sich deutschlandweit bis in die Jugendkultur durchpaust – auch ohne Schuluniformen. Nicht so an unserem oberbayerischen Szenetreffpunkt: Unverkennbar gibt es zwar einzelne Gruppen, die jeweils ihr Revier abgesteckt haben, doch dies geschieht nach ganz anderen Kriterien als etwa der Schulzugehörigkeit: Man gehört (aus unserer Sicht) im besten Fall zu den Metallern, unter keinen Umständen zu den Poppern oder schlimmstenfalls zu den Ausbläsern; ganz unten in der Jugendhierarchie rangieren die letztgenannten Langweiler; ebenfalls unter der „Wassermarke“ befinden sich auch die gestylten Popper-Typen. Musikbedingt sind diese schließlich unsere Gegner.

Die Zugehörigkeit zur jeweiligen Gruppe erkennt man schon von Weitem am Social Signifier Kleidung: Die Lehrlinge kommen gegen fünf Uhr abends verschwitzt und verdreckt direkt von der Arbeit, oft noch im Blaumann gekleidet und trinken ihr Feierabendbier. Vor allem donnerstags, freitags und samstags bleibt es nicht immer dabei – dann gilt das Vorglühen in der Ortsmitte als verheißungsvoller Auftakt zu einer langen und harten Nacht. Berufsschullehrer dürften Freitage in den 80er-Jahren besonders geliebt haben!

Die Autobesitzer sind hinsichtlich ihrer Ausgehuniform immer etwas übertrieben modisch gekleidet, z.B. in Karottenjeans mit breitem Cowboygürtel, weißen Tennissocken und schwarzen Slippern samt Schnürsenkel. Wie ihr Imponiergehabe vermuten lässt, sind sie vor allem auf Aufrisse beim anderen Geschlecht aus.

Bei den Metallern gelten Stretchhose und Lederjacke als outfitmäßiger Standard, dazu wochenlang dasselbe ungewaschene Anthrax-T-Shirt; kurzum: die fertigsten Kerle. Ein Typ namens „Langer“ beispielsweise trägt zu jeder Jahreszeit dieselbe ranzige Lederjacke und das schon seit man ihn kennt. Die Duftmarke „Zehn Meter gegen den Wind“ pulverisiert er locker in neue Sphären. Authentisch sind hier auf jeden Fall alle!

Wir hingegen sind ein bunter und uneinheitlicher Haufen: es gibt verschiedene Sub-Genres. Vom 0815-Obernormalo über angeberhafte Popper, obercoole Rocker bis hin zum

Dauerfrustel-Gruftie ist alles dabei; oftmals nur angedeutet und nicht hundertprozentig ausgelebt. Für komplette Verwunderung sorgen immer wieder selbst designte T-Shirts aus unserer kleinen Rockerfraktion mit Sprüchen wie „Fuck Glam, hail Sleaze!“ oder „Streetrock forever!“ Sie festigten immerhin unseren Status als Individualisten, Sonderlinge, Ununiformierte und Nonkonforme.

Teenage years

Unweit des Stadtplatzes als wichtigstem Jugendtreff liegt der zweite Brennpunkt: der lokale Schallplattenladen. Was den gläubigen Christen ihr Dom, ist uns dieser Temple of Rock. Ganz im Gegensatz zu heute, wo Plattenläden eher Charakter und Funktion liebevoll gestalteter denkmalgeschützter Kapellen erfüllen, wurde Ende der 1980er-Jahre diesen Einrichtungen täglich ein Besuch abgestattet (am Samstagvormittag waren sie ebenfalls geöffnet, an diesem Wochentag blieben hingegen bei uns die Jalousien geschlossen).

Beim Näherkommen an diese Kultplätze der Jugendkultur stechen sofort die Neuerscheinungen im Schaufenster ins Auge: Neben für uns völlig uninteressanten Popacts wie Jacko, Madonna oder Lionel Kitschie bestimmen überwiegend Rockplatten das Bild. Kreators Extreme Aggression ist so eine LP, die jeder mindestens zehnmal in den Händen gehalten und wie in meinem Fall bis heute nicht gekauft hat. Es war die Zeit als Tonkünstler hunderttausendfach mehr Alben als T-Shirts verkauften. Merchandise beschränkte sich auf ein paar Shirts – mit Ausnahme von Kiss natürlich, aber das ist ja auch keine Rockband, sondern ein Werbeartikelunternehmen!

Ein lebensgroßer Michael Jackson-Aufsteller mitten im Laden wird von uns heimlich per Edding mit Adi-Bart verziert und der Ladenbesitzer ist sogar cool genug, ihn weiterhin so stehen zu lassen. Im Nebenraum, ganz weit hinten gibt es Deutsch/Schlager und „Größen" wie Ambroß, Fendrich und STS. Wer sich dort hinbewegt, gilt definitiv als Loser. „Du entschuldige, I kenn di!" – nein, da gibt es nichts mehr zu entschuldigen! Wer so etwas hört, den kennt man nicht mehr.

Eines Tages steht im Laden, ganz vorne einsortiert bei den Neuerscheinungen „Ramones-Mania". Joe drängt sich gleich vor und reißt das gute Stück an sich. Die Plattenhülle hält er vor sich, wie ein besonders Heiliger das Abbild der Mutter Gottes im oberbayerischen Wallfahrtsort Altötting, dem bayerischen Lourdes. Eigentlich handelt es sich bei dieser Punk-LP lediglich um ein Best-of-Album, doch für Joe fallen mit dieser Veröffentlichung Ostern und Weihnachten kurz vor Beginn der tatsächlichen Weihnachtsferien 1988 zusammen.

Im Winter der 80er-Jahre wurde es noch richtig unangenehm kalt: Von gegenwärtigen Heuschnupfenattacken zur Weihnachtszeit waren die klimatischen Bedingungen seinerzeit noch Lichtjahre entfernt. Gesundheitliche Probleme hätte schon eher unser Sitzen auf den kalten Stahlbänken im Ortszentrum verursachen können. Man ist jedoch im wahrsten Wortsinn viel zu cool, um zugeben zu können, dass man frieren würde.

Trotzdem verlagert sich zur kalten Jahreszeit die Jugendszene in ein völlig überbelegtes Cafe namens „Loft“, das dann aus allen Nähten zu platzen droht. Dennoch dürfte der Pächter dieses Jugendtreffs nicht besonders reich geworden sein: Standard ist dort ein zumeist völlig überbelegter Tisch mit höchstens drei oder vier Getränken, dafür aber zwölf Personen, von denen die Hälfte nichts bestellt und der verständnisvoll nickenden Bedienung lediglich mitteilt, dass sie „nur kurz vorbeischauen und gleich wieder gehen werden“. Bei so mancher etwas „lästigeren“ Bedienung funktioniert diese Ausrede nicht, deshalb wird im Notfall eine „Heiße Zitrone“ bestellt: mit 1,20 DM die billigste Offerte auf der Karte. Alkmäßig getunt wird das Billiggetränk ersatzweise mit dem, was der Keller des Elternhauses an Hochprozentigem hergibt. Aus dem Revers des olivgrünen „Eine starke Truppe“ Bundeswehr-Parkers oder NKD-Billiganoraks werden in so einem Fall heimlich Schätze wie ein „Lidl-ist-billig-Malvasier-Wein“ für 1,59 DM, der „Blaue Bols“ oder ein Jambosala gezaubert. Der Nervenkitzel des Einschenkens unter dem Tisch macht dabei mindestens die Hälfte des Reizes aus. Auch alles andere, was nur in irgendeiner Form nicht der Norm entspricht, wird ausgereizt bis zum Geht-nicht-mehr. So drängt unser Gruftieduo locationtechnisch und ideologietreu immer Richtung Friedhof, wo wir uns aber bald schon wieder langweilen, weil dort wirklich tote Hose ist.

Es gibt noch ein paar weitere Anziehungspunkte für Heranwachsende, die ihre Vorstadtjugend in diesem oberbayerischen Kleinod[5] verbringen: das Bahnhofsgebäude samt Wirtschaft mit Flipperkasten und Kondomautomat sowie den Schreibwarenladen, der Daves Eltern gehört. Nicht, dass wir liebend gerne Schulbedarf kaufen würden oder gar lesend unterwegs wären: Dort gibt es schließlich noch andere Sachen, die für uns Jugendliche als ungeeignet gelten, namentlich Dolly. Ende der 1980er Jahre versteht man unter diesem Begriff noch kein geklontes Schaf, sondern ein scha(r)fes Tittenmagazin. Es gelingt unserem Kumpel Dave immer wieder, dort einige von den hinter der Ladentheke gelagerten Pornoheften abzustauben. Wie zu erwarten, wird er dabei – in flagranti sozusagen – erwischt.

Von derartigen Kleinigkeiten lassen wir uns trotzdem nicht aus dem Konzept bringen. Kurzum: Alles bleibt wie immer, unsere kleine und noch sehr heile Welt rotiert unaufhörlich auf höchster Stufe. Dass alles einmal ganz anders sein könnte, kommt uns überhaupt nicht in den Sinn. Unser Kosmos und Orbit ist und bleibt nach wie vor der-Kreis, den die maximale Reichweite einer Tankfüllung unserer Möpeds zulässt; unser zeitlicher Horizont reicht exakt bis zum nächsten Ferienbeginn und am Firmament fliegt hoffentlich hoch über uns ein Schutzengel, der schon gut auf uns aufpassen wird.

Seek and destroy

Noch ein Tag Schule, dann starten die Weihnachtsferien. Wie immer findet am letzten Schultag morgens der Gottesdienst statt. Kai und ich können uns unbemerkt abseilen. Zunächst bleiben wir auf der Heizung im Eingangsbereich sitzen, bis alle Richtung Assembly-Hall verschwunden sind, wo der katholische Godi stattfindet. Dann machen wir uns still und heimlich vom Acker und streunen durch die Stadt. Auf Kais Vorschlag hin fahren wir zum katholischen Mädcheninternat, um dort die Lage zu checken. So leise wie möglich „schleichen“ wir uns mit unseren Möpeds an, die man tatsächlich aber schon von Weitem hören dürfte, obwohl wir die letzte Strecke Weg zum Internat den Schwung ausnutzend im Leergang rollen. Zu Fuß wird von uns Jugendlichen grundsätzlich kein Meter mehr als irgendwie notwendig zurückgelegt.

Zuerst gilt es, an der Pförtnerin Schwester Walpurga vorbeizukommen. Kai kennt dafür einen simplen Trick und vor allem den Hausmeister, der seit Langem sein Volleyballtrainer ist. Der Hausl hilft uns, indem er die Aufpasserin am Eingang ablenkt, während wir uns in gebückter Haltung vorbei schmuggeln. Da in dieser Schule gerade Unterricht gehalten wird, sind die hohen und kalt wie eine Friedhofsgruft wirkenden Flure menschenleer. Mich erinnert die Stimmung entfernt an eine frostig-unterkühlte Gletscherhöhlenbegehung, die ich als Kind machen durfte. Eine besondere Atmosphäre, wenn man einmal dort eintaucht, aber für immer? Nein, danke.

Kai und ich wollen ebenfalls nicht alt werden hier drin, sondern nur kurz seiner Freundin Hallo sagen. Zum von Kai vorab vereinbarten Zeitpunkt (man mag es kaum glauben, aber das klappte auch schon ohne digitale Dauerkommunikation) wird die Klassentür der 9b geöffnet und tatsächlich kommt seine Freundin Eva unter dem Vorwand, die Toilette aufzusuchen, auf uns zu. Ein schneller feuchter Kuss mit Kai, zu mir sagt sie gar nichts, dann ist die Szene schon wieder vorbei. Ich staune nur: ein Zungenkuss im Kloster – die beiden trauen sich wirklich was!

Doch wer steht plötzlich und unerwartet hinter uns, als wir gerade im Begriff sind, wieder abzuzischen? Schwester Walpurga – mit bitterbösem Blick. So ganz aus der Nähe wirkt sie noch viel furchterregender. Wir nehmen die Beine in die Hand und laufen so schnell wir nur können aus dem Gebäude. Völlig außer Atem springen wir auf unsere Möpeds, drehen den Gasgriff voll auf und rasen vom Areal. Erst als wir in Sicherheit sind, halten wir am Straßenrand an. Kai ist jetzt überhaupt nicht mehr wohl in seiner Haut. Wenn Schwester Walpurga beobachtet hat, was er hinter heiligen Klostermauern mit seiner Freundin gemacht hat, dann wird sie von der Schule segeln – ohne jeden Zweifel! Und auch wir müssen dann mit disziplinarischen Konsequenzen rechnen. Das gäbe im Endeffekt wohl so lange Hausarrest, wie es ein Vierteljahrhundert später nur Drummer von ACDC aufgebrummt bekommen.

Was die Ordensschwester vom Tête-a-tête wirklich gesehen hat, wissen wir bis heute nicht. Vermutlich sogar das Wesentliche, doch selbst in den härtesten Nüssen steckt unerwarteterweise oft ein zarter Kern. Jedenfalls leben Kai und vor allem seine Freundin die gesamten Weihnachtsferien mit der Angst, danach schlimmstenfalls die Schule wechseln zu müssen. Das wäre bei aller Hassliebe der Worst Case, denn seien wir ehrlich: Die Institution Schule ist unser täglich Brot, unser Lebenselixier, unsere DNA! So oft wir auch direkt vor dem Absprung standen und wie tief wir auch manchmal in den gähnenden Abgrund des freien Lebens schauen sollten – wir haben jedes Mal wieder umgedreht und sind bis zum Ende dort geblieben, wo wir hingehören.

New Year´s Day

Auf der lokalen Silvesterfete 1988/89, zu der alles hinrennt, was im näheren Umkreis unserer Vorstadt Rang und

Namen hat, gilt unsere Clique wegen ihres in letzter Zeit oft ungebührlichen Benehmens als unerwünscht, die Festivität soll dieses Mal definitiv ohne uns stattfinden. Wir sind nicht nur einfach nicht eingeladen, sondern direkt ausgeladen worden! Doch das macht die vom Billing her erst einmal wenig prickelnde Angelegenheit umso interessanter.

Im Vorprogramm feiert die AGIP-Tankstelle ihr zehnjähriges Bestehen. Auf dem gegenüber der benachbarten Großstadt kulturell flacheren Land schon so etwas wie ein Großevent, wenn auch sehr schlecht besucht. An der Kombination Auto und Alkohol kann es gewiss nicht liegen – das ist in den 1980ern kein Hindernis. Als halbgarer 1,7 PS Junkie im Alter von U18 Jahren freut man sich sowieso über jedes Freigetränk: Wir eifrigen Großkunden der Tanke haben uns diese Gratifikation redlich verdient: An der Mix-Zapfsäule für Zweitakter sind wir beinahe tagtäglich Residents.

Mit vollem Tank, sowohl bei Fahrer als auch Gefährt, geht es kurz nach zehn Uhr zur Party-Location. Wie bereits befürchtet, werden wir schon erwartet und direkt wieder abgewiesen. Die Veranstaltung wäre eine „Mitbringparty“ und wir hätten zwar einiges intus, jedoch sonst nichts dabei. Das stimmt allerdings, doch Widerstände sind da, um überwunden zu werden.

Deshalb kommt Plan B zum Einsatz: Gleich nebenan findet in einer Garage ein Nachbarschaftsfest statt, angeblich für Jung und Alt; eher letzteres, wie wir umgehend feststellen dürfen. Eigentlich eine uncoole Sache, vor allem dann, wenn die eigenen Eltern dort sind. Zu allem Überfluss werde ich vor versammelter Nachbarschaft gleich zum Auftakt beim misslungenen Bierklau erwischt und bezahle

Zähne knirschend doch noch; dann geht es mit einer frischen Maß pro Mann zurück zur Party. Jetzt bringen wir immerhin etwas mit und werden ob dieses Taschenspielertricks tatsächlich eingelassen.

Schnell wird klar, warum wir hier nicht sonderlich erwünscht sind: Bei dieser Silvesterfeier handelt sich um eine von uns geringschätzig so genannte „Intellektuellen-Party“: die eine Hälfte der Gäste sind Münchener Angeber, die andere Schnösel aus dem Oberland. Auch die „Musik“, welche uns entgegen schallt, klingt wirklich übel: „Cocktail-Lounge-Hip-Hop meets funky Ethno-Beatzz“ oder so ähnlich: „We´re gonna have a housparty?“ – Fuck no! Dazwischen läuft das unsäglich abgedroschene „Take 5“; ein unendlich langweiliges Musikstück, bei welchem wie auf Knopfdruck von den Gästen darauf los philosophiert wird, wie schwierig es doch sein müsse, dieses Taktmaß zu interpretieren. Tatsächlich handelt es sich bloß um einen leicht versetzten Rhythmus, den jeder nach einmal Anhören mitsummen kann – fast jeder. Alle anderen sind offenbar hier und heute versammelt und schwärmen ehrfürchtigst davon, dass man bei diesem Sample nur auf den schwarzen Klaviertasten spielen würde.

Sogar ein paar Wiener („paar“ kleingeschrieben – als „lauwarme Würstchen“ stufen wir sie trotzdem ein) sind gekommen. Doch von wegen Sechzehnerblech! Man genehmigt sich einen oder zwei Weiße Spritzer (natürlich aus dem Glaserl) und nippt am neuen Modegetränk Erdbeerlimes, doch von keinem einzigen Anwesenden wird ein Bier gekippt oder gar aus dem Maßkrug gelitert – wie wir das zu tun pflegen. Etwas abseits setzen wir uns deshalb ziemlich isoliert an einen freien Tisch und beginnen das altbekannte Ritual des Augentrinkens. Es dauert keine drei davon bis Dave, heute unser Jüngster im Bunde, zu Boden geht. Es erübrigt sich fast zu betonen, dass er den Rest des Abends in der Horizontalen unter dem Tisch verbringen wird. Doch einfach so liegen lassen wir Dave nicht: Als jemand von den Münchener G´schichten meint, ihn mit dem Fuß zur Seite schubsen zu müssen, ist die erste Bierdusche fällig – noch lange vor Schweini und Co – und nicht unbedingt in guter Absicht.

Wie geplant endet der Abend letztlich im kompletten Exzess: Kai ist plötzlich verschwunden und wird später von Partygästen gerettet, die ihn – alle Viere von sich gestreckt und mitten auf der Straße liegend – fast überfahren hätten. Stevie schafft es ebenfalls nicht mehr ins eigene Haus und schläft auf dem Fußabstreifer vor der elterlichen Haustür, nur um am nächsten Morgen frühzeitig vom überstrengen Vater gefunden zu werden als dieser gerade den hauseigenen Dackel Gassi führen will. Jemand kotzt zu guter Letzt noch das Klo der Partybude voll, was man uns Außenseitern in die Schuhe zu schieben versucht. Von Joe weiß ich nur noch, dass ich ihn gegen Schichtende frage, wie spät es gerade sei. Als er den Arm dreht, erkenne ich die Zeiger auf halb vier, doch Joe stiert ahnungslos auf das Zifferblatt und zuckt bloß mit den Schultern: „Keine Ahnung!“

Ich hingegen halte an diesem Abend außergewöhnlich lange durch (sonst könnte ich dies alles gar nicht wiedergeben) und das hat seine zwei Gründe: Der erste ist eher unerfreulicher Natur – mit einem Dodeltypen streite ich über Musik. Er will mir etwas von Funk erzählen, spricht aber permanent von „souligen“ Popgruppen, wie z.B. Parliament. „Hör mal gut zu, du Loser!“, wird er zurechtgestutzt, „Funk ist dann, wenn der Bassist slapt, kapiert?“ Wohl kaum.

Dafür ist der zweite Grund für meinen unbändigen Durchhaltewillen in dieser Neujahrsnacht 1989 umso erfreulicher: Carmen, der Schwarm aller Partygäste, unterhält sich tatsächlich geschlagene zwei Stunden lang mit mir! Anschließend erzählt sie überall herum, dass ich eigentlich ein netter Typ wäre. An wirklich kein einziges Wort, worüber wir geredet haben könnten, kann ich mich am nächsten Tag noch erinnern!

I am 18 and I don´t like it

Bisquitrolle, Bier und Bängen, so sieht das Menü des ersten achtzehnten Geburtstags eines Mitglieds unserer Clique aus: Kai ist der erste, den es im Januar 1989 altersmäßig erwischt; dank seines schulischen Wiederholerstatus ist er etwas älter als wir.

Wieder einmal eine reine Männerrunde, die sich bei ihm zu Hause zum Feiern trifft. Dass Frauen bzw. Mädchen in unserem Alter so ein typischer Proletenabend nicht gefallen kann, wird – wenn man darüber nachdenkt – nur allzu verständlich; dieses Mal gibt es mit Kais achtzehntem Geburtstag immerhin einen Grund für unser Herrengedeck. Eigentlich befinden wir uns ja bei seiner Oma, wo er wohnt, denn seine Mutter ist früh verstorben und sein Vater lebt in Nürnberg. Heute, zum Ehrentag ist immerhin sein Dad mit Kais kleinen Halbgeschwistern gekommen, die flugs ins Bett geschickt werden, als wir lautstark aufkreuzen. Nur ein Bussi Bär-Heft bleibt auf der Eckbank liegen, das Joe und ich, um die Wartezeit bis zum Abendessen zu überbrücken, gekonnt mit Eddingstift tunen: Wahlweise wird Bussi zum bösen Bär (mit historisch vorbelastetem Bart, der eher nach Mooshammer-Schnauzer aussieht) bzw. zum Sex-Monster (im Prinz A...-Look). Zu recht viel mehr reicht unser künstlerisches Talent nicht. Bemerkenswert ist, dass sich Kais Vater, als er die Albereien entdeckt, an den Bärten überhaupt nicht stört, sondern stattdessen eine Lobpreisung auf den nach Helmut Fischer bekanntesten Münchner Prototypen anstimmt.

Nach der kleinen Privatfeier zum Auftakt ziehen wir weiter. Kais Achtzehnter fällt leider auf einen ganz gewöhnlichen Mittwochabend. Groß ist die Auswahl an Kneipen daher nicht; glücklicherweise ist am heutigen Wochentag im Royal Palace Pils-time samt Ladies Night. Letzteres bedeutet – anders als es die Ankündigung vermuten lässt – dass dort nahezu ausschließlich Typen aufkreuzen, die alle inbrünstig hoffen, eine dieser auf den Flyern angekündigten Ladys abzugreifen, doch es kommt – wie immer – auch in dieser Nacht keine einzige. Alles was dagegen immer funktioniert, ist ein Mechanismus, der das angestaute Testosteron abbauen möchte. Erleichtert wird die sich aufschaukelnde männliche Aggressivität zusätzlich dadurch, dass jedes Bier nur eine Mark kostet. Wir trudeln ein und geben Vollgas; fast alle, bis auf Kai.

Als gerade Runde Nummer vier eintrifft, kann sich selbst Kai nicht mehr zurückhalten und greift ebenfalls zum Glas – eigentlich kein ungewöhnlicher Vorgang. Nur ist für ihn morgen kein normaler Tag: Um acht Uhr früh steht seine praktische Führerscheinprüfung mit dem Pkw an. Doch jetzt am Vorabend tut er es dem jüngeren eines bekannten Bergsteigerbrüderpaares im Karakorum gleich und holt mit einer unglaublichen Energieleistung unseren (Trink-) Vorsprung auf. Aber wie schon 1970, ist auch 20 Jahre später der darauf folgende Absturz unvermeidbar. Die Gesamtleistung jedes einzelnen Teilnehmers unserer Expedition beträgt schließlich stolze 13 Pils – wenn das mal kein böses Omen für Kais morgige Fahrprüfung ist!

The day after

Nachdem ich den Wecker einmal erfolgreich abgestellt habe, schäle ich mich nach dem fünf Minuten späteren Nachklingeln des übergroßen programmierbaren Quarzweckers umständlich aus der Schlafkoje. Keine Ahnung, wie ich nach Hause gekommen bin – das waren mal wieder harte Nächte! Wäre nicht plötzlich Joe, der offensichtlich bei uns genächtigt hat und schon seit einer halben Stunde versucht, sein vollgekotzes Bett zu säubern, plötzlich mitten im Zimmer gestanden – ich wäre ohne jeden Zweifel einfach noch zwei Stunden liegen geblieben.

Irgendwie schaffen wir es trotzdem, gemeinsam um kurz nach acht Uhr bei der Fahrschule einzutreffen und uns dort etwas abseits zu positionieren. Fahrlehrer und Prüfer warten bereits. Doch wer fehlt? Kai! Der Prüfling ist nirgendwo zu sehen! „Er hat tatsächlich verpennnt!“, flüstert Joe mit Erstaunen und auch einer gewissen Bewunderung. Einfach die Prüfung wegen eines guten Abends sausen lassen. Chapeau!

Da rauscht kurz vor knapp mit leicht überhöhter Geschwindigkeit ein rotes Fahrzeug heran: Kais Großmutter! Bis letztlich die Beifahrertür umständlich geöffnet wird, dauert es trotzdem noch eine Weile. Eine wenig ansehnliche Kreatur entsteigt unsicher dem Auto. „Das geht schief!“, bedeute ich Joe, der zustimmend nickt. Vom sichtlich erleichterten Fahrlehrer wird Kai gleich hektisch ins Prüfungsauto verfrachtet. Gespannt warten wir darauf, dass es endlich losgehen kann. Endlich hört man den Anlasser stottern, doch der Wagen kommt nicht. Noch ein Versuch, dann läuft die Kiste endlich. Das Auto setzt sich langsam in Bewegung und entschwindet unserem Blickfeld.

Auf unseren Plan, für Kai´s Rückkehr zur Feier des Tages im Supermarkt etwas zum Anstoßen auf die erfolgreiche Prüfung zu besorgen, verzichten wir besser. „Ich glaub`, das wird nichts mit der Prüfung und wenn wir dann mit dem Sekt dastehen...“, werfe ich ein. „Das lassen wir lieber“, nickt Joe zustimmend.

Schon 20 Minuten später trifft das Prüfungsauto wieder ein. So kurz? Die müssen die Prüfungsfahrt abgebrochen haben! Doch wer sitzt nach wie vor am Steuer: Kai! Der Motor wird abgestellt. Der Prüfer redet eindringlich auf den Hangover-Prüfling ein. „Zeigen die ihn vielleicht wegen Trunkenheit am Steuer an?“, befürchtet Joe. Doch dann kommt es zum Shake Hands zwischen Fahrlehrer und Prüfling. Kai steigt aus und kommt mit Victory-Zeichen auf uns zu. Als er seinen Kaugummi ausspuckt und den Satz „Ich hab´s tatsächlich geschafft!“ über die Lippen bringt, riecht man noch deutlich seine starke Alkoholfahne von gestern Abend.

Breaking the law

In den 1980er-Jahren wäre es eine große Ausnahme gewesen, hätte jemand bereits zum achtzehnten Geburtstag ein Auto geschenkt bekommen. Zu diesem privilegierten Kreis verwöhnter Sprösslinge zählen wir jedenfalls nicht. Deshalb leihen wir uns wenige Tage nach Kais erfolgreicher Fahrprüfung einen 180PS-Golf GTI aus, den man als PR-Aktion eines Autohauses kostenlos 24 Stunden lang Probe fahren darf. Wohl eine der sinnlosesten Werbeideen, auf welche eine Marketingabteilung kommen kann: Jeder Führerscheinneuling leiht sich das Gerät für einen Tag aus, fährt es bis zum Anschlag und kauft schließlich doch einen gebrauchten „Popel Kadett" oder „Ford Fiasko", weil das Kleingeld sowieso nur für ein paar unnütze Accessoires aus dem lokalen Tuningshop reicht.

Unsere GTI-Probefahrt findet selbstverständlich nachts statt und soll ins Blue Magic, eine ca. 60 Kilometer entfernte Großraumdisco führen. Dort kommt man schließlich nicht jedes Wochenende hin! Die Eltern, sofern sie unser Fahrziel kennen, machen sich angesichts einer kalten Januarnacht mit viel Schnee wieder einmal große Sorgen. „Doch nicht bei diesem Wetter!" bzw. „Ich besuch´ euch nicht im Krankenhaus, das kannst du dann selber regeln!", gibt mir mein Vater als letzte Warnung noch mit auf den Weg. „Solange du deinen Tisch über meine Füße stellst,..." versuche ich, die Situation zu entspannen, dann bin ich auch schon weg. Was wissen denn diese alten Schattenparker schon von unserer modernen GTI-Generation! Gut gelaunt starten wir ins Winterabenteuer.

Ganz unberechtigt ist die angemahnte Vorsicht ob der hochwinterlichen Straßenverhältnisse nicht. Obwohl wir selbst nicht unbedingt den Witterungsverhältnissen angepasst fahren – wie es die Verkehrsradiosprache ausdrücken würde – überholt uns on the road in das Discozentrum ein richtig fertig aussehender Opel Admiral; und das ziemlich knapp. Aus dem hinteren Autofenster der Überholenden fliegt in hohem Bogen eine große Weinflasche, welche unsere Frontscheibe nur knapp verfehlt. Noch ein kurzes Aufheulen des Motors, dann ist die schrottreif anmutende Limousine schon wieder im dichten Schneegestöber voraus entschwunden. Nur zwei etwas dunklere Reifenspuren bleiben als Abdruck und letzter Gruß im Schnee zurück. Wir folgen diesen, es erleichtert schließlich die Orientierung, wo seitlich die Straße endet und wo das Bankett bzw. der Abgrund beginnen.

Doch auf einmal knicken die Reifenspuren in recht spitzem Winkel nach links ab, steuern direkt auf eine Böschung zu und enden dort abrupt. Erstaunt blicken wir uns an. Hier muss ein Unfall passiert sein! Unverzüglich wird unser Pkw gestoppt, wir steigen aus und blicken den Abhang hinab. Unterhalb der Geländekante steht der bekannte Opel Admiral mit vier geöffneten Wagentüren. Dem ausgestoppten Alk-Express entsteigen in diesem Moment gleichzeitig vier Typen mit langen Haaren im jeweils pechschwarzen Muskelshirt, das gleich schneeweiß wird. „Ist etwas passiert?“, ruft einer von uns den Abhang hinunter. „Schleicht´s euch!“ bzw. „Schaut bloß, dass ihr weiterkommt!“, sind noch die salonfähigeren Rückantworten. Wir tun wie uns geheißen, nun allerdings deutlich langsamer und mit größerem Respekt vor der schneeglatten Fahrbahn. Weit nach vorn über das Lenkrad gebeugt und mit der Nase fast an der Frontscheibe, nimmt es Kai nun plötzlich ganz genau mit einer sicheren und vorausschauenden Fahrweise.

Bei der Heimfahrt ist das alles längst vergessen und wie schon so oft lässt uns der Schutzengel auch heute Nacht wieder einmal ungeschoren davonkommen. Einen Verlust gibt es dennoch zu beklagen: Im Kassettenfach des Autoradios haben wir einen selbst aufgenommenen Sampler namens „Notaufnahme" zurückgelassen. Eigentlich nicht vergessen: Unser Grobmotoriker Stevie hat vielmehr so fest zugedrückt, dass sich der Auswurfmechanismus des Tape-Decks verklemmt hat und unser Mixtape nicht wieder ausgespuckt wird. Anhören kann man die Kassette immerhin noch, dank Autoreverse trotz Klemmer sogar beide Seiten. Leider handelt es sich nicht um irgendeinen beliebigen Sampler Marke Eigenmarke, sondern genau um den, wo wir über Songs, die uns etwas albern erscheinen, per Mikro drübergegröhlt haben. Gleich zum Auftakt des Tapes lässt das gesprochene Intro von Number of the Beast die uns unbekannten Hörer wohl noch auf Gutes hoffen. Doch statt der originalen Adaption des Oh when the Saints-Riffs von Maiden erklingt der Oktoberfesthit Fürstenfeld. In diesem Stil geht es dann weiter. Aufnahmen, welche den Peinlichkeitsfaktor bis ans Ende der Richterskala ausreizen und nie in fremde Hände hätten geraten dürfen, sind damit öffentlich geworden. Schade um das Tape, aber vor allem schade, dass wir die Gesichter der zukünftigen GTI-Entleiher nicht sehen können, wenn sie zum ersten und mit Sicherheit letzten Mal diese Kassette anhören.

Carnival of souls

„Alkomania“ nennen wir ein selbst erfundenes Brettspiel, welches am Unsinnigen Donnerstag 1989 erstmalig zum Einsatz kommt – wenn auch nur zum kurzen Vorglühen, dann machen wir uns auf die Piste. Heute ist ein milder Februar-Vorfrühlingstag und trotz Winterzeit bleibt es schon fast bis 18:00 Uhr hell. Sogar die erste Eisdiele hat bereits geöffnet an diesem sonnigen Föhntag. In für unsere Verhältnisse sehr merkwürdigem, halb Karneval und halbwegs ernst gemeinten Outfit düst die bewährte Fünfer-Clique auf fahrbaren Untersätzen durch die Straßen der hell und freundlich wirkenden Stadt. Nach kurzem Parkplatzterror beim neu erbauten Einkaufszentrum durch uns wild umherschweifende Bierrebellen lautet die nächste Destination katholisches Mädcheninternat. Der Unsinnige Donnerstag ist schließlich der einzige Tag, an welchem man sich inkognito unter der Maskerade in das klösterliche Gemäuer einschmuggeln kann. Ansonsten hätten wir uns niemals verkleidet – schließlich waren wir ja bereits als Rocker, Popper oder Grufties im zivilen Leben unterwegs!

Unter der Faschingsverkleidung verbirgt sich natürlich noch eine kleine Wegzehrung: je zwei Dosen Löwenbräu, die im hintersten Winkel der zum Faschingspalast liebevoll umdekorierten Turnhalle geleert werden. Der Charme einer nüchternen Mehrzweckhalle bleibt aber dennoch bestehen. Im Vorraum, der an den Besprechungsraum eines Gemeinderates erinnert, stellen wir die zehn Alk-Büchsen ganz unverhohlen auf einem Tisch ab.

Lange dauert es nämlich nicht, bis eine der Aufsicht führenden Klosterschwestern fündig wird. Fünf Minuten später wird die Musik im Saal abgestellt und die Schwesternoberin droht, die gesamte Veranstaltung umgehend abzubrechen. Was sind wir stolz auf diesen Erfolg, als es die Runde macht, dass unsere Truppe diesen Tumult ausgelöst hat!

Sinnvollerweise sollten wir uns heute alktechnisch etwas zurückhalten; schließlich sind wir am gleichen Abend noch als DJs im lokalen Jugendzentrum gebucht. Von „booked" zu sprechen ist eigentlich leicht übertrieben – denn es war eher so: Nachdem wir den Juz-Vereinsvorstand ewig lang genervt haben, lässt er uns just an diesem Faschingsabend auflegen. Gage gibt es keine, nur die Getränke sind frei – allerdings alle ohne Alkohol. „Warum nicht mal wieder einen ganzen Abend nur Jacky-Cola infusionieren?", sind wir uns einig und laufen schließlich mit zwei in neutrale Hohes-C-Flaschen umgefüllten „Mega-Lemmys" – wie man heute dazu sagen würde – gegen zwanzig Uhr vom Nachmittagsprogramm schon ordentlich angeheitert im Juz ein. Dort sieht es eher nach Kinderfasching aus denn nach Metal-Valentine-Fest. Das Partyvolk ist von Bibi Blocksberg über Heidi bis hin zu Winnetou und Zorro verkleidet. Egal! Zielgenau streben wir der DJ-Empore zu und übernehmen den Laden. Joe ist schon zu Beginn so blau, dass er gleich als erste unfreiwillige Aktion die Plattennadel in Scratchmanier mit einem lauten schabenden Geräusch einmal quer über die gerade laufende „Best of Boney M" zieht. Leicht irritiert hält das Partyvolk während der P(r)olonaise auf der Tanzfläche inne. Gottlieb Wendehals? So heißen bei uns keine Musiker, höchstens Politiker!

Von der Tanzfläche funkeln uns mehrere Augenpaare böse an. Daran ändert sich auch nichts als wir unseren Sound abfeiern: Inside the electric circus von WASP darf eröffnen.

Lange dauert es nicht bis die ersten Wünsche kommen, d.h. eigentlich sind es eher Beschwerden: „Mei, spuit´s hoid amoi was G´scheits, heut ist doch Fasching!" „Bei uns ist immer Rock and Roll!", entgegne ich und drehe als nächstes Killed by death bis zum Anschlag auf. Die neue Härte mit Accept, Twisted Sister und Warlock, welche bei uns unaufhörlich weiterrotiert, ruft den Jugendwart auf den Plan. „So geht das nicht,..." usw. sind seine Order-Ansagen: „Final Countdown sollen wir auflegen!" Dabei zieht er besagte LP-Hülle der jungen Schwedenposer so schwungvoll aus dem Stapel, dass die LP wie eine Frisbee-Scheibe von dannen segelt. „Was bitte? Ich glaub´ ich hör nicht recht!", wird von uns mit Nachdruck klargestellt. Diese pappige Synthie-Fanfare kann doch jeder vierzehnjährige Rauschrebell im Vollsuff auf dem Weg ins Krankenhaus mitgrölen: „It´s the final Weißbier!" stimmen wir zu zweit beinahe dreistimmig an.

Vorschreiben lassen wir uns generell null Komma nichts und musikalisch schon gleich zweimal nicht. Ein leises Zugeständnis in Form der Hosen (Altbierlied) und den Toy Dolls (Nelly the elephant) bieten wir letztlich doch an. Brotlose Kunst soll es – rein erfolgstechnisch betrachtet – auch nicht sein, wenn schon finanziell nichts rausspringt! Nachdem wir dem G´scheitmeier vom Dienst hoch und heilig versprochen haben, „wegen der satanischen Botschaften auf unseren Metallplatten" (sic!) keine davon rückwärts abzuspielen, zieht er endgültig Leine.

Unser Alkoholpegel schnellt im Laufe des Abends dank der Whiskymischgetränke weiter und weiter in die Höhe, was uns als DJs immer unzuverlässiger werden lässt. Joe kriegt langsam aber sicher gar nichts mehr auf die Reihe. Mit geröteten und müden Augen stiert er auf die sich drehenden Plattenteller. Dabei droht sein Kopf immer wieder nach vorne zu sinken – bis schließlich genau das passiert und Joes Stirn auf den Plattenspieler klatscht. So fucking wasted!

Schon wieder eine äußerst unprofessionelle Unterbrechung, welche uns die letzten Tanzwilligen kostet. Immerhin versucht Joe noch, seinen Fauxpas auszubügeln, indem er etwas von den Ärzten auflegt. Doch leider hat er dank temporärem Whisky-Alzheimer schon wieder vergessen, dass Geschwisterliebe erst zwei Nummern zuvor gespielt worden ist, sodass das Stück so erfolglos rohrkrepierend daherkommt, wie ein zweimal hintereinander erzählter Witz. Nur noch schlimmer mache ich unsere musikalische Talfahrt mit der gefakten My Way-Live-Version von Mr. Sid Vicious, die mit einem amtlichen Rülpser beginnt. Findet auch keiner besonders witzig – außer uns. Wir jedenfalls lachen uns halbtot, wobei wir wieder unsanft an den Plattenspieler stoßen; aber das und dessen Folgen hatten wir schon mehrmals heute Abend.

Der Schaden wird nur dadurch begrenzt, dass sowieso nicht mehr viele Gäste im mittlerweile trostlos leeren Raum sind. Die Party hat sich längst nach draußen verlagert. Ich folge dem Ruf der Masse, da gerade Joe´s nächste DJ-Runde beginnt. Mit einem hübschen braunhaarigen Mädchen namens Bettina, das mich offenbar von der Schule kennt, bin ich bald in ein intensives Gespräch vertieft. Dabei bemerkte ich alkoholtechnisch bedingt selbst schon, dass ich genau das sage, was ich eigentlich nicht sagen will, doch das macht in diesem Zustand nicht mehr allzu viel aus. Wir unterhalten uns ziemlich lebhaft, als nach einer halben Stunde ein Schatten vorbeihuscht, der Joe nicht ganz unähnlich zu sein scheint. Ich denke mir nicht viel dabei. Kann ja gar nicht sein, dass er das war, schließlich ist jetzt seine Runde als DJ dran. Vielleicht musste er auch nur mal kurz für kleine Scratcher?

Doch als wir uns eine Weile später wieder zurück in den Juz-Saal begeben, wundere ich mich selbst über die merkwürdige Musik, von der schon des Öfteren die Rede war. Läuft da etwa Iron Butterfly in Endlosrille? „Immer dasselbe“, denke ich – als mir beim Näherkommen an die Soundquelle bewusst wird, dass die Plattennadel hängen geblieben sein dürfte. Das müsste Joe doch auffallen! Ich blicke herum und stelle erstaunt fest: das DJ-Pult ist verwaist, Joe einfach mitten im Song abgehauen und dieselbe Stelle auf dem Vinyl rotiert unaufhörlich weiter. Mit dem unfreiwilligen Scratcher Nummer vier beende ich das Lied, die Sound-Performance und auch unsere junge DJ-Karriere.

Remembering

Einmal im Monat gibt es im Stadtgasthaus die sogenannte Open Stage. Vom sprichwörtlichen Alleinunterhalter mit Klampfe, der Auftretender und sein eigenes Publikum zugleich ist, über Schulcombos bis hin zur angesagten Localhero Rockband hält dort alles Hof, was glaubt, Rang und Namen zu haben. Pub-Rock, Teenie-Punk, Spasti-Skiffle, Schnarchzapfen-Pop, Prä-Aggro-Core-Gegrunze, bajuwarische Bierbläser – stilistisch ist von Metal bis Dixie die komplette Bandbreite populärer Musik dabei; wobei wir der Meinung sind, dass letztere an jenen Ort gehört, der in der Musikbezeichnung bereits angedeutet wird, nämlich aufs (Dixie-)Klo.

Selbst wenn nicht jede Jam-Band dort unseren Geschmack trifft, finden wir uns regelmäßig als Gäste der Open Stage ein. So auch im März neunundachtzig. Meistens nehmen wir die Live-Stimmung als Anlass, um für unsere eigenen Musikidole zu schwärmen, schwelgen in Erinnerungen an das biografisch betrachtet noch Wenige, aber dafür von uns umso intensiver Erlebte und lästern zugleich ordentlich darüber ab, wer und was uns musikalisch weniger gut gefällt.

Wie fast immer kommen wir auf das Thema Rocklegenden zu sprechen, dieses Mal geht es um die Beatles. Gleich schaltet sich jemand vom Nachbartisch im Jethro Tull-Shirt ein und konstatiert, dass ohne die Liverpooler Legenden heutzutage gar keine moderne Rockmusik möglich wäre und es so eine Gruppe, wie die (er zeigt Richtung Bühne, wo sich gerade fünf blutige Amateure mühsam durch Long Train Running quälen) ohne Lennon/McCartney gar nicht gäbe. „Das würde mich ehrlich gesagt überhaupt nicht stören", wirft Joe ein, dem die Bühnendarbietung wenig abgibt. Ganz meine Meinung, denn die Beatles gelten bei uns, der Eighties Youth, als lahme Schlagerfuzzis: „Wenn du heute behauptest, dass die Beatles genial waren, dann heißt es morgen dasselbe für Abba und übermorgen vielleicht sogar für U2. Tut mir leid, deine vier Liverpooler Bankangestelltentypen waren vielleicht Pioniere, sonst aber nichts!" „Die hatten außerdem viel zu brave Frisuren, bei den Stones waren die Haare schon richtig mattenmäßig", pflichtet Joe bei. Das war zwar später, doch Musik kann immer nur so gut sein, wie die Haare lang – das ist und bleibt unser Credo. „Außerdem“, ergänze ich noch, „haben die Stones durchweg Rock and Roll gemacht, wenn auch nicht immer gute Musik – die Beatles haben vielleicht gute Musik gemacht, aber nur manchmal Rock and Roll!“ „Ja, aber die harmonischen Chorgesänge...“ folgt als nächstes Totschlagargument, „„... sind auch bei den Beach Boys besser, weil nur Blutsverwandte stimmlich harmonisch klingen können!“, folgt ein nächster Kontrapunkt unsererseits. „Und Elvis...“, setzt der Gegenüber als Einwand an. „Viel zu clean! Immer im feinen Zwirn gekleidet, das ist kein Rock and Roll – schlagerhafte C-A-F-G-Akkordfolgen wie bei den Toten Hosen“, rücke ich das Bild zurecht, „da war sogar Fausto Coppi mehr Rock and Roll mit seinen Affären und der gelebten Unangepasstheit!“. „Elvis ist wie Iglu!“, verwirrt Joe unseren Gesprächspartner weiter, indem er einen gerade populären Spruch für die Musik instrumentalisiert – frei nach Greenpeace: „Wem die Iglu-Fischstäbchen als Seafood reichen, dem kann auch die Nordsee egal sein“. „„...und für den ist Pelvis Rock and Roll genug!“, ergänze ich, „der war kurz Rebell, dann die längste Zeit Schauspieler und zu schlechter Letzt Las Vegas Loser“. „Aha, Elvis ist für euch also Mainstream-Food“, zeigt sich der Gesprächsgegner verständig. „Welche Typen sind denn dann Rock and Roll für euch zwei jungen Musikfachleute?“, will er mit leicht ironischem Unterton wissen. „Der von Guns and Roses auf jeden Fall!“, erklärt ihm Joe selbstbewusst. „Slash?“, kommt als Gegenfrage. „Nein der nicht, zu viel Leder! Izzy Stradlin rules!“, betone ich. „Ja, der ist cool. Genau wie Andy Mc Coy von Hanoi Rocks“, unterstützt Joe meine Einschätzung. Unser Tischnachbar wirkt schon leicht irritiert: „So? Und wer noch?“. Ich schlage Joe Perry vor. „Na ja, in den 70ern schon“, zögert Joe. „Stimmt, der ist jetzt manchmal zu gestylt gekleidet“, beende ich das Thema mit dem Satz: „Rock and Roll muss so dreckig sein, wie ein versiffter Wanderzirkus“.

Es bleibt ein unendliches Thema, was nun eigentlich Rock and Roll ist und was nicht. Einig sind wir uns immerhin dabei: Hochzeitsfeiern, Doppelnamen und Maxi-Cosi: das ist alles kein Rock and Roll; graue Haarkränze, Schnauzbärte und Bierplauzen erst recht nicht und Fender Gitarren samt Single Coils und Barré-Griffen gehen sowieso nicht als Rock and Roll durch; ganz zu schweigen von Legends of Rock/Tons of Metal-Traumschifffahrten – aber soweit sind wir 1989 glücklicherweise noch nicht! Rock and Roll heißt für uns im Idealfall: Jedes Jahr ein Album rausbringen, auf Tour gehen und mit Tripper und Tinnitus im Gepäck heimkommen.

Unser Gesprächspartner bleibt inner- wie äußerlich gelassen und möchte uns sogar entgegenkommen, trifft aber erneut genau ins Schwarze: von den neuen Sachen gefällt ihm laut eigener Bekundung Def Leppard am besten? „Lef Deppert? Um Gottes willen, nein!“ – leicht genervt blicken wir uns an und beschließen, dem von uns in jugendlicher Überheblichkeit gering geschätzten Musikfreund den Rest zu geben. Aus unserem begonnenen Rockquiz im Brettspiel-Format, das wie so vieles nie fertig gestellt wurde, richten wir eine Verständnisfrage an ihn: „Der Butcher und Fast Eddie treffen aufeinander: Wer gewinnt?“

A: Fast Eddie
B: The Butcher
C: Angry Anderson

Man weiß angeblich nichts über Menschen, solange man sie nicht in die nächste Ecke getrieben hat – und genau das versuchen wir hier, doch der Typ bleibt immer noch cool und souverän: „Die kenne ich alle drei nicht!“, antwortet er nur leicht irritiert, während ein leicht aufgedunsener Typ mit Tedtolle und offenem Hemd samt Brusthaartoupet, einen randvoll gefüllten Teller Wurstsalat balancierend, zu „Let´s do the Twist“ hüftwackelnd an unserem Tisch vorbei tänzelt. „Let´s do the Zwist!“, ruft Joe ihm nach.

Ein optischer Simply Red-Verschnitt wird mit dem Kommentar „Simply bled!“ weitergeschickt. Er hat es gehört, geht aber souveränerweise nicht darauf ein. Ein noch überflüssigerer Typ der Kategorie VoKuHiLa-Superstar mit Blues Brothers-Sonnenbrille und Walrossbart stolziert Richtung Bühne, greift sich das Mikro und stellt sich als Blackie Schwartz vor – „mit -tz!“, wie er gleich betont. Angesichts dessen natural-born „Bei-mir-geht´s-nur-noch-hinten-lang“-Frisur wäre sogar Wolle Rolf vor Neid erblasst![6] „Eine Sonnenbrille gehört in einen Pornofilm, aber nicht auf die Bühne!“, sind wir uns einig. Daneben steht ein Typ der Kategorie Wurzelsepp mit einem Ständer – nein nicht in der Körpermitte, sondern eine Etage höher: Vor seiner prallen Schilddrüse prangt ein Gestell, das aussieht wie eine überdimensionierte 80er-Zahnspange, tatsächlich aber dazu dient, freihändig Mundharmonika zu spielen. Dabei handelt es sich lediglich um ein biederes Seemannsinstrument und eben nicht um eine verzerrte Blues-Harp, was dem gequälten Gefiepe unschwer zu entnehmen ist – von wegen „Bend it, babe!“ Blues Harp-Spielen geht schließlich so ähnlich wie Zähneputzen, nur eben ohne Zahnpasta und nicht freihändig. Ich schlage vor, ihm eine Portion Semmelknödel als Beilage für sein gesangliches Geknödel zu bestellen. „Und für den Gitarrist eine Currywurst!“, rundet Joe das Menü ab, „passend zu seinen lahmen Wurstfingersoli“.

Optisch ist der angesprochene Gitarrist auch nicht gerade eine Schau: so wohlbeleibt, dass die Les Paul-Kopie von Epiphone vor seinem Ranzen aussieht wie eine Kindergitarre. Hier würde glatt eine akustische Wandergitarre besser passen: „Es gibt zwar kein too old for Rock and Roll, aber ein too peinlich!” sind Joe und ich einer – wie immer nach ein paar Bier – unabrückbar intoleranten Meinung.

„Alt ist man nicht dann, wenn man so aussieht – sondern dann, wenn andere jung sind!“ fällt uns spontan noch ein; in der Tat sind wir hier die jüngsten in der Gaststube, was uns schmerzlich bewusst wird, als uns der Wirt beiseite nimmt. Während er synchron zwei Weißbiere höchstprofessionell einschenkt, gemahnt er uns, bloß den Rand zu halten und nicht so frech und vorlaut darauf loszureden. Die ersten Gäste hätten sich schon über uns beschwert. Dabei erfahren wir, dass der Typ, welcher vorhin bei uns gesessen ist, seinerzeit schon die Sex Pistols und sogar die Doors in den Sechzigern live gesehen haben soll. „Wenn wir uns nicht augenblicklich bessern“, so der erzürnte Gastwirt, „dann sehen wir die Tür nur noch von außen!“ Outdoor-Spezialisten wollen wir dann doch nicht sein. Abgesehen davon: John Lydon und Jim Morrison live? Da können wir nun wirklich nicht ganz mithalten. Der Typ von vorhin war wirklich zur richtigen Zeit am richtigen Ort. Wer zu spät kommt, den bestraft der King of Pop! Ist unser Jahrgang überhaupt noch Rock and Roll? Beim Urknall 1955 bzw. dem universellen Turnaround 1968, als jeweils Jugend- und Musikkultur eins waren, sind wir noch in Abrahams Wurstkessel geschwommen und als die Szene 1976 implodierte, sangen wir gerade mal „Drei Chinesen mit dem Kontrabass“ im Kindergarten.

Kurze Zeit verharren wir in nachdenklicher Stille. Aber als die Combo „Urgent“ von Foreigner anstimmt, grölen wir beim Refrain schon wieder provokant „Örtchen!“ mit, dann verziehen wir uns auf selbiges. Auch unsere Klogespräche drehen sich nur um Musik: „Ich will nur eine Freundin, die mich wegen meiner Musik mag und nicht trotz!“, fange ich an zu philosophieren, „was ich spiele, wie ich spiele, welche Songs ich schreibe – halt meinen Stil.“ „Da wirst du wenig Chancen haben, wenn dich eine Frau wegen deiner Musik mag, dann bestimmt nicht, weil sie versteht was du machst, sondern höchstens, weil es ihr gefällt, dass du anderen gefällst!“, mischt sich ein letztes Mal der „Beatles-Typ“ von vorhin ein und nennt mich glatt „Rock and Roll Junkie“ – und das ganz ohne ironischen Unterton. Hätte ich gewusst, dass mir dieser Spitzname ein Leben lang bleiben würde – es hätte mich in diesem Moment sicherlich stolz gemacht; selbst, wenn das wieder einmal nicht zugegeben worden wäre. Dass die Rocklegende mich „Junkie“ nennt und nicht Joe, gibt mir die Sicherheit, dass ich letztlich von denen, deren Musikzugang ich nicht so recht verstehe, immerhin selbst verstanden werde. Was will man mehr?

„Kick it and kill it!“, lautet trotzdem zum wiederholten Male unser ignoranter jugendlicher Schlachtruf, welcher dann aber doch tatenlos verhallt. Mit dem Rücken demonstrativ zum Bayern-3-Sound-lastigen Bandgeschehen auf der Open Stage gedreht, reden wir uns zurück am Tisch weiter in Rage. „Weißt du eigentlich, was meine Entjungferung war?“, frage ich, als sich das Schwelgen in Erinnerungen bereits im Kreis zu drehen scheint. „Entjungferung? Was hat denn das mit Musik und Bands zu tun?“, wundert sich Joe. „Musikalisch!“, meine ich, „das war nämlich der Schrei von Steven Tyler bei „Let the music do the talking”.

Einige und gar nicht einmal so wenige von uns Kindern der 70er und Jugendlichen der 80er befiel nämlich ein besonderes Virus, das seitdem keinen von uns jemals wieder losgelassen hat und wohl Zeit unseres Lebens ein fortwährender Begleiter sein wird: weder das Herpes-Virus noch der Erreger des Pfeiffer´schen Drüsenfiebers sind gemeint, sondern ein ganz anderer Parasit: das Rock and Roll-Virus. Dieser musikalische „Defekt“ ist nicht genetisch bedingt und nur sehr eingeschränkt ansteckend – man muss sich schon selbst infizieren!

Selbst wenn es zu der Zeit unserer jugendlichen Vorgänger bereits echten Rock and Roll gegeben haben mag – unsere Eltern haben leider nur Peter Alexander, Heintje und Ernst Mosch gehört. Vererbt hat sich da Gott sei Dank rein gar nichts! „Eine Generation, welche dieselbe Musik wie ihre Eltern anhört, ist bereits verloren!“ – an diesem Satz halten wir unabrückbar fest.

Es mag für weniger an Musik interessierte Menschen schwierig nachvollziehbar sein und bei fehlendem Zugang auch albern klingen, doch es gibt im Leben nur eine einzige Liebe, der man einmal verfällt und die man nie wieder loswird: den Soundtrack seiner Jugend, der bei annähernd normal entwickelnden Exemplaren der Spezies Mensch zur ein- für allemal prägenden Schablone für den restlichen Teil des Lebens wird. In meinem Fall war eben der Urschrei im Song „Let the music do the talking“ auf der Aerosmith-LP Done with Mirrors bei exakt drei Minuten und zwölf Sekunden die musikalische Entjungferung.[7] So geht

Rock and Roll! „Hast du die Stelle angekreuzt?", meint Joe provozierend und fängt selbst an, zunehmend verklärend von seinen Musikfavoriten zu berichten: „Bei mir war es Back in Black, danach bin ich auf jedem Familienfoto dagestanden wie Brian Johnson auf dem Innersleeve, immer einen Fuß angewinkelt an der nächsten Mauer." „So bist du übrigens vorher auch an der Bar gestanden!", lache ich laut auf und freue mich, dass man sich auf manche Dinge im Leben eben immer verlassen kann.

Renegade

An einem der ersten Frühlingstage des Jahres 1989 ereignet sich erstmals etwas Folgenschweres, das uns alle gefährlich nahe an den Rand des Erwachsenwerdens bringen sollte. Der verhängnisvolle Tag beginnt zunächst noch äußerst vielversprechend. Allesamt mit frisch bei der Sparkasse als lokaler Versicherungsagenturvertretung abgeholten Möped-Kennzeichen, welche es immer im März gibt, planen wir die erste große Ausfahrt `89. In kleiner Runde wollen wir unseren Freundinnen – soweit wir welche besitzen – zeigen, wie geil so eine Fahrt ins Blaue sein kann bzw. sein könnte! Doch die Rechnung haben wir ohne die für unsere Verhältnisse manchmal etwas empfindsame Weiblichkeit gemacht. Bereits vor der Abfahrt geht schon das unerträgliche Gemecker und Gezicke los. Besonders Joes bessere Hälfte kommt sichtlich ungern mit uns mit – und dass sie nicht als Nummer zwei hinten sitzen will, lässt sie sich unverkennbar anmerken. Trotzdem starten zumindest wir Jungs mit allerbester Stimmung. Wird schon noch werden!

Das Motorrad meines Onkels ausgeborgt soll die Tour noch ohne Führerschein an einen weiter entfernt gelegenen See in Österreich führen. Stevie hat sich einfach das Motorrad seines ziemlich lässigen Nachbarn „geliehen". Dave fährt eine „Achtziger", gilt aber nicht gerade als begnadetes Naturtalent auf zwei Rädern.

Unsere Unternehmung ist durchaus etwas gewagt; doch selbst, wenn wir es nicht dürfen: Motorrad fahren können wir bereits lange vor unseren achtzehnten Geburtstagen! Es gibt zu unserem Glück einen Grenzübergang, der am Wochenende meistens unbemannt ist und wo nur sehr sporadisch Kontrollen stattfinden – so kann man eine illegale Fahrt ins Ausland schon mal wagen. Über die Konsequenzen sind wir uns allesamt nicht klar, zu verlockend ist die Aussicht auf einen Tag und besonders eine Nacht am See. Mittlerweile hat auch Stevie seine erste Freundin dabei, das spornt zusätzlich an. Kai ist der einzige unter uns, der als Volljähriger legal auf dem Motorrad unterwegs sein könnte, doch er hat es bis heute nicht geschafft, seinen längst begonnenen Motorradführerschein zum gelungenen Abschluss zu bringen – und das liegt dieses Mal nicht am Alkohol, sondern einfach nur an seiner Bequemlichkeit.

Als wir schließlich lostouren wärmt die milde Frühlingssonne gleich unsere blassen Wintergesichter. Auf längeren schattigen Passagen beginnt man jedoch noch ordentlich zu frösteln; heute ist zwar Ostersonntag, aber trotzdem erst der 25. März 1989. Die letzten Schneereste im Wald zeugen noch vom vergangenen long cold Winter.

Respektvoll nähern wir uns der deutsch-österreichischen Staatsgrenze. Der Grenzposten auf unserer Seite sieht verlassen aus. Ein gutes Omen! Vorsichtig schieben wir uns an dem leeren Gebäude vorbei. Für kurze Zeit nur befinden wir uns im Niemandsland. Dann taucht die österreichische Zollstation vor uns auf. Auch hier ist weit und breit niemand zu sehen. Wir rasen durch. Gewagt und gewonnen: freie Fahrt!

Like no tomorrow

Kaum haben wir die Grenzhürde hinter uns gelassen, brettern wir mit den 27- bzw. 54 PS-Maschinen volle Breze durchs Alpenland. Mit gut 100 Stundenkilometern rauscht Stevie allein voraus. Dave, der nur sporadisch mit uns auf zwei Rädern unterwegs ist und nicht als talentierter Biker gilt, versucht trotzdem, ihm mit seinen nur 80 Kubikzentimetern hinterherzukommen. Dahinter in der Verfolgung befinden sich Kai mit Beifahrerin Michaela (ja, er ist jetzt mit ihr zusammen!), als nächster Joe samt Tussi und schließlich meine Wenigkeit mit dem langsamsten Gefährt. Von wegen, der Langsamste darf vorausfahren; ich versuche krampfhaft, irgendwie mitzuhalten: besonders jetzt, auf dieser langen und leicht abschüssigen Geraden.

Vor uns taucht ein unbeschrankter Bahnübergang auf, wo sich – wie wir noch erfahren werden – bereits einige schwere Unfälle ereignet haben. Dieser Übergang ist weder beschrankt noch gut beschildert und liegt durch das hohe Gestrüpp beiderseits der Schienen etwas verdeckt. Aber Dave beschleunigt weiter und legt sich dabei ganz flach und windschnittig auf seine Kiste, um Stevie, der gerade die Gleise überfährt, mit aller Macht noch einzuholen. Das wirklich Allerletzte will Desperate-Dave aus seinem Kübel herauskitzeln – auf Teufel komm raus! Von links nähert sich ein einzelner Triebwagen. Wenn unser bemöpedter Verfolger nicht bald sein Tempo drosselt, dann donnert er glatt in den Zug hinein! Wie im Film rasen das Schienenfahrzeug und der Biker auf einen imaginären Treffpunkt zu. Im Gegensatz zur irrealen Hollywood-Fiktion gibt es diesen Punkt jedoch wirklich.

Dave gibt es nach dem unmittelbar darauf erfolgten direkten Zusammenprall mit dem Schienenfahrzeug auf dem Bahnübergang nicht mehr. Der Todeszeitpunkt wird mit 11:58 angegeben – two minutes to Mittag – wenigstens etwas. Das hätte ihn sicherlich ein letztes Mal gefreut! Mehr Freude hätte er sich, seinen Angehörigen und uns allen gemacht, wenn er noch am Leben geblieben wäre.

Dave war der erste Tote unter uns – eine völlig neue und unerwartete Erfahrung, mit der niemand von uns so recht umzugehen wusste. Normalerweise sterben doch nur alte Menschen!

Sich betäuben bis zur Nahtoderfahrung, „My hands felt just like two balloons“, so etwas hat für uns immer eine ganz dicke romantische Schlagseite gehabt – bis jetzt. Doch das hier ist kein kalkulierter Rauschzustand, keine Ausgeburt verwunschener Teenieträume, sondern der Tod in Reinkultur. Absolut echt! Das war´s für Dave – keine Möglichkeit mehr, irgendetwas zu ändern oder rückgängig zu machen; kein „Hätte ich doch...“ Das letzte Wort ist gesprochen und die letzte Postkarte versandt – sein letzter Gruß zum Abschied jedoch nicht mehr angekommen. Dave´s Wasted Youth is over!

So manches Musikstück, bei dem es um „Kill, death & suicide“ geht, bleibt vorerst in unseren Plattenregalen stehen, denn nur kurze Zeit später nimmt sich Stevies älterer

Halbbruder das Leben: Selbstmord aus Liebeskummer wegen seiner Ex – auch das öffnet uns allen die Augen schon etwas weiter; besonders weit in die Ferne sehen wir aber immer noch nicht!

It ain´t over til it´s over

Jetzt tut es uns leid, dass wir immer wieder mal über Davie gelacht und auf Kosten seiner Leichtgläubigkeit unsere Späße gemacht haben. Beispielsweise bei seinem ersten Motorhead-Konzert, als das Sirenen-Intro den ersten Song „Bomber“ ankündigte und wir ihm weismachen konnten, dass dies der Feueralarm sein müsse. „Ausgerechnet jetzt, wo gleich das Konzert begonnen hätte“, waren seine letzten Worte und er gab jeden zuvor mühsam erkämpften Meter Richtung Bühne leichtfertig wieder her. „Losers leave the venue...“ reloaded! Für so manches würden wir uns gerne bei ihm entschuldigen, aber dafür ist es zu spät.

Daves Beerdigung erweist sich als nichts anderes als der blanke Horror. Wenn Eltern ihren eigenen Nachwuchs zu Grabe tragen müssen – viel schlimmer kann es wirklich nicht mehr kommen. Anschließend sitzen wir jungen Trauergäste schweigend in der verrauchten Bahnhofskneipe zusammen. Dort lassen die von Pommesfett und Zigarettenqualm vergilbten gelb-grauen Vorhänge nur ein mattes Licht ins Zimmer fallen.[8] Nicht viel farbenfroh schillernder zeigt sich hier die Kellnerin: gelbe Zähne und eine abgewurstete Haut wie Pergamentpapier, aber immerhin blondes Bier auf der Platte.

Heute ist kein Tag wie irgendein anderer und es werden auch nie wieder solche Tage werden wie früher, so ganz ohne Dave. „Aber er wollte doch nur Motorrad fahren und das halt schnell," bricht es aus Joe auf einmal heraus, „wenn ich Musik höre, dann mache ich das doch auch möglichst laut! Warum wird Dave gleich so hart bestraft?" „Weil Gott tot ist, du Pfeife!", lässt Kai sein gesamtes in einem Satz komprimiertes Philosophie-Kompaktwissen vom Stapel. „Den Spruch habe ich vorher an der Klowand auch gelesen", enttarne ich sogleich Kais Schmalspurwissen. „Hört auf zu streiten, das bringt sowieso nichts mehr!", spricht Stevie ein Machtwort. Danach ist es wieder so totenstill wie vorher. So wie wir zuvor auf dem Friedhof alle betroffen nach unten geschaut und mit den Füßen verlegen im Kies gescharrt haben, weiß auch nun keiner so recht, was er zu dem Ganzen sagen soll. Jedes einzelne Wort wäre jetzt irgendwie unpassend.

Nur Kai jammert herum, weil „die Kieberer seinen Lappen gezwickt haben" (Anmerkung: Nein, er war weder auf dem Kiez noch beim Hodenpiercing – übersetzt heißt das einfach nur, dass „die Polizei seinen jungfräulichen Führerschein eingezogen hat") und er jetzt als Achtzehnjähriger wieder Fahrrad fahren muss. Im Hintergrund flippert jemand und nervt mit diesem andauernden Geklapper. Normalerweise fällt das gar nicht auf; doch bei dieser andächtigen Stille kommt uns das vor wie der Lärm eines Presslufthammers. Kai macht stellvertretend für uns alle seinem Ärger Luft und staucht die zwei vierzehnjährigen Spieler so heftig zusammen, dass sie vor Schreck die Kugel im Flipper einfach unberührt nach unten fallen lassen.

Zu allem Überfluss läuft im Hintergrund auch noch „Die Story von Big Ben“ von den Straßenjungs, den oft als erste Punk-Boy-Group zu Unrecht geschmähten Frankfurtern. „Lauter!“, rufen wir und der Wirt dreht den klobigen braunen Lautstärkeknopf des uralten Grundig-Röhrenradios nach rechts. Ein gelungenes musikalisches Sittengemälde der damaligen Zeit, bestens passend zu unserer Stimmungslage: ein bisschen Punkrock, ein wenig Hippiefeeling, deutsche Streetlyrics, viel dreckige Romantik und schließlich kein gutes Ende. Wie treffend! Nur dass aus unserer anfänglich immer bloß als Spaß gemeinten Haltung plötzlich bitterböser Ernst geworden ist.

Ich wage aufzublicken und sehe mich im Lokal um: Am Nebentisch sitzt ein Bier trinkender Asylbewerber, dessen Namen niemand kennt. Manche nennen ihn Ali – er lässt sich so anreden, wobei ich nicht glaube, dass er wirklich so heißt. „Hey you, komm her!“ und „Hallo Hansi!“ sind die einzigen Worte, die ihm jemand in unserer für ihn so fremden Sprache beigebracht hat. Bei genauerem Hinsehen ist hinter seiner alkoholgeschwängerten Fassade ein tieftrauriger und trotz allem irgendwie doch sehr intelligent wirkender Mensch zu erkennen, der sich in seiner verworrenen und aussichtslosen Lebenssituation wohl selbst nicht mehr so recht achten kann. Das fällt uns auch mit siebzehn Jahren schon auf. Eines Tages heißt es, er hätte sich aufs Gleis gelegt.

In unserer oberbayerischen Vorstadt sind mittlerweile schon einige auf der Strecke geblieben, nicht wenige davon sogar im wahrsten Wortsinn auf der Straße gestorben: z.B. „Hellmut – mit zwei ll“, der eigentlich ganz nett war – ihn hat es als Beifahrer erwischt. Unangeschnallt ist er bei einer Discotour auf Nimmerwiedersehen durch die Frontscheibe gekracht, straight to hell!

Ebenso stand Tele (auch so ein Nickname, den die Zeit längst überlebt hat) eines Tages in den Todesanzeigen der Zeitung. Bei seiner direkten Begegnung mit einer stämmigen deutschen Eiche soll angeblich der Autotacho bei 180 stehen geblieben sein. Sein protziger BMW hat ihm trotz Sonderausstattung mit Heckspoiler, Ledersesseln und Sitzheizung nicht mehr viel genützt: goldener Horizont.

Auch vom kleinen Karli mit dem großen Auto bleibt nur noch die Erinnerung an seinen überdimensionierten Jägermeister-Aufkleber auf dem Opel Ascona, den man sogar auf dem Unfall-Zeitungsfoto noch erkennen konnte, wenn auch ziemlich „zerknittert"; blickte man genau hin, fielen ebenfalls noch der furchtbare Fuchsschwanz und eine drei Meter lange CB-Funk-Antenne auf, welche im Gegensatz zu Karli den Unfall heil überstanden hatten.

Die zweithäufigste Todesursache sind Drogen – auf direkte, aber auch unmittelbare Weise, z.B. Anton: sich selbst zu nächtlicher Stunde am See das Hirn weggepustet, angeblich als er voll drauf war – Shotgun Blues. Rainer, der lispelnde und selbsternannt größte Fan der „Böfen Onkelf" aller Zeiten: geistig verwirrt in der Klapse; Franzmann: auf dem Weg ins gelobte Land (Indien) verschollen. Dieses Denkmal sei ihnen deshalb an dieser Stelle gesetzt!

Selbst aus dem begabten Schauspieltalent Jochen Berger wurde nichts bis gar nichts – von wegen Künstlerleben: bestenfalls zum Lebenskünstler hat er es gebracht. Statt wie zu seiner Jugendzeit den Meckie Messer in der Drei Groschenoper zu schauspielern, gibt er mittlerweile den Messie Mecker im Eine-Mark-Laden. Und das im vollen Ernst – von seinen situativen Performance-Auswüchsen an

Schimpftiraden könnte sich so mancher Straßenkünstler in den Fuzos der Republik eine dicke Scheibe abschneiden!

Erwähnenswert ist noch ein weiteres individuelles Schicksal: Die Story von Andy, der schon als Jugendlicher immer gerne politisiert hat und in seinen kühnsten Alkträumen Bayerischer Ministerpräsident werden wollte: „Was der schwarze Vogel da macht, das kann ich schon lange“, war sein Leitspruch. Gerüchteweise soll er bei seinem späteren Auslandsaufenthalt sogar in Harvard gewesen sein. Tatsächlich aber war damit nicht die Polit-Elite-Uni gemeint, sondern Havards, eine kleine alkgeschwängerte Eckkneipe – immerhin ganz in Uni-Nähe. Gebracht hat es Andy nach seiner eher kleinlauten Rückkehr vom Alk-Praktikum dann wenigstens zum Senatspräsident; allerdings nicht zum inzwischen abgeschafften überflüssigen Sesselhocker-Job, sondern zum Dauerkonsumenten einer Art Pennerglück-Schnaps mit demselben klangvollen Namen.

Take the blame

Am ersten Tag der Pfingstferien im Jahr 1989 liegen fünf Mofas kreuz und quer auf der frisch gemähten und säuberlich gepflegten Liegewiese am Baggersee. Auf der Grünfläche sitzen kreisförmig angeordnet die dazugehörigen Besitzer der motorisierten Zweiräder auf ihren Helmen. Als Soundtrack läuft Kings of Metal von Manowar, im Moment gerade die Stelle mit dem Doppelbass-Drumsolo, was in freier Natur etwa so klingt als würde ein Specht auf BSE Amok hämmern. In der Mitte dieses pittoresken Stilllebens befindet sich ein dunkelblauer Kasten „Lätschenbräu“. Gesprochen wird wenig, nur ab und zu durchbrechen ein klirrendes Anstoßgeräusch oder ein animalischer Rülpser die geruhsame Atmosphäre.

Bis es plötzlich unruhig wird. Auf einmal werden archaische Urlaute gegröhlt, die zwei kleinsten der Gruppe segeln nach einem „Eins, zwei, drei, Yeah!“ in voller Ledermontur ins Wasser, um anschließend wie begossene Pudel zu ihren angestammten Plätzen zurückzutrotten. Bewahren sie jetzt die Contenance und tun so, als würde ihnen das unfreiwillige Bad rein gar nichts ausmachen, steigt die Hoffnung darauf, beim nächsten Mal verschont zu bleiben.

Als nächstes kommen drei Heavy Mädels des Weges. Nachdem sich das Trio von der Gruppe Jugendlicher ein paar blöde Sprüche abgeholt hat, verschwindet man genau so unauffällig wie das Terzett kurz zuvor gekommen war.

Schließlich tauchen wir auf, ein bunter und uneinheitlicher Haufen: Nachwuchsrocker mit halblangen Haaren, Popper mit Y-Jacke, Normalos im gelben Lacoste-Kragenshirt und auch ein Gruftiepärchen ist dabei, vom Hals herab mit Rosenkränzen dekoriert. Natürlich nicht in Badekleidung, sondern Back in Black in der prallheißen Junisonne bei 30 Grad ohne Schatten. Böse Blicke treffen uns. Das Schweigen der anderen verfolgt unsere Gruppe, die sich ein paar Meter weiter lachend niederlässt. Von den ganz Harten neben uns steht immer wieder jemand auf, um mit Kippe im Maul und den Helm lässig von oben bis zur Stirn gezogen eine Mofarunde zu drehen. Wir amüsieren uns darüber und parodieren sogleich das Schauspiel, indem unsere Truppe mit Zigarette im Mund eine Runde schwimmen geht – und machen uns dabei nicht gerade beliebt.

Da bei unseren Nachbarn der Alkoholpegel schon mächtig gestiegen ist, kommen wie zu erwarten war, umgehend die ersten provozierenden Sprüche in unsere Richtung. Diese sind jedoch verbal leicht zu kontern. Dass so etwas nicht gut ankommt, ist vorherzusehen – ebenso, dass eine Gegenreaktion erfolgen wird: Als wir aus dem Wasser zurückkommen, erwischen wir einen ganz Harten, als er gerade versucht, auf eine von unseren Plastikstrohbadematten zu pinkeln. Ausgerechnet auf die von Stevie, unserem Badetuchzurechtzupfer und Schattenhinterherzieher Nummer eins.

Es kommt unweigerlich zum Konflikt. Dabei wird nicht lange gefackelt: Als Antwort auf Stevies Frage, „Was das denn soll?", kommt der politisch inkorrekte Blasenentleerer direkt mit einem rechten Schwinger auf den Fragenden zugestürmt. Reaktionsschnell kann unser Mann jedoch zur Seite springen, sodass der Angreifer ins Leere schlägt und dabei unbeholfen stolpert. Ungebremst landet er dank fortgeschrittener alkoholbedingter Feinmotorikstörung auf dem gepflasterten Weg. Es gibt ein dumpfes Geräusch als sein Kiefer auf den Marmorplatten trocken aufschlägt. Zu keinem Schutzreflex ist er mehr fähig, um sich wenigstens noch mit den Händen abzustützen und das Schlimmste zu verhindern. Regungslos bleibt der outgeknockte Angreifer liegen. Ohne Bewegung verharren auch wir. Nicht anders bei den zuvor noch lautstark lärmenden Mofarockern, den quietschvergnügt spielenden Kindern und ihren erschrockenen Müttern – auf der gesamten Liegewiese herrscht für einen langen Moment Totenstille.

Nach einer gefühlten Ewigkeit rappelt sich der zu Boden gegangene Rocker langsam wieder auf und wischt sich mit leerem Blick und einer fahrigen Geste das Blut aus dem Gesicht. Endlich kommt einer seiner Kumpels zu Hilfe. In der Annahme, dieser hätte den Vorfall nicht gesehen, klagt der Verletzte lautstark und berichtet, was sich seiner irrigen Meinung nach zugetragen haben soll, wobei er auf einen von uns zeigt: „Der da, der hat mich geschlagen!“ Lautes Gelächter ertönt, sogar von seiner eigenen Clique. Nun auch psychisch tief getroffen, sackt der immer stärker blutende Verletzte erneut in sich zusammen.

Inzwischen sind am Himmel dunkle Wolken aufgezogen. Weil ein hochsommerliches Wärmegewitter drohend näherkommt, packen die Nachwuchsrocker ihre sieben Sachen und starten die Mofas. Zurück bleiben der Müll und ein mehr oder weniger selig seinen Rausch ausschlafender Selbst-K.o.-Schläger. Wir können es gar nicht glauben, dass sie ihn einfach so liegen lassen. Als wir unsere Badesachen zusammenraffen, sieht uns der outgeknockte Typ mit entrücktem Blick zu. „Vielleicht sollten wir ihm doch helfen“, wende ich mich an Joe, der gerade vergeblich versucht, sein Zweirad per Kickstart anzulassen. „Ach was, der kommt schon selber zurecht. Nach der ersten Regendusche ist der wieder quicklebendig. Außerdem gehört er nicht zu uns!“, stößt er murmelnd unter seinem Helmvisier hervor. „Wenn ihn seine Kumpels liegen lassen, dann wissen die schon, weshalb“, ergänzt Kai genervt.

Als die ersten schweren Regentropfen herabprasseln, sind auch wir schleunigst weg. Ich drehe mich nochmals um, bevor ich mein Möped ankicke: Der hilfesuchende Blick des am Boden Liegenden trifft meinen nur für einen Augenblick, sollte trotz seiner Kürze aber noch lange in meinem Gedächtnis haften. Der Verletzte bleibt allein und verlassen auf der leeren Wiese zurück. Das gibt ein böses Erwachen!

On the road

Vier Typen, namentlich Stevie, Joe, der zum juvenilen Zweitaktfahrer degradierte Kai und ich sowie ein paar Pferdestärken mehr, verteilt auf drei Möpeds – so gehen wir in der zweiten Ferienwoche der Pfingstferien auf große Tour. Die große Fahrt ins Blaue bedeutet in den 80er Jahren allerdings weder Lloret de Mar noch Ballermann oder gar Ibiza, sondern schlicht und einfach Innsbruck, Meran und Achensee. Die anfängliche Idee, mit unseren lauten und rußigen Möpeds den Jakobsweg zu terrorisieren, wird nach einigem Hin und Her schließlich doch nicht in die Tat umgesetzt.

An Bord unserer „Kähne“, wie wir die Zündapps, Puchs und Kreidlers nennen, befindet sich alles, was nicht rechtzeitig vor der Abfahrt niet- und nagelfest gemacht worden ist: vom Hordentopf über Mutterns geplündertes Gewürzregal bis hin zum multifunktionellen Dosenöffner ist alles mehr oder weniger Notwendige dabei. Joe hat von seiner Großmutter eine solche Menge an Butterbrotdosen voll Verpflegung dabei, dass man damit eine ganze Kompanie ernähren könnte. Dazu benötigt jeder von uns fünfen Zelt, LuMa, Penntüte und Soundmaschine – alles mit Expandern am Möped festgezurrt und schon kann die erste inoffizielle Metal Cruise beginnen!

Leider besitzen wir keine besonders genauen und ebenso wenig aktuellen Karten, deshalb landet unsere Truppe gleich bei der ersten kritischen Stelle auf einer vierspurigen

Schnellstraße. Auf unserer längst überholten ADAC-Jahresgabe 1978/79 war diese einfach noch nicht eingezeichnet. Relativ schnell fällt nun die Entscheidung, zur simpleren Orientierung den neu gebauten Innradweg zu benutzen. Gesagt, getan!

Als Oma-Schreck sind wir gerade dabei, uns dort einen Namen zu machen, als wir nach einer Weile monotoner Fahrt bemerken, dass Joe fehlt. Also erst einmal anhalten, abwarten und das erste Bier zücken. Doch auch nach der ersten Dose Löwenbräu ist noch immer keine Spur vom Abgängigen zu finden. Also zurück! Nach zwei Kilometern entdecken wir unseren leicht konfus wirkenden Kumpel und sein zu Boden gegangenes Gefährt. Dessen selbst geschmiedeter Gepäckträger hat sich offenbar während der rasanten Fahrt selbstständig gemacht: Auf dem Radweg verstreut liegt beinahe der komplette Hausrat seiner Eltern. Wir nutzen die Gelegenheit gleich, um Überflüssiges loszuwerden. Das Salzstreuer-Sortiment fliegt in hohem Bogen in den Inn, die verbogene Bratpfanne hinterher und auch das Topflappen-Set geht über „Bord". So erleichtert, steht der Weiterfahrt nichts mehr im Weg.

Nach fast 200 Kilometern beziehen wir gegen Abend das erste Nachtquartier. Bei hereinbrechender Dunkelheit fallen wir in einen idyllisch gelegenen Campingplatz in Tirol ein. Doch unsere Formationsfahrt in Hells-Angels-Manier durch das Campingareal verläuft unspektakulär, denn auf dem Platz herrscht kaum Betrieb. Trotzdem fahren wir jeden noch so kleinen Weg ab, um dann tatsächlich fündig zu werden: Unser Lager schlagen wir sehr zum offensichtlichen Missfallen der Betreuer direkt neben einer Jugendgruppe auf. Wie wir später noch feststellen dürfen, handelt es sich dabei um eine reine Mädchentruppe, die uns konkurrenzlos zufallen müsste – was allerdings nur wir selbst glauben: So berichtet Dave voller Elan, welchen Eindruck er eben schinden konnte, als er mit stolzesgeschwellter Hühnerbrust an der begehrten Truppe vorbeiparadierte. „Eine von denen hat mich sogar für einen Schauspieler gehalten!“, gibt er gleich zur Kenntnis, „und hat gleich nach meiner nächsten Rolle gefragt.“ „Schau mal, was du in deiner Hand hältst, dann weißt du, welche Rolle gemeint ist!“, amüsieren wir uns: Die benutzte Klorolle in seiner Hand hatte er glatt vergessen!

Besonders viel läuft wirklich nicht, so richtig trauen wir uns einfach kaum. Es geht eher ums Prestige: Jedermann braucht schließlich etwas zum Erzählen, wenn er wieder nach Hause zurückkehrt! Die traurige Wahrheit lautet: Wenn nur ein Zehntel dessen, was wir uns in unseren Erzählfantasien ausmalen, wirklich Realität wäre – jeder von uns hätte schon so viele Frauen gehabt wie Mötley Crüe, Ratt und David Lee Roth zusammen.

Das zweite Mitbringsel von unserem Trip hätten Fotos sein sollen, als lebendiger Beweis dessen, was die Daheimgebliebenen alles versäumt haben. Es ist jedes Mal höchstspannend, wenn die Fotos vom Entwickeln abgeholt werden, weil das, was bereits ein paar Wochen zurückliegt, doch einiges an unerwarteten Überraschungen bieten kann. Auch dieses Mal hätte es ein großes Hallo gegeben. Schließlich wurden einige kompromittierende Schnappschüsse per Ritsch-Ratsch-Kamera, ganz ohne Selfie-Rückenkratzerstab aus der Hüfte geschossen: beim Disco-Destroyer-Tanz im Campingcafe (alle), dem total Blackout im Zelt (Joe) und – was ich selbst erst nach dem Entwickeln der Abzüge erfahren habe – beim ziemlich ungelenk aussehenden Knutschversuch mit einer dauerbewellten Dunkelhaarigen, an deren Namen ich mich beim besten Willen nicht erinnern kann.

Doch zurück zur Kulturreise durch das schöne Österreich der Achtziger Jahre: Schließlich verläuft unsere Fahrt durch unbekanntes, fremdes und „feindliches“ Gebiet keineswegs immer so glatt wie erhofft. Schon am zweiten Tag kommt es zu einem Duell mit drei einheimischen Mofarockern. Der Schnellste von ihnen beendet das spontane Wettrennen dabei nicht besonders erfolgreich: Als er mein Möped spürbar knapp überholen will, streift er Joe, der als mein Sozius mitfährt und dem Überholenden wohl auch noch eine deftige „G´nackwatsch´n“ mitgibt, sodass das Mofa laut aufheulend samt Fahrer über die Leitplanke geht. Für Nichtbayern: Bei der „G´nackwatsch´n“ handelt es sich um einen brachialen, möglichst laut klatschenden „feuchten“ Schlag in den Bereich zwischen Kopf und Schulterblättern, welcher den Getroffenen bereits als Fußgänger gefährlich nahe an die Sturzgrenze bringt.

Um dem gestrauchelten Mofarocker zu helfen, halten wir an. Doch als der Gestürzte uns erblickt, springt er wie von der Tarantel gestochen auf und voll Panik auf sein Zweirad, um sich quer über eine Wiese davon zu machen. Wir hätten ihm doch wirklich nichts getan! Aber gut zu wissen, wie die Verhältnisse hier sind, falls es einmal andersherum sein sollte.

Until I get you

Unsere erste richtig große Tour haben wir fast unfallfrei hinter uns gebracht, doch der Sommer 1989 ist noch lange nicht vorbei! Der ewige Zyklus aus einem längst nicht mehr legitimierten, aber einfach mal beibehaltenen Liebeskummer-Frusttrinken und einer „Jetzt soll sie mal sehen, was sie an mir verloren hat“- Einstellung gegenüber der längst verflossenen Michaela findet von einem Tag auf den anderen ein Ende, als meine neue Lovestory mit Julia Weinmayer beginnt. Schon vom ersten Moment des Zusammenseins sollte sie sich als gänzlich anderer Typ als Michaela erweisen: Julia will es – wie ich bald feststellen darf – wirklich wissen, zieht sich dementsprechend an und ist vor allem so drauf. Sie gilt einfach als eine ganz andere Hausnummer als Michaela! Wären wir uns nicht begegnet, niemals hätte ich gewusst, was ein Mensch lovetechnisch alles versäumen kann.

Aufgefallen ist mir Julia schon seit Längerem, aber da war sie eindeutig mit den falschen Typen unterwegs. Aber sie selbst ist top und hat einfach Klasse – allein wie sie sich morgens an der Bushaltestelle immer die Haarsträhne hinters linke Ohr streicht, da kommt sonst niemand ran. Eine zufällige Berührung von ihr wäre mehr wert als eine ganze Nacht mit so einer zickigen Tussi wie Michaela oder sonst irgendeiner.

Und so kann der Tragödie erster Teil beginnen: Trotz geschlossenem Helmvisier trifft mich eines schönen Sommertages ihr Blick wie ein Blitz vom Ride the Lightning-Cover, als ich on Möped auf dem morgendlichen Weg zur Schule an Julia vorbeifahre: schlank, blond und so sehnsüchtige Augen – einigermaßen schnell gewinne ich die Fassung wieder und mache auf cool. Doch ihr Anblick lässt mich nicht mehr los. Auf der Schultreppe kommt sie mir kurz darauf entgegen und lächelt mich flüchtig, aber eindeutig an. Meint die wirklich mich? Im Reflex lache ich zurück, dabei bin ich selbst über meine Reaktion erstaunt. Verstohlen drehe ich mich gleich nochmals um; da Julia genau dasselbe macht, blicken wir uns aus nächster Nähe direkt in die Augen.

Tief in Gedanken versunken, wie schön es mit ihr doch sein könnte, werde ich zwei Stunden später in der Pausenhalle von hinten angetippt. Als ich mich umdrehe, sehe ich direkt in Julias hübsches Gesicht. Beinahe hätte ich gesagt, „dass ich gerade an dich gedacht habe", halte mich aber lieber zurück. „Wie geht´s?", ist gleich ihre Standardfrage. „Ganz gut!", antworte ich automatisch, auch wenn die Antwort ein eindeutiges Understatement darstellt.

Der Zufall will es, dass wir uns wenig später erneut nur zu zweit direkt begegnen: Als ich am Spätnachmittag nochmal zum Jugendtreff im Ortszentrum zurückrenne, weil dort mein Helm liegen geblieben ist, reicht mir Julia diesen ganz selbstverständlich und meint dabei: „Dafür habe ich aber etwas gut!" „Nichts lieber als das", freue ich mich und lade sie auf ein Getränk ins Cafe Loft am nächsten Tag ein.

Sehr viele Gedanken gehen mir anschließend auf dem Weg nach Hause und an diesem Abend durch den Kopf: Kommt sie wegen mir oder nur wegen des versprochenen Freigetränks? Ist Julia zurzeit überhaupt Single, was bekanntermaßen eher selten vorkommt? Ob sie überhaupt am vereinbarten Treffpunkt erscheinen wird? Möglicherweise hat sie das alles einfach nur so dahingesagt; es könnte ja auch sein, dass sie mich ins Leere laufen lässt.

Der nächste Morgen beantwortet all diese Fragen sofort: An der Bushaltestelle stehen Julias Freundinnen samt Michaela und fangen, als sie mich erblicken, gleich zu tuscheln an. Ein gutes Zeichen! Noch vor der Schultüre erblicke ich dann Julia selbst und bevor ich irgendetwas sagen kann, erinnert sie mich verheißungsvoll: „Wir haben heute eine Verabredung!“

Als es endlich drei Uhr Nachmittag wird, steige ich ziemlich nervös die Treppe zum Cafe Loft hoch. Leicht unsicher blicke ich in den großen, gut besetzten Raum. Doch Julia ist nirgendwo zu sehen. Alle Tische werden von mir intensivst visuell abgescannt – auch wenn es diesen Begriff noch gar nicht gibt – aber nein, sie ist definitiv nicht hier.

„Hat die mich etwa versetzt? “, überlege ich etwas irritiert, „haben ihre Freundinnen vielleicht deshalb so laut gekichert, als ich heute früh vorbeigegangen bin?“ Sogar ein kleines Geschenk halte ich für Julia in der Hand, was mich jetzt so ganz allein im Raum mitten auf dem Präsentierteller wie einen Volldepp dastehen lässt. Am vordersten Tisch, wo die Kartenspieler sitzen, ist mein unschlüssiges Herumstehen bereits bemerkt worden. Mein Selbstvertrauen erreicht den Nullpunkt.

„Suchst du mich?“, lässt mich eine laute Stimme von hinten regelrecht zusammenzucken. Erleichtert stelle ich fest, dass sie zu Julia gehört: „E-Eh-Ehrlich gesagt, ja!“, bringe ich fast stotternd hervor, dann führe ich die heute so gut wie nie zuvor Aussehende zum einzigen freien Tisch im Lokal. Ihre Haare hat sie extra frech hochgesteckt und die Augen mit Kajal dunkel geschminkt, was einen aufregenden Kontrast zu ihrer hellen Haut ergibt. Außerdem sprießen auf ihren Wangen ein paar nette Sommersprossen, was erst aus nächster Nähe auffällt. Als wir uns schließlich von Angesicht zu Angesicht gegenüber sitzen, wird schnell klar, dass es gar nicht mehr darum geht, ob wir beide zusammen kommen, sondern nur noch darum, wann. Eine Stunde später sind wir tatsächlich schon ein Paar und werden es auch für längere Zeit bleiben. Gemeinsam steigen wir eng umschlungen die Treppe hinab, welche ich zuvor noch allein und unsicher heraufgekommen bin. Und wer kommt uns dort entgegen? Ausgerechnet Michaela mit ihren Freundinnen. Doch dieses Mal lachen sie nicht mehr!

She´s no angel

Zum ersten Mal miteinander unterhalten und keine zwei Tage später sind wir schon ein Paar – so schnell geht das, wenn man jung ist. Exakt in diesem schnellen Rhythmus läuft das Tempo in unserer Beziehung weiter: keine ganze Woche dauert es bis wir – eigentlich eher sie – so richtig zur Sache kommen. Nicht bis zum Äußersten, aber viel fehlt wirklich nicht mehr. „Nicht von schlechten Eltern!“, darf ich am Tag darauf stolz meinen Kumpels hinter vorgehaltener Hand von unserem Tête à tête, das auch andere Körperregionen nicht gänzlich ausgespart hat, in der Schule berichten. Detailverliebt wird wirklich jeder einzelne Move des letzten Abends mit solcher Begeisterung dargeboten, dass sich die in der Reihe davor sitzenden Mädchen pikiert beschweren. „Ihr seid doch nur neidisch!“, ist unsere überhebliche Reaktion. Besonders mit Kai, der es in dieser Hinsicht mit der zickigen Michaela deutlich schwerer hat, gibt es viel Erzählstoff auszutauschen, wobei ich mit den Erlebnissen von Julia und mir eindeutig die Trümpfe in der Hand halte. „Die geht ab wie eine Rakete!“, meint er in neidvoller Anerkennung, „die kannst du mir mal borgen!“ Und das war dann auch das erste und letzte Mal, dass ich ihm etwas derart Vertrauliches erzählt habe. Wieder mal etwas dazugelernt!

Liebe hat auch Einfluss auf den Musikgeschmack, zumeist keinen guten. Zum Überspielen auf Kassette borge ich Julia die Angel-Maxi von Aerosmith, sogar den AOR-Mix – eigentlich ein Song mit Kitsch-Refrain, aber das sind in diesem Fall besondere Umstände. Tags darauf bekomme ich die Maxisingle wieder zurück. Gleich mal nachschauen, ob neue Kratzer drin sind. Nicht, dass ich penibel wäre – ganz im Gegenteil: Wir sind so sehr mit Haut und Haaren ineinander verliebt, dass ich mich über jeden Kratzer von ihr, ganz egal wo auch immer, gefreut hätte. Als ich die Plattenhülle mit der Öffnung nach unten drehe, fällt etwas heraus, das dort nicht hingehört: ein hellblaues Briefkuvert: ohne Adresse, nur ein riesengroßes rotes Herz ist auf die Rückseite gemalt. Hektisch wird der Umschlag geöffnet: „Was hast du mit mir gemacht?“ steht dort ganz groß und in rosa Lettern geschrieben. „Eigentlich nur das, was wir beim gemeinsamen Pornoschauen in den Mutzenbacher-Filmen aus dem Videoregal von Joes Eltern gesehen haben“, fällt mir spontan als gedankliche Antwort ein und lese weiter. Es folgt eine mehr oder wenig direkt ausgesprochene Einladung fürs erste Mal.

Love is thicker than blood

Als ich eines Abends gegen halb neun Uhr vom Fußballtraining nach Hause komme, wird gleich „Toys in the attic“ von Aerosmith aufgelegt. Erschöpft starre ich nach dem anstrengenden Training an die Wand meines Jugendzimmers. Blackie Lawless und Chris Holmes erwidern den

Blick von ihren Postern. Rechts daneben hängen fotokopierte und vergrößerte Bilder aus dem Live after death-Album von Maiden. Auch ein paar überklebte Poster mit Fußballern wie Kalle del Haye (ganz o.k.) und Norbert Nachtweih (mit unglaublicher VoKuHiLa-Frisur!) lugen dazwischen aus Kinderzeiten noch ein bisschen hervor. Lässt man den Blick weiter schweifen, hält Joe Perry auf einem Promopicture eine Gitarre hoch, auf der in fetten Lettern `84 steht.

Toys in the attic ist 1975 rausgekommen – da war ich gerade mal der Krabbelstube entlaufen! 1976, als Punk angeblich „expoldierte", besuchte ich als Dreikäsehoch den Kindergarten. So richtig fing meine musikalische Wahrnehmung abseits von Spider Murphy Gang und den Drei lustigen Moosachern erst an, als ich zu Beginn der 1980er als fast Zehnjähriger von meiner sechzehnjährigen Nachbarin in die Welt der harten Rockmusik eingeführt wurde. Sie war optikmäßig schon richtig aufgestylt, eine Mischung aus Nena und Kim Wilde, nur eben echt. Bei ihr stand zudem jedes Wochenende ein anderer getunter Wagen von ständig wechselnden Typen in der Hauseinfahrt. Zwischen Scirocco und Opel Manta durfte ich als kleiner Spross immerhin eines frühen Abends schon einmal allein mit auf ihr Zimmer. Geheuer war mir das Ganze anfangs nicht: Dort war es dämmerig und stickig wie in einem Puff! Bis heute nicht vergessen habe ich den lebensgroßen Kiss-Starschnitt, der so gestaltet war, dass sie sich als fünftes Bandmitglied mit ihrem wie immer stark geschminkten Gesicht eingliedern konnte, während sie das riesige Poster vor sich hielt. Als ich Jahre später die Kiss-LP Dynasty ungehört kaufte und daheim auflegte, war ich trotzdem ziemlich enttäuscht. Die vier Typen auf der LP-Hülle sehen viel härter aus als sie tatsächlich spielen!

Jetzt, im Juni 1989, habe ich selbst schon eine richtige Freundin – versetzen mich meine Gedanken wieder in die Gegenwart – und bin einer von diesen Typen, die souverän an den bewundernden Blicken der kleinen Nachbarjungen vorbei Richtung Zimmer der Freundin stolzieren und später verrichteter Dinge wieder mit laut aufheulendem Motor abziehen. Laut aufheulend klingt im Fall der kurzen Übersetzung meines Möpeds vielleicht etwas übertrieben, aber dafür fahre ich nach besonders erfolgreichem Werk schon mal mit einem angedeuteten Wheelie los.

Ich glaube fast, heute muss ich noch einmal zu Julia hinfahren. Gedacht, getan! Gegen Mitternacht schlage ich dort auf – glücklicherweise ohne von irgendjemand beobachtet zu werden. Die schrille Türglocke bleibt selbstverständlich unbenutzt, stattdessen drücke ich mich heimlich und leise an der matt schimmernden Hauswand entlang bis vor ihr Fenster. Mein vorsichtiges Klopfen wird erhört; und nicht nur das. Zusammen verbringen wir die erste gemeinsame ganze Nacht – selbst wenn unsere Performance aus Lautstärkegründen etwas verhaltener als sonst unter ihren Möglichkeiten bleibt.

In der jüngeren Vergangenheit – falls man bei einem siebzehnjährigen Provinzrookie überhaupt schon von Vergangenheit sprechen will – war es so, dass es mit den Girls meistens nicht so gut war, wie man sich das vorgestellt hatte; das ist jetzt bei Julia ganz anders. „Do you remember lying in bed with the covers pulled all over your head?“, diese Zeile läuft tatsächlich im ansonsten reichlich konservativen bayerischen Radioprogramm, als wir am nächsten

Morgen gemeinsam aufwachen – wenn auch ziemlich leise, damit ihre Eltern nichts von meiner Anwesenheit mitbekommen. God bless the American King of Punk Joey Ramone, R.I.P![9]

Nicht nur die Bettdecke teilen Julia und ich, sondern auch denselben Musikgeschmack – was in den 1980er Jahren unheimlich wichtig ist. Wirklich die ganze Zeit hängen wir zusammen; und sollten wir uns wirklich mal einen Tag lang nicht sehen können, dann läuft Julia in meinem ihr etwas zu weiten Wasted Youth-Shirt und ich in einem von ihren zunehmend ausleiernden Pullovern herum.

Little girl in bloom

Für die Absolute-Beginner-Ratschläge von Dr. Sommer sind wir eigentlich schon zu alt, aber nachhaltig geprägt hat uns dieser imaginäre Bravo-„Arzt“, der gewiss niemals eine Medizinfakultät von innen gesehen hat, dann doch: Besorgte Jugendfragen nach dem Strickmuster „Kann man beim Petting schwanger werden?“ bzw. „Wie finde ich den G-Punkt?“ oder „Macht die Pille dick?“ kennt jeder 80s-Teen. Für Jugendliche gibt es nun mal nur ein Thema, das alle anderen aussticht, so schön die zweitschönsten Nebensachen der Welt, wie Rock and Roll oder Fußball auch sein mögen.

Zum Thema „Macht keine Pille auch dick?“ können Julia und ich aus unserer eigenen Erfahrung bald etwas beitragen. Einmal läuft tatsächlich etwas schief, was abzusehen war, denn die Mutter meiner Freundin verbietet ihr nach wie vor, das besagte Verhütungsmittel einzunehmen. Julia scheint eines Tages irgendwie bedrückt zu sein, als ich sie mit dem Möped abhole. An diesem Tag ist meine große Liebe überhaupt nicht gesprächig. Wird halt wieder Stress zu Hause gegeben haben, vielleicht wegen der Schulnoten, denke ich und messe dem sondersamen Gehabe wenig Bedeutung bei. Doch meine Freundin kommt, als wir uns zu zweit ein wenig zurückziehen, schnell zur Sache – wenn auch anders erhofft: „Ich habe immer noch keine Periode!" „Wie, immer noch nicht? Was soll das heißen?", ist meine entsetzte Reaktion. Mir schwant Böses. Hat Julia nicht kürzlich beim Verwandtenbesuch, wo eine Menge Kinder unterwegs waren, gemeint, dass sie „auch so einen kleinen Fratz" von mir haben möchte. „Was willst du? Von mir? Bestimmt nicht!", war meine entrüstete Entgegnung. Hat die mich jetzt etwa reingelegt? War das tatsächlich ernst gemeint, mit dem Nachwuchs? Diese Fragen gehen mir durch den Kopf als nach Daves Tod ein gegenteiliger, aber ebenso unerwarteter Angriff der Erwachsenenwelt meine unbeschwerte Jugend frühzeitig zu beenden droht. So bitte nicht! Sogar zu einem gemeinsamen Gebet lasse ich mich hinreißen, damit Julias ausbleibende Monatsregel doch noch einsetzt – und es hilft offenbar: Zwei Tage darauf gibt es Entwarnung. Wasted youth gerettet! Business as usual. Weiter so!

Rock out

Schulshirt ist Pflicht beim Klassenausflug. Am Vorabend unserer Abschlussfahrt in die gerade noch so in ihren letzten Zügen existierende DDR trifft sich deshalb der harte Kern des Jahrgangs, um sich optisch zu optimieren und kleidungstechnisch aufzuhübschen. Als Erstes werden bei den uniform für alle von der Klassenleitung georderten Polo-Shirts die dämlichen Krägen und überflüssigen Ärmel gekappt. Aus dem peinlichen Aufdruck „Ciao Roma", wo während der letzten Schulfahrt die Idee für diese Klassen-Shirts entstand, wird durch den Mut zur Lücke, sprich einem Loch im Stoff an der richtigen Stelle, der halbwegs erträgliche Spruch „Ciao Oma" gemacht – leicht makaber, weil meine Großmutter tatsächlich erst vor kurzem verstorben ist. „Health´s Angels" schreibt Joe halbkreisförmig in täuschend echtem Design auf eine gebrauchte Lederjacke, dazu kommen selbstgestaltete Aufnäher mit Sprüchen wie „A prayer a day keeps the devil away" oder „Die zart!!!" und fertig ist das – wie so vieles natürlich nicht todernst gemeinte Soft-Rocker-Set, welches Stevie zu seinem 18. Geburtstag am ersten Abend der Klassenfahrt überreicht werden soll.

Prosecco kannte man 1989 in unseren Breiten längst nicht – ein derartig angesagtes Getränk hätten wir ohnehin abgelehnt – stattdessen zieren drei Flaschen Aldi Spumante an Stevies großem Ehrentag unseren Frühstückstisch in der Jugendherberge. Den folgenden Abend im gerade noch so vor sich hinvegetierenden „Sozialismus"-Ostblock bringen wir mit dem original Berentzen-Apfelkorn, welcher derzeit als unser In-Getränk gilt, ganz gut hinter uns, dann beginnt der Kampf ums „Überleben": Bereits an Tag zwei ist unser mitgebrachter Alk-Proviant zur Neige gegangen, zudem lässt das örtliche Angebot an Spirituosen sehr zu wünschen übrig. Eine Flasche billigen „Fuselwodka" ergattern wir immerhin im Konsum-Einkaufstempel, mehr nicht. Besonders Stevie, der sich am Vorabend als großer Apfelkornkenner hervorgetan hat, befindet den erstandenen „Blindmacher“ für untrinkbar und verkündet deshalb gleich einen Abstinenzlerabend.

In so einem Fall hilft nur noch ein Trick: Aus dem Mülleimer fischen wir eine der gestern geleerten originalen Apfelkornflaschen, füllen den Billigwodka ein, runden das Gesöff mit Apfelsaft aus einen weißen Discounter-„Ja“-Tetra-Pak ab und schütteln die Brühe einmal kräftig durch. Ein gekünstelt lauter Aufschrei unsererseits: „Da ist ja noch ein Äppel!“ ruft das feine Schnapsgourmetnäschen von Stevie gleich auf den Plan. In Vordränglermanier mit dem Spruch „Wer zuerst kommt, malt zuerst“ nimmt er sogleich einen kräftigen Zug aus der Pulle und fällt das Fachurteil: „Das ist halt der Echte, das schmeckt man sofort!“ Von uns will wirklich niemand zu viel von dem gepanschten Selfmade-Gesöff trinken, trotzdem heucheln wir Interesse, damit Stevie keinen Verdacht schöpft. So wird der Futterneid um die letzte Dosis Apfelkorn voll entfacht. Lange dauert es deshalb nicht bis die Flasche leer ist und Stevie stattdessen voll.

Gleich darauf wird der Schwindel aufgeklärt. So recht will der Betrogene die Täuschung nicht wahrhaben. Erst als wir ihm die leere Flasche DDR-Wodka als Beweisstück hinhalten, zeigt er sich vom erfolgreichen Betrug überzeugt: „Und ich Idiot habe das alles getrunken!“, bringt er noch heraus um sogleich schmollend und vorzeitig Richtung Zimmer zu verschwinden. Full tilt!

Trotzdem war das heute Nacht noch längst nicht alles, eine zusätzliche Vollbedienung haben wir darüber hinaus parat: Die Band Death ist gerade die neueste Entdeckung und gilt derzeit landauf landab als das ultimativ Härteste. Traditionelle Hard Rock-Bands wie ACDC oder Motorhead haben gegen Ende der 80er hingegen einen schweren Stand: Der Poser-Fraktion sind sie nicht hübsch genug, der Trash-Fraktion nicht heavy enough.

Den Kassettenrecorder auf volle Lautstärke gestellt, zur extremsten Stelle der Schlachtplatte Scream bloody gore auf dem Tape hingespult und dann die Pausetaste gedrückt. So wandern wir als letzte noch Wachende gegen vier Uhr morgens durch die totenstillen Gänge der Jugendherberge. Mit dem präparierten Höllengerät schleichen wir uns in ein unversperrtes Zimmer. Schnell das Kabel auseinander gefriemelt, den Netzstecker in die Steckdose gepresst, die Sperrtaste gelöst und nichts wie raus vor die Tür und abwarten, was geschieht. Höllisch laut lässt der Klang die Schlafenden hochschrecken. Man hört den schlaftrunkenen Stevie aufspringen und im Dunkeln vergeblich nach dem Lichtschalter suchen. Schließlich zieht er den Netzstecker, doch das Gerät läuft automatisch auf Batterie weiter. Seine wüsten Verwünschungen unserer Wenigkeit in die tiefsten Abgründe der Hölle, von welcher Chuck Schuldiner zeitgleich singt, klingen so authentisch als kämen sie direkt vom Tape. 1:38 Minuten Kassettenlaufzeit bis zum Switch-off wird für diese Bude gestoppt, kein schlechter Wert. Wir ziehen sogleich weiter ins nächste Zimmer, um weiteren Tiefschlafenden die Möglichkeit zu geben, diesen Wert sogar noch zu toppen.

So lustig die Aktionen für uns auch gewesen sind, Stevie findet beide selbst im Nachhinein nicht besonders witzig. Dass er nicht viel Spaß versteht, ist bekannt. Dass es routinemäßig ein paar Tage dauert, bis seine Schmollphase beendet ist und er wieder zur Tagesordnung zurückkehrt – immer so, als ob zuvor gar nichts gewesen wäre – ist ebenfalls nichts Neues. Dass er aber – wie dieses Mal – Wochen danach noch kein Wort mit uns wechseln will, erscheint ungewohnt. Seine Haltung unserer und eigentlich auch seiner Clique gegenüber bleibt frostig. Hätten wir geahnt, dass das gefrorene Eis zwischen uns nie mehr ganz auftauen sollte, wir hätten ihn trotzdem nicht verschont. Ein bisschen was sollte man schon aushalten; man nehme sich nur ein Beispiel an dem, was in Tourbussen so getrieben wird. Und dieser Lifestyle ist und bleibt die Referenz!

Schools out forever

Kai verlässt als Erster aus unserem engeren Kreis die Schule vorzeitig und wie so viele verfrühte Abbrecher nicht im Guten. Genauer gesagt, hat sich folgendes zugetragen: Als selbsternannter Fremdenführer will er den Gästen unserer englischen Partnerschule die touristischen Höhepunkte unserer Heimatstadt nahebringen. Wer Kai kennt, weiß, dass damit einzig und allein die kulturelle Kneipenwelt gemeint sein kann. Da Kai immer mit gutem Beispiel vorangeht und sich als bester Kunde beweisen muss, kommt es soweit, dass der Tag für ihn mit einer Alkoholvergiftung auf dem Schul-WC endet. Seinem personal KOOC (Knock-out of conscience) folgt unweigerlich der offizielle KOOS (Kick-out of school). Für unsere Gang bedeutet dieser schmerzliche Verlauf, dass aus den einstigen fünf, nach Daves Tod ohnehin auf die „Verschworenen Vier“ reduziert, nun die restlichen Drei geworden sind.

Besonders bitter ist dieser verfrühte Abgang für Kai, denn er hatte es nie leicht gehabt im Leben: Im Prinzip war er schon mit elf Jahren erwachsen, weil damals seine Mutter von heute auf morgen völlig unerwartet verstarb.

Trotz allem lässt es sich Kai nicht nehmen, seinen eigenen und alleinigen Abschlussstreich zu inszenieren: Als wir eines Vormittages während einer unserer letzten Deutschschulaufgaben laute und unrhythmische Motorgeräusche vernehmen, weiß jeder von uns sofort, dass es sich dabei nur um Metal-Mosher Schmidts letzte subversive Aktion gegen „unsere schöne Schule“ handeln kann. Der komplette Kurs stürmt sogleich zum Fenster und blickt hinab: tief unten, mitten auf dem Pausenhof, spielt sich eine bemerkenswerte Szene ab. Ein schon fast schrottreifer „Ford Fiasko“ mit dem übergroßen Schriftzug „Fuck“ auf dem Kühlergrill und einem aus dem Fenster hängenden, leider unlesbaren Transparent, liefert sich mit dem Schuldirektor und dem Hausmeister eine wüste Verfolgungsjagd: Der Pkw fährt laut hupend und in Schlangenlinien über das Areal, lässt die beiden Verfolger herankommen; doch sobald sie den Wagen fast erreicht haben, gibt Kai am Steuer des Wagens wieder ordentlich Gas. Diese Szene wiederholt sich ein paar Mal, bis schließlich das Einschreiten der Polizei den individuellen Abschlussstreich und die Trunkenheitsfahrt beendet. Sie nehmen Kai direkt mit aufs Revier.

Das unverschlossene, mitten auf dem Pausenhof verbleibende Fahrzeug ist immerhin als unfreiwilliges Spielmobil für einen Tag die ganz große Attraktion für unsere Kleinsten der Schule, dic kaum mehr aus dem Auto herauszubekommen sind. Und es bleibt nicht bei diesem einzigen amüsanten Anblick: Oft kommt es nicht vor, dass Fünftklässler mit den gefundenen Joints durch eine Schule spazieren als wären es Kaugummizigaretten.

Unserer langjährig erprobten Taktik der Annäherung an die Gesellschaft ist Kai auf jeden Fall treu geblieben: Wenn wir etwas angestellt hatten, dann immer so, dass wir auch erwischt wurden! Ehrlich währt am längsten! Wen diese Absicht verwundern sollte – wir wollten einfach unsere Grenzen ausloten, Erfahrungen sammeln und Neues dazulernen!

Demgegenüber droht unser offiziell geplanter Schulabschlussstreich eine lauwarme Nummer zu werden: TV-Spielchen à la Herzblatt mit den Lehrern und ein großes Danke-Transparent werden auf den Schülerversammlungen als Vorschläge gemacht. Eigentlich wollten wir das Ganze einmal komplett anders machen: nicht so langweilig und auch nicht so spießig wie unsere Vorgänger. Ich selbst kann und will mich weder bei der Planung noch der Durchführung dieser letzten Schulaktion einbringen – ein viel größeres Damoklesschwert schwebt nämlich über mir bzw. über der Beziehung zu Julia. Seit Kurzem ist gewiss, was ich schlimmstenfalls in meinen Albträumen zu befürchten gewagt hätte – Julias Familie zieht endgültig fort und zwar richtig weit weg: aus dem Süden Bayerns ins norddeutsche Hamburg: fast achthundert Kilometer; das ist zu viel und wird ohne jede Frage das Ende unserer Beziehung sein. Julia wird definitiv im August die Schule (sie geht eine Klasse unter mir), unseren Ort und mich für immer verlassen.

Time is not on my side

Durch die Abschlussprüfungen rutsche ich gerade noch irgendwie so durch, denn meine Gedanken kreisen um etwas viel Bedeutsameres: die verbleibende Zeit mit Julia bis August vergeht viel zu schnell. Jeden Morgen wache ich mit der Befürchtung auf, dass heute schon unser letzter Tag sein könnte. Als Nächstes folgt automatisch eine halbherzige Selbstberuhigung: „Ist ja noch nicht vorbei, es sind immerhin noch drei Wochen übrig für uns!“ Aber was sind schon drei Wochen – da kann man fast schon die Uhr danach stellen.

Bis es dann tatsächlich soweit ist und der letzte Schultag gekommen ist. Ein allerletztes Mal stellen wir unsere Gefährte in der Tiefgarage ab, hängen die Helme an den linken Unterarm und stolzieren durch das Schulzentrum vorbei an der Hauptschule. Der Abschlussjahrgang hat dort die Zeugnisse bereits am Morgen erhalten, was den Anführer der schulabgehenden Rocker veranlasst, die Lehranstalt schon vor der nachfolgenden Feier mit erhobener Faust und wildem Gebrüll für immer und ewig hinter sich zu lassen. Ihn hat man seitdem nie wieder gesehen.

Zwei Stunden später ist auch an unserer Schule endlich Feierabend! Siebenhundert Schüler drängen auf einer nur zweieinhalb Meter breiten Treppe Richtung Ausgang. Anschließend fahren wir mit unseren Möpeds – mit Julia zum letzten Mal als Sozius sanft an mich geschmiegt – direkt in die Stadt. Die Schulzeugnisse werden erst gar nicht zu Hause abgeliefert, sondern verschwinden in gefaltetem Zustand unter der Jeansjacke. So viel zum Thema „sorgfältiger Umgang mit wichtigen Dokumenten“. Nicht viel anders haben wir das die Jahre zuvor gemacht. Wirklich entscheidend war für uns immer bloß der einschlägige Satz: „Der Schüler hat das Klassenziel erreicht“. Diese Aussage war schließlich das Ticket für ein weiteres Jahr unbeschwerte Kleinstadtjugend! Die Noten waren uns ziemlich egal – wusste doch längst nicht jeder von uns, was aus ihm später werden sollte. Erst einmal abwarten und für die nächste Zeit in den Tag hineinleben! Doch damit ist es jetzt vorbei. Das verantwortungsfreie und so leichte Leben ist mit dem Schriftstück, auf welchem ganz fett „Abschlusszeugnis“ thront, nicht mehr für uns vorgesehen.

Als mir mit dem Zertifikat in der Hand bzw. unter der Jacke – ganz egal wo auch immer ich es zu verstecken suche – so richtig bewusst wird, dass nun der endgültig letzte Tag für Julia und mich angebrochen ist, fühlt sich dieser Zustand schon fast wie eine Erlösung an. Es gibt nun absolut kein Entkommen mehr, die Zeit hat uns eingeholt, wir sind ihr zur Gänze ausgeliefert: alles, was noch bleibt, sind ein paar Stunden.

Hamburg, wo Julia morgen hinziehen wird, ist einfach unerreichbar weit weg – das wissen wir beide gut genug. Gegenseitig schreiben oder telefonieren? Darauf werden wir verzichten. Von SMS-Kontakt, Handy-Hype oder Skype-Slam ahnt man 1989 noch nichts. Wenn man seine Partnerin nicht sieht und nicht einmal mehr anfassen kann, dann hat man einfach nichts mehr voneinander. Und so gut wie Julia aussieht, wird sie ohnehin nicht lange allein bleiben, dessen bin ich mir durchaus bewusst.

Never gonna marry you

Als ewiges Andenken würde man heutzutage wohl so etwas wie eine gemeinsame Tätowierung wählen, die nur dann vollständig wird, wenn beide Ex-Partner ihre Unterarme, Fußfesseln oder auch andere Körperteile aneinanderschmiegen; damals waren beim lokalen Tätowierer jedoch bestenfalls ein Anker oder ein Skull-Motiv State of the Art.

Deshalb begeben wir uns in ein Schmuckgeschäft, legen unser erspartes Kleingeld zusammen und kaufen damit zwei Halskettchen, die jeweils unsere Initialen „J+J“ als Anhänger tragen. Julia flicht mir noch drei rote Perlen ins Haar, als Zeichen unserer ewigen Liebe, deren Basis gerade einmal drei Monate waren – wenigstens sind diese intensivst gelebt worden!

Anschließend fahren wir zum Baggersee, wo heute am letzten Schultag ausgelassene Sommerstimmung herrscht. Alle albern herum, trinken Sekt, springen ins Wasser und versenken zur Feier des Tages ein Schlauchboot, nur uns ist als Last Exit-Liebespaar überhaupt nicht mehr zum Lachen zumute. Wenn ich zum nächsten Mal hier wieder herkomme, werde ich definitiv wieder solo sein. Und das, wo wir uns doch noch lieben; es ist ja nicht so, dass einer von uns beiden Schluss machen würde, das Leben macht mit uns Schluss: sie geht weg, ich bleibe zurück. Normalerweise ist man in einer Beziehung so lange zusammen, bis einer von beiden Partnern jemand besseren findet. Doch das ist alles gar nicht der Fall! Warum kann nicht einfach alles so bleiben, wie es jetzt, am 27.7.1989, ist? Wir haben hier doch alles, was wir zum Leben brauchen: Freunde, Musik, Liebe und Alkohol! Warum soll das morgen alles vorbei sein? Was helfen mir denn die Freunde, wenn die Freundin weg ist? Das ist doch etwas ganz anderes! Soll ich sie vielleicht mit einem Kasten Bier ersetzen? Dafür würden kein ganzer Lastwagen und nicht einmal eine komplette Brauerei ausreichen: So schön wie das echte Leben und die wahre Liebe kann man sich nichts trinken!

Die hölzernen Umkleidekabinen mit ihrer Geruchsmischung aus von der Sommersonne erhitzter, vertrockneter Farbe und Lösungsmittelresten sind so manches Mal zu mehr als nur dem Kleidungswechsel zweckentfremdet worden. Heute lassen wir sie unbeachtet links liegen. Von uns beiden ist keiner besonders gesprächig geschweige denn geil auf irgendetwas. Als Julia und ich schließlich im Abendlicht gemeinsam zur Badeinsel schwimmen, wird uns beiden so richtig bewusst, dass es hier und heute, genau zu dieser Stunde ein für allemal zu Ende gehen wird. Jemand muss den Anfang machen und es aussprechen: „Nie wieder werde ich jemand genau so lieben wie dich", beginne ich zögerlich und etwas gekünstelt. Julia meint nur: „Sag jetzt nichts". Zum letzten Mal halte ich sie in den Armen, während die Sonne allmählich den Abendhimmel rot färbt und Julias schmale Schultern und ihre schlanke Taille sich einfach nur gut anfühlen. Eine innige Umarmung, ein letzter Kuss, dann ist alles aus und vorbei.

Unendlich traurig besuche ich an diesem Abend auf dem Heimweg noch das bereits laufende Fußballtraining. So unmotiviert will dort rein gar nichts gelingen. Voller Wut trete ich einen Ball weit am Tor vorbei, den nächsten hoch darüber und noch einen weiteren dresche ich in den düsteren Abendhimmel.

Als ich danach allein, aber hellwach im Bett liege, übermannt mich statt des ersehnten Schlafes nur die traurige Erinnerung an die erste gemeinsam verbrachte Nacht mit Julia. Damals haben wir auch keine Minute geschlafen. Nur, dass seinerzeit alles begann, was jetzt zu Ende gegangen ist. Nie wieder werde ich in ihrem Bett liegen. Ein anderer wird es sein, der schon bald dort im Nahkampf zu Werke gehen wird! Ein ganz furchtbarer Gedanke! Zur Selbstberuhigung fasse ich an die drei Perlen im Haar –

wenigstens diese sind noch da; sozusagen der letzte Halt und Hoffnungsschimmer.

Wie gerne bin ich damals in ihrem Pulli rumgelaufen, der immer noch vom Vortag nach Zigarettenrauch gerochen hat. Jetzt liegt das Kleidungsstück einsam und verlassen auf dem Plastikparkettboden meines Zimmers. Und überhaupt: Was heißt eigentlich „damals“, das war alles erst vor wenigen Tagen bzw. Wochen! Ich ziehe ihr Longsleeve über mein Wasted Youth-Shirt. Der rote Pulli riecht, wenn ich mein Gesicht tief darin versenke, immer noch nach ihrem Parfüm.

Als wir zu zweit auf meinem Möped gesessen sind, hat Julia immer ihre Arme eng um mich geschlungen und sich so fest an mich gedrückt, dass mir manches Mal fast der Atem stockte. Jetzt muss ich wieder allein darauf sitzen, da macht nicht einmal mehr das Zweiradfahren Spaß – wozu gibt es denn zwei Sitzplätze? Es war auch cool, als wir uns beim Arm-in-Arm-Gehen gegenseitig die Hände hinten in die Hosentaschen gesteckt haben. Als wir zum ersten Mal geknutscht haben, zitterten beide so, dass unsere Zähne aneinander klapperten. Und trotzdem war uns immer bewusst, dass wir das alles schon irgendwie hinkriegen würden.

The end of the road

Am nächsten Tag kommt immer wieder jemand von meinen Kumpels bei mir Zuhause vorbei, um mich aufzumuntern. Doch das will nicht so recht gelingen; bestenfalls phasenweise, denn zurzeit geschieht wirklich ein regelrechter Umbruch: Freundin weg, Schule vorbei und dann auch noch das Aus für unsere Band. Selbst dort geht in letzter Zeit nicht mehr viel zusammen, die Luft ist ziemlich raus. Kai als Rhythmusgitarrero ist sowieso schon lange passe´. Zwar gibt es eine Audition, zu der auch drei Kandidaten aufkreuzen, aber die sind entweder zu schlecht (einer davon bringt glatt seine Peter Bursch-„Bibel“ mit) oder zu gut (da hat mein Ego als Leadgitarrist etwas dagegen einzuwenden). Als zu allem Überfluss auch noch Joe aussteigt, um sich voll und ganz seinem in Kürze beginnenden Studium zu widmen, probieren wir es mit einem Ersatzbassisten: Er hört auf den Namen Horst und sieht auch so aus. Bevor er seinen Solton-Verstärker einschaltet, fummelt Horst an seinen Ohren herum: „Was soll denn das jetzt werden?“, wundere ich mich lautstark. „Ohrstöpsel! Ich will doch keinen Gehörsturz bekommen“, ist seine Reaktion. „Erstens heißt es Hörsturz, zweitens ist das keine Krankheit, sondern eine Auszeichnung und drittens ist „Gehörsturz“ eine Punkband – und die tragen ganz bestimmt keine Ohrstöpsel“, wird Horst von mir belehrt. Dabei wird ihm gleich der Spitzname „Hörst“ verpasst, was allerdings nur einen verständnislosen Blick bewirkt. „Ohrstöpsel brauchst du vielleicht beim Tauchen, aber bestimmt nicht bei uns im Proberaum“, ergänzt unser Sänger, der seinem Statement zur Verdeutlichung einen ohrenbetäubenden Schrei der Marke „Are you ready to die?“ folgen lässt, worauf Hörst zusammenzuckt wie ein kurzhaariger Newbie beim „Losers leave the hall!“-Schlachtruf auf einem Manowar-Konzert.

Eigentlich überflüssig zu erwähnen, dass Hörst ohne Plektron spielt („Das benutze ich nur zum Öffnen des Batteriefachs“) und den Daumen brav an der noch montierten Stütze anlegt – wie in einer Fifties-Tanzkapelle! Noch dazu hat er seinen Höfnerbass (wir nennen sein Instrument gleich Hoferbass, weil er nach „Ösi-Aldi“ aussieht) direkt unter der Kinnlade hängen. Wir leihen ihm einen von Joes zurückgelassenen Instrumentengurten, die in bester Punk-Manier deutlich länger ausfallen. „So kann ich nicht spielen!“, kommt gleich als erste Reaktion, als der Hörst´sche Bass zwischen dessen Knien baumelt. „Und so...“ – zur Verdeutlichung halte ich mir die Gitarre direkt unter die Kinnlade – „...können wir mit dir nicht spielen!“ „Schließlich sind wir nicht Level 42“, ergänzt unser Sänger noch, dann ist der Neue schon wieder raus – und unsere Bandgeschichte damit endgültig aus. Die Neckbreakers sind History. Darf ich dann mein Rock and Roll Junkie-Shirt überhaupt noch tragen? Na klar – schließlich geht es um die Einstellung und die ist nach wie vor da – unzerbreakable!

Alle Abschlussfeierlichkeiten, sämtliche die Jugend verlängernden Maßnahmen, Militärdienst und jegliche sonstige Aufschiebeaktivitäten haben irgendwann einmal ausgedient. Wer hier im Ort bleibt, macht eine Lehre und wer studiert, ist so gut wie weg. So unbeschwert wie im letzten Sommer der 80er-Jahre sollte es tatsächlich nie wieder werden: Kai zum Beispiel schmeißt kurz nach Arbeitsbeginn gleich wieder seine Lehre. Immerhin bleibt er noch eine Weile loser Bestandteil unserer Clique. Stevies Eltern ziehen Richtung Alpen und er ist damit endgültig raus. Wieder einer weniger! Die Zivis unter uns bleiben noch ein paar Monate länger in der Stadt als die Soldaten, haben jedoch arbeitstechnisch nicht mehr für alle unsere Aktivitäten genügend Zeit. Als Themenabende deklariert versuchen Joe und ich, die immer seltener werdenden Zusammenkünfte aufzuwerten. Nach der ersten Maiden-Night, bei der wir zu dritt in Kais Heizungskeller über Sinn und Unsinn von Picture-Discs philosophieren, ist dieser Aktionismus schnell wieder verpufft. Ins Leere gelaufen ist auch unser True-Fragebogen „Are you Rock enough?“

Beatles oder Stones?
Elvis oder Bill Hailey?
Bon Scott oder Brian Johnson?[10]
Patsy Kensit oder Patricia Morrison?
Metallica oder Maiden?
Steve Vai oder Slash?
Cola-Rot oder Hirschmass?
Sushi oder Schnitzel?
Bratkartoffeln oder Pommes?
Photo oder Video?
Brustschwimmen oder Beer-Diving?
Zylinder anbohren oder Rennauspuff?
John Lennon oder Paul McCartney?[11]

Es gilt die Auswertungsregel: Wer dreimal links ankreuzt, braucht Nachhilfe in Sachen Rock and Roll, wer fünfmal danebenliegt, wird als unheilbar eingestuft. Spaßeshalber überlegen wir, eventuell bei Klaus Meine (Englisch) bzw. Phil Collins (Stimmbildung) als Kursleiter anzufragen

„Wer mit wem?“ – diesen Satz beziehen wir im Gegensatz zu unseren Altersgenossen nicht auf verliebt, verlobt, verheiratet – beliebt, beleibt, beheimatet-Gossip, sondern einzig und allein darauf, wer mit wem in welcher Band spielt! Uns betrifft die Drei-Lebensphasen-Theorie der Medizin definitiv nicht, wonach man nach der Phase der Sexualgespräche, Plaudereien über das gute Essen führt, um schließlich bei Verdauungsgesprächen zu enden. Rock rules!

Während der Woche ein Loser, am Wochenende der King – King of Fools: „Wir sind immer noch so drauf, keine Frage“, belügen wir übrig gebliebenen uns regelmäßig, während sich parallel dazu Themen wie Arbeitsplätze, Wohnungen, Versicherungen und Aktienpakete in unsere Gespräche einschleichen. Des Weiteren nervt die Entwicklung mancher, die sich lieber privat daheim treffen wollen, anstatt dem „Bestellen, trinken, zahlen, raus, weiterziehen“-Motto unserer Kneipentouren zu entsprechen – schließlich gilt immer noch: Homedrinking is killing Gastronomy!

Der Ernst des drögen Erwachsenenzeitalters hat den Kampf mit dem spannungsreicheren Lebenslauf der Jugend aufgenommen. Dass er diesen ohne jeden Zweifel gewinnen wird, haben andere bereits milliardenfach bewiesen; die Frage ist nur noch: Wann wird es so weit sein? Ältere und irgendwie immer trauriger wirkende Gestalten zeigen nachdrücklich, wenn man nur genau genug hinblickt, wie es auch uns einmal ergehen wird: anfangs ist am Wochenende noch etwas los, dann trifft man sich vielleicht noch monatsweise. Das nächste Degradationsstadium lässt nur noch ein Aufflackern des Bisherigen zu heiligen Zeiten wie Ostern oder Weihnachten zu, dann sieht man sich vielleicht noch bei schulischen Ehemaligentreffen oder meint, im Urlaub eine längst aus der Mode gekommene Rolle spielen zu müssen, sozusagen sich selbst in zweitklassiger Kopie zu schauspielern. Das Ganze mit immer gleicher Frisur, aber nicht unbedingt zum positiven veränderter Figur. Richtung Endstation wird schließlich ein ganz einsamer

Partisanenkampf gegen die allgegenwärtige Übermacht des Erwachsenseins geführt werden müssen. Von wegen „Up the irons!“: Hoch die Bügeleisen!

Die Welle, welche uns alle irgendwann – manche früher, andere später – an den immer voller und zugleich auch einsamer wirkenden Strand des Erwachsenendaseins spülen wird, hat auch uns längst erfasst. Selbst dann, wenn einzelne wie ich noch meinen, permanent gegen etwas anrudern zu müssen, bleibt unser Gegen-den-Strom-Schwimmen immer nur ein oberflächliches Auflehnen gegen eine Übermacht, deren Sog stärker ist als jede noch so große Anstrengung eines Einzelnen.

Nightlife

Selbst wenn sich die Erosion allen Jung-Seins von den Rändern langsam, aber unaufhörlich ins Innere unseres Zirkels vorfressen will; bis zum Nukleus ist sie glücklicherweise noch nicht gekommen. Vollen Übermutes fahren wir deshalb in die jeweiligen Städte der Studierenden unter uns, um das Nightlife dort mit unserer bayerischen Lebensart zu beglücken, auch wenn das – wie wir in Kürze feststellen werden – überwiegend einmalige Aktionen bleiben sollten.

Leicht verkatert stehe ich nach so einer harten Nacht am nächsten Morgen um acht Uhr ganz am Ende eines langen Korridors und zögere, an der Tür mit der Aufschrift „Raum Nummer 342, Vorzimmer Professor Liedtke, Lehrstuhl für die Didaktik der Englischen Sprache und Literatur“ anzuklopfen.

„Das ist aber eine schöne Blume auf ihrem Hemd!“, siehts und spricht zu mir die Vorzimmersekretärin, wobei sie sich über die Aufschrift „Guns and fxxxing Roses“ wundert. „Nein, so heißt nicht die Rose auf dem Shirt, das ist nicht der Blumen- sondern der Bandname“, versuche ich zu erklären, ernte dafür aber nur verständnislose Blicke.

Der Herr Professor habe gleich Zeit für mich, nur einen kurzen Moment würde es noch dauern, ich solle mich auf einen freien Stuhl setzen. Bei derart abgegriffenen Sätzen höre ich normalerweise schon gar nicht mehr richtig hin, erlaube mir aber spontan die Rückfrage: „Leer Stuhl?“ Da die phonetisch gleich klingende Antwort („Ja, ihr Lehrstuhl!“) tatsächlich kommt, fühle ich mich als frisch ernannter Lehrstuhlbesitzer schon mal ganz o.k. – gar kein so schlechter Start für meine Uni-Karriere!

Die Realität sieht dann aber doch etwas anders aus: In Wartestellung verharre ich noch immer leicht benebelt auf einem roten Funktionsstuhl im langen, engen und unwirtlichen Uni-Korridor. Gegenüber auf einer ziemlich schmutzigen Betonwand hängen Stellenangebote. Ein Key-Assistant-Manager wird gesucht. Was soll denn dass sein? Mister Minit etwa? Jedenfalls nichts für mich!

Musiker ist seit jeher mein Berufswunsch bzw. meine wahre Berufung, um genau zu sein. Nichts auf der Welt hat dieselbe Kraft, wie die Musik sie entfalten kann – das ist mein Axiom, welches keine Diskussion zulässt – hier bin ich gnadenlos totalitär! Doch den Weg dorthin habe ich noch nicht gefunden. Mit den ganzen Provinztypen bei uns komme ich nicht weit, das dreht sich bloß alles immer wieder im Kreis. Aber wie sonst? Soll ich vielleicht wie Äxl Rose einfach meine sieben Sachen packen, die Gitarre umhängen und mich ins nächste Flugzeug nach LA setzen? Bisher hat mich meine Reiselust gerade mal ins bayerische LA geführt (LA = Autokennzeichen Landshuts). Aber das „echte", große LA: Wo sollte ich dann wohnen? Ich kenne doch niemand dort. Das wäre doch glatt ein Himmelfahrtskommando!

Aber so, dass ich hier an der Uni versauern soll, habe ich mir das Leben auch wieder nicht vorgestellt. Statt Sex, Drugs und Rock and Roll werden in Kürze Biologie, Religion und Ethnologie auf dem Uni-Stundenplan stehen – wenn ich mir nicht bald etwas einfallen lasse! Die 08/15-Erwachsenenschiene lasse ich jedenfalls nicht an mich heran, geschweige denn herein, so viel steht fest, da mag noch so laut angeklopft werden!

Eine geraume Zeit lässt man mich mit ziemlich ausweglosen Gedanken sitzen, bis einem sich nähernden gehaltvollen Räuspern zu entnehmen ist, dass der von mir mehr oder weniger sehnlichst erwartete Professor im Anmarsch sein muss. Die graue Eminenz kommt, eine stickige Altherrenparfümwolke vor sich hertreibend, direkt auf mich zu. Wie ferngesteuert stehe ich auf. Was für ein überflüssiger Akt der automatisierten Demutsbekundung, schon fast so etwas wie ein Hofknicks oder Diener: dämlich einfach! Selbst ärgere ich mich über mein ungewollt unterwürfiges Verhalten.

„Was haben sie denn da für eine hässliche Zunge auf der Jacke?", so werde ich bei meinem ersten Kontakt mit einem Universitätsprofessor zur Studienberatung „begrüßt". „Das sind doch nur die Rolling Stones!", ist meine unschuldige Antwort – wohl wissend, dass der Motorhead-Aufnäher hinten auf meiner Jacke eine weitere Steigerung seiner persönlichen Aversion bedeuten würde. Ich präsentiere während des Gesprächs vorsichtshalber nur meine Vorderseite und hebe mir den rückseitigen Schockeffekt für die Verabschiedung auf.

Das Beratungsgespräch bleibt inhaltlich wertlos und darüber hinaus von einer extrem herablassenden Arroganz des Lehrstuhlinhabers geprägt. Glücklicherweise dauert diese unangenehme Eins zu eins-Situation nicht allzu lang. Zum Abschluss will der Professor noch meinen Namen erfahren: Ich verhalte mich ähnlich einem bekannten Sketch, bei welchem ein Prüfling einen Vogel anhand dessen Beinen erkennen soll (der Rest des Tieres bleibt verhüllt). Dies gelingt aber nicht, die Prüfung gilt damit als nicht bestanden. Zum Abschied will der Prüfer noch wissen, wie der durchgefallene Student eigentlich heiße. Dieser zeigt jedoch nur seine Beine.

Auch der real studienberatende Professor erfährt von mir nichts Brauchbares. Es ist diesem weltfremden Menschen durchaus zuzutrauen, keinen anderen „Beckenbauer Franz“ außer mir zu kennen. Jedenfalls wird dieser Name ohne mit der Wimper zu zucken notiert und ich weiß jetzt, dass ich dieses Studienfach sicherlich nicht wählen werde – dann eigentlich doch eine ganz gute Beratung von ihm, wenn auch ungewollt! Mit einem herzlich gekünstelten „Auf Wiedersehen!“ verabschieden wir uns beide voneinander; wohlwissend, dass es dieses Wiedersehen niemals geben wird! Das letzte, was mir von ihm im Gedächtnis bleibt, ist das endgültige Entgleiten seiner Gesichtszüge als ihn Snaggletooth von der Rückseite meiner Jeansjacke bedrohlich anblickt.

Mit hängendem Kopf und einigermaßen demoralisiert trotte ich nach diesem wenig verheißungsvollen Gespräch zurück Richtung Innenstadt. So tief in negative Gedanken versunken, trete ich fast in einen Scherbenhaufen aus Glas: Ach ja, das waren wir gestern Abend selbst – nur wage kommt die Erinnerung zurück: Bottlekill! Rock and Roll! Ja, genau: Hier, in dieser Kneipe haben wir vor wenigen Stunden das letzte Bier gezischt. Ganz zu verleugnen ist nicht, dass dessen Wirkung noch nicht komplett verflogen ist. Ein leichtes Grinsen kann ich mir nicht verkneifen: Also ist doch noch was los im Leben als junger Erwachsener! Carry the torch until the bitter end. Dann sind eben wir jetzt die vorderste Speerspitze unseres Jugendzeitalters, auch wenn nicht mehr viel nachkommen wird – man kann schließlich auch mit einer stumpfen Lanze noch zustechen: One Man Army! Alive, Außenseiter und arbeitslos? Das ist dann eben mein Sex, Drugs and Rock and Roll! Immerhin noch besser als Auto, Amtsstube und Aktenordner oder als Poesialbum, Kaffee und Zwei-Loch-Blockflöte.

Dennoch schwebt der endgültige Beginn des ontogenetisch betrachtet reiferen Menschenzeitalters wie eine dunkle und immer größer und finsterer werdende Wolke über allem, wobei diese ständig näherkommt. Es erscheint dabei immer mehr so, als würden die ersten schweren Regentropfen in Kürze auf mich niederprasseln. Langsam aber sicher wird es immer schwieriger, dem von außen Kommenden noch irgendwohin auszuweichen. Auf den Boden der harten Realität zurückgeworfen, bedeutet das: raus aus dem behüteten Kokon, jeder geht seinen eigenen Weg; nur ich weiß nicht, wohin meiner führen soll. Keine Ahnung, was ich ansonsten studieren soll, ob überhaupt ein Studienfach für mich in Frage kommt bzw. umgekehrt, ob ich mich tatsächlich so verstellen kann, dass ich in eine dieser unattraktiven beruflichen Schubladen hineinpasse. So eine Veränderung will ich schließlich überhaupt nicht! Warum überhaupt erwachsen werden? Wozu? Warum so schnell? Was soll die ganze Hektik? Wohin führt eigentlich der Weg? Letzten Endes wartet doch nur der Tod auf uns!

Wann ist man überhaupt erwachsen: Wenn man einen eigenen Fernseher im Zimmer stehen hat? Wenn man seine Wäsche selbst waschen kann? Wenn man daheim auszieht? Wenn alle Illusionen abgelegt worden sind? Wenn man heiratet, Kinder hat oder wenn die Eltern gestorben sind?

Vermutlich letzteres – was allerdings bedeuten würde, dass Kai nach dem Tod seiner Mutter schon halbwegs erwachsen gewesen sein muss. Ausgerechnet er, der bis heute die Kurve nicht gekriegt hat! So sicher bin ich mir auch nicht bei diesem Elendsthema. Alles was ich weiß, ist, dass ich das alles überhaupt nicht will! Eine allerletzte Bedenkzeit bleibt mir insofern noch, bevor der endgültige Ernst des Lebens beginnt, denn die nächsten vier Wochen ist erst einmal Malochen als Ferienarbeiter angesagt.

A hard day´s work

„Was machen wir denn mit dir?“, heißt es zur Begrüßung um dreiviertel sechs Uhr früh. Übermüdet stehe ich an der Pforte einer Kunststofffabrik, um hier die nächsten Wochen zu hilfsarbeiten. „Mir egal“, antworte ich mürrisch, selbst wenn diese Frage nicht direkt an mich gerichtet war, „ich kann gerne hier an der Stechuhr warten bis es halb vier ist“. „Den schick ma in´d Bauabteilung“, höre ich jemand vorschlagen und denke still bei mir: „Das wäre ja noch in Ordnung, da gäbe es in dieser Firma noch deutlich schlimmere Jobs, wie z.B. die Arbeit am Fließband. Dort sitzt man Stunde um Stunde, um monoton-stupide immer wieder denselben Handgriff zu tätigen. Dagegen wäre sogar der Rhythmusgitarren-Job bei ACDC noch abwechslungsreich".

Ein etwas eigentümlicher, immerhin langhaariger Typ kommt ebenfalls mit. Mit ihm soll ich zusammenarbeiten. Er ist nicht zum ersten Mal hier, hält es aber laut eigener Ansage nie besonders lange an einem Arbeitsplatz aus. Allen Ernstes trägt er ein „Arbeitslos und Spaß dabei"-Shirt – manche Typen denken sich einfach gar nichts! Zu Gute halten muss man ihm, dass er diese Provokation gegenüber der arbeitenden Bevölkerung wohl nicht so meint, vermutlich hat er sich einfach das nächstbeste T-Shirt aus dem Schrank gegriffen.

„Was hörst du so?", fragte ich zum Antesten. „Janis Joplin, Grateful dead, hauptsächlich Sixties", kommt es zurück. „Und härtere Sachen?", bohre ich weiter. „Foreigner, Whitesnake und so", gibt er zurück und betont, dass er eher auf entspanntere Musikrichtungen wie z.B. Reagge steht. „Na ja, lieber nicht mehr weiter fragen", denke ich, bevor er sich selbst in aller Kürze vorstellt: Er heißt Mike und fragt sogleich, ob ich etwas kaufen will: Love, shit and peace hätte er im Angebot. Ich sage nicht direkt ja, zeige aber ein gewisses, vor allem der Neugier geschuldetes Interesse, was er als erfahrener Kleindealer durchaus in seinem Sinne interpretiert. Am nächsten Tag kommt er noch einmal zur Arbeit – vermutlich nur, um den Deal zu vollenden; immerhin wieder mit einem neuen coolen Spruch auf dem Shirt: „Mann mit Grill sucht Frau mit Kohle" –

zumindest dann, wenn jemand den Satz zum ersten Mal liest und wenn die geprintete Aussage so perfekt zum Träger des Shirts passt.

Love, trust and peace

Nach unserem kleinen Soft-Drugs-Geschäft ward Mike auf Arbeit tatsächlich nie wieder gesehen; es heißt, er wäre wieder einmal krankgeschrieben. Durchhalten im Betrieb ist für mich hingegen kein Problem, auch wenn ich die für zwei Personen eingeteilte Arbeit vorerst allein schaffen muss. Bis mir am nächsten Tag ein erfahrener Kollege zugeteilt wird, der ansonsten Stapler fährt. Er stellt sich gar nicht erst vor, ich soll erraten, wie alt er wohl sei. Bevor ich überhaupt antworten kann, ruft er es selbst heraus: „48! Das hättest du nicht gedacht, was? Ich schaue nämlich aus wie 32!“ Beides nicht gerade jung – aus Sicht eines noch nicht einmal Zwanzigjährigen: Dreißig? So alt will man gar nicht erst werden. Was soll denn dann noch los sein? Das denke ich mir aber nur und nippe weiter an meiner Flirt-Dose, sehr zum Missfallen meines neuen Arbeitskollegen. „Weißt du, wie viel Müll du gerade erzeugt hast?“, werde ich angefahren als die Dose leer ist. Er fischt das leere Alubehältnis aus dem Mülleimer, startet seinen Dieselstapler und fährt mehrfach über die Dose drüber. Dann hält er das flachgewalzte Blech mit den Worten „So, jetzt ist der Müll weniger geworden! So geht das, Burschi!“ triumphierend hoch. „Noch drei Wochen diesen Schlaumeier ertragen, aber das wird schon irgendwie vorbeigehen“, tröste ich mich, indem ich mich wieder der Arbeit zuwende.

Weitaus schlimmer als die physische Tätigkeit empfinde ich eine gewisse Art von Gehirnwäsche, die hier in dieser Hilfsarbeiterfabrik stattfindet. Diese beginnt gleich frühmorgens: punkt neun Uhr wird Brotzeit gemacht, doch niemand spricht dabei ein Wort; seit Jahren bzw. vermutlich schon seit Jahrzehnten gilt dieselbe Sitzordnung. Auch die Tischrituale sind bis ins kleinste Detail einstudiert: der Vorarbeiter filetiert seinen Leberkäse akkurat in sechzehn gleichgroße Stücke. Das macht er jeden Tag. Dann presst er einen Batzen mittelscharfen Senf aus einer rot-weißen Tube – wohl auch geometrisch genau immer an dieselbe Stelle auf seinem Holzbrett – und schenkt sich dazu ein gepflegtes Weißbier ein.

Zur Info: In den 1980er Jahren war Alkohol in Betrieben noch erlaubt, mancherorts sogar ungeschriebene Pflicht, wenn man kein Außenseiter sein wollte. Doch zurück zu den Tischsitten: Vor dem Einschenken der täglichen Frusthalbe dreht der Vorarbeiter die Flasche je vier Mal nach rechts und exakt weitere vier Mal nach links. Das macht er ebenso jeden Tag. Ich habe extra mitgezählt – was gäbe es während dieser Viertelstunde sonst großartig zu tun? Eins habe ich auf jeden Fall schon einmal nach einer Woche fürs Leben gelernt, was mir die Schule in vielen langen Jahren nicht beibringen konnte: So wie hier will ich ganz bestimmt nicht enden!

It´s getting dangerous

Um einen Kontrapunkt zum biederen Hilfsarbeiterdasein zu setzen, düsen wir einfach am ersten freien Wochenende zu dritt für einen Kurztrip mit unseren Motorrädern nach

Italien; die begleitende Besetzung besteht aus Stevie und Joe, der im Kurzurlaub unbedingt sein erstes Tattoo stechen lassen will, sich aber dann doch nicht traut. Extra dafür hat er einen selbst konstruierten halbitalienischen Satz auswendig gelernt: „Uno ankero per favore – pittura presto, please“.

Ich bin nach wie vor ohne Führerschein unterwegs. Die Risikobereitschaft wird von uns Spätjugendlichen so lange ausgereizt bis sie irgendwann unfreiwillig an ihre Grenzen stoßen wird; in meinem Fall wird dies die italienische Landesgrenze sein. Erhöht wird der Nervenkitzel durch das braune Stück von Mike, welches nach wie vor in meinem Geldbeutel liegt, auch wenn es wieder einmal lediglich beim Vorsatz bleibt. Nach fünf gefahrenen Bergpässen quer durch Südtirol denken wir gar nicht mehr daran, uns noch einen Joint zu drehen – von den hunderten Kehren ist uns schon schwindelig genug! So richtig weiß sowieso keiner von uns dreien, wie man so eine Tüte eigentlich bastelt. Und Kai, der genug Erfahrung hätte, ist nicht mehr dabei!

Bei der Rückfahrt am Sonntagabend stellt sich dieser Genussverzicht allerdings als schwerer Fehler heraus. An der italienisch-österreichischen Landesgrenze werden wir genauestens gefilzt. Die italienischen Zöllner sind Ende der 80er Jahre tatsächlich so scharf „abgerichtet“, wie sie seinerzeit beispielsweise in Lehrwerken des Italienischunterrichts mit grimmigster Miene dargestellt wurden. Wird man, wie ich, mit einem lynolartig aussehenden Piece im Geldbeutel erwischt, hat man nichts mehr zu lachen – aus dem Zwei-Tages-Trip wird ein etwas längerer unfreiwilliger Aufenthalt. Natürlich kommt auch ans Tageslicht, dass ich ganz und gar ohne Fahrerlaubnis unterwegs bin. Mein Motorrad wird sichergestellt, ich ebenfalls.

Während zeitgleich, aber ortsversetzt die Bürgerrechtebewegung in der DDR ihren Weg der Freiheit mit friedlichen Montagsdemonstrationen beginnt, verbringe ich den ersten Arbeitstag der Woche in einer engen italienischen Gefängniszelle. Neben dem Eintrag ins Vorstrafenregister beendet diese Short-Stay-Bonus-Verlängerungswoche meines italienischen Kurzurlaubs wenigstens die Gehirnwäsche in der Fabrik. Recht viel länger als Mike habe ich damit dort auch nicht durchgehalten.

Immerhin: Wieder einmal einem dieser kalten Schatten aus der Welt der Erwachsenen ausgewichen, die mein spätjugendliches Dasein verdunkeln wollen. Ich werde einfach das Gefühl nicht mehr los, dass mir da etwas im Genick sitzt und bereits die kalten Hände um meinen Hals legt – auf jeden Fall ganz anders als ich das von Julias zärtlichen Umarmungen gewohnt war.

One way ticket

Im Jahr 1988 kam es bei der Mutter aller Festivals (genauer gesagt: der bösen Schwiegermutter), namentlich dem Monsters of Rock in Donington mit über 100000 Zuschauern, während des Auftritts der Appetite-Formation von Guns and Roses zu einem folgenschweren Unglück. Zwei Fans wurden von der nach vorn zur Bühne strömenden Menge im Tumult erdrückt. Das Altamont der 80er Jahre!

Wegen behördlicher Auflagen, aber vor allem aus Pietätsgründen wurde dieses Mekka aller Metal-, Rock- und Sleaze-Fans im Folgejahr abgesagt. Was für eine Enttäuschung! Dort wollten wir unbedingt einmal hinpilgern! Als Ersatz fungiert 1989 immerhin ein ähnlich großes Festival in Milton Keynes, wenn auch mit einem etwas softeren Billing und eben nicht unter dem traditionell klangvollen Namen Monsters of Rock. Trotzdem: Wer etwas auf sich hält, muss einmal auf einer Freiluftveranstaltung dieser Größenordnung im Mutterland des Rock gewesen sein. Bon Jovi als Headliner und die Final Countdown-Europe-Truppe sind im Prinzip keine Argumente für so einen Trip, doch mit Skid Row, die als neue Guns and Roses gehandelt werden, und den immer bluesiger werdenden Cinderella spielen zwei Kapellen, die man einmal live gesehen haben sollte. Der 19.8.1989 ist deshalb ein absoluter Pflichttermin für alle Fans härterer Musikgangarten.

Von unserer angestammten Clique hat längst nicht mehr jeder Zeit: Joe weilt beim Verwandtschaftstreffen im malerischen Dinkelsbühl (Butttown!). Der nur schwer zu erreichende Stevie hat während seines berufsvorbereitenden Praktikums die erste Nachtschicht zu absolvieren (na und?) und Kai hat keine Kohle, weil jobless – das kann man gerade noch so als Ausflucht durchgehen lassen; er will es sich immerhin „eventuell doch noch überlegen“ – und Dave ist immer noch tot. Aus vier wurden drei, so manches Mal waren wir beim nächtlichen Zug durch die Kneipen nur noch zwei Verbliebene und jetzt? Sollen die Pfeifen doch ihren Metal-Burn-out auskurieren. Ich fahre trotzdem hin!

An Festival-Tickets kommt man 1989 nicht so leicht heran wie heute, wo man im Internet ordert, per Kreditkarte bezahlt und sich dann die Karte selbst ausdrucken darf. Unzählige Telefonate sind notwendig, um erst einmal herauszufinden, welches Box-Office überhaupt Karten für England anbieten kann. Als ich dann endlich eine geeignete Verkaufsstelle heraustelefoniert habe, ziert sich mit Kai auch noch der letzte meiner Freunde. Er ruft einfach nicht zurück bzw. hat dann angeblich seine ersten Depressionen (Weichei!). Bin ich jetzt schon der letzte Aufrechte? Das frage ich mich allen Ernstes. Es sieht fast so aus! Rock and Roll ist das alles jedenfalls schon längst nicht mehr!

Alternativ schließe ich mich ein paar entfernt bekannten Typen mit vergleichbarem Musikgeschmack und ebenso langer Matte an. Einige kenne ich noch von der Selbst-Knock-out-Episode am Baggersee, insofern wäre ich eigentlich vorgewarnt gewesen. Doch das hilft alles nichts, denn bald werde ich den größten Fehler meines Lebens begehen, auch wenn ich jetzt, wenige Tage zuvor, rein gar nichts von der kommenden schicksalshaften Wendung meiner unschuldigen Vorstadtjugend ahne.

Dann ist der lang ersehnte Tag da: Treffpunkt Bahnhof, ein paar abgefuckte Typen schlurfen heran. Das dürfte die Gruppe sein, der ich mich anschließen soll. Kurz stelle ich mich vor, unterstreiche die Selbstbeschreibung mit einem kräftigen Rülpser und zeige mein Open Air-Ticket, es verbindet uns schließlich. Wir steigen ein und los geht die Herrentour! Pünktlich fährt der Zug ab und ebenso punktpünktlich wird das erste Begrüßungsbier gezischt. Schon kurz danach kreist der erste Joint. Eigentlich nicht meins, aber notgedrungen mache ich mit. Bereits der erste Zug wirkt und benebelt meine Sinne. Heavy stuff! Unser mit zehn Typen überfülltes Sechser-Abteil gleicht bald einer Räucherkammer. Und es geht sogar weiter: noch mehr Schätze kommen ans Tageslicht: ein paar Pillen – hier bin ich vorsichtig und lehne ab – bis zum finalen Höhepunkt: Kokain! Dieses Zeug sehe ich heute zum ersten Mal. Sieht eigentlich ganz harmlos aus, das Pulver. Der geschäftstüchtige Kleindealer unter uns bemerkt mein neugieriges Interesse und bietet mir einen Deal an: Wenn ich das Zeug ins Festivalgelände hineinschmuggle, soll ich einen kleinen Anteil davon sozusagen als Aufwandsentschädigung abbekommen. Vorab gibt es als Appetizer schon mal eine Kostprobe.

Ohne lange zu zögern schlage ich ein und damit die Tür zum bisherigen und trotz aller Eskapaden immer noch bürgerlichen Leben zu. Hat mir jemand etwas ins Bier gekippt, war es einfach nur die Neugierde oder eine Trotzreaktion auf das Beziehungsende mit Julia und das Versetzt-werden von meiner Gang? Im Nachhinein würde man manches gerne ganz anders machen. Doch nun schlittere ich vollends in die Katastrophe.

Noch vier Stunden bleiben bis das Schicksal zuschlagen wird. Allmählich wird der wild aussehende Haufen in unserem Zugabteil gesprächig. Sogar das Thema Brückenparty kommt auf den Tisch. „Fünf Kästen Bier haben die uns geklaut." „Zwei, der Rest war Spezi...", hätte ich fast reflexartig geantwortet, doch gerade noch rechtzeitig beiße ich mir auf die Lippen. „Wenn ich den Dieb erwische, den zerlege ich komplett!", droht ein anderer, der tatsächlich Fleischzerleger (Metzger) von Beruf ist. Sein Sitznachbar mustert mich immer noch geringschätzig. Vielleicht liegt das an den drei Perlen, die mir Julia als Andenken ins Haar eingeflochten hat. Ist mir völlig egal, ob irgendjemand diese lächerlich findet: „Für dich werde ich die kaum wegmachen“, lasse ich meine Gedanken verstummen, die Perlen bleiben an Ort und Stelle bis mir die Haare ausfallen!

Jedes Mal, wenn ich zu dem merkwürdigen Typen hinblicke, wendet er sofort den Blick ab. Ich fühle mich irgendwie beobachtet. Vielleicht hat er etwas an meinem Wasted Youth-Shirt auszusetzen? Was könnte er sonst wollen? Immerzu schaut er in meine Richtung und sagt nichts! Dabei kommt mir seine Visage irgendwie bekannt vor. Ich schließe meine Augen und versuche, nachzudenken. Das sanfte Rütteln des Zugwaggons lässt mich fast einnicken. Da sehe ich den eigentümlichen Typen im Halbschlaf wieder in meiner Erinnerung: Hat er damals nicht auch so hilfesuchend geschaut? Das war doch dieser Blick! Wo war das bloß? Jetzt fällt der Groschen: Das ist der Typ, der damals auf Stevies Badematte pinkeln wollte und sich selbst ausgeknockt hatte. Denkt er vielleicht, ich hätte Schuld an seinem Sturz voll auf die Fresse? Komischer Kerl!

Vor der Ärmelkanalüberfahrt auf der Fähre war mir nicht ganz geheuer. Doch die befürchtete Seekrankheit gerät ob unserer konsumierten Zugbegleiter komplett ins Hintertreffen. Von dem Drogen-Durcheinander ist mir ohne Wellengang übel genug!

Die relativ kurze noch verbleibende Fahrstrecke an den Ort des Festivals und zugleich den Stammsitz der Marshall-Verstärker verläuft dann ziemlich ruhig – unserem zugedröhnten Zustand entsprechend. Als unser Rock and Roll-Train schließlich am englischen Zielbahnhof Halt macht, wankt eine gefährlich aussehende Gruppe von fast uniform gekleideten Typen in hautengen Hosen und abgenutzten Lederjacken mit schmutzigen Turnschuhen in Richtung U-Bahn. In der englischen Tube blicken die Fahrgäste genauso missmutig drein wie in ihrem deutschen

Pendant. Man könnte hier ebenso annehmen, alle wären gerade auf dem Weg zu ihrer eigenen Beerdigung. Nachdem wir umgestiegen sind, läuft im neuen Waggon derselbe Trauermovie: alle wirken irgendwie wie hypnotisiert. Wenigstens einer der Fahrgäste trägt ein cooles Shirt, obwohl sein Gesichtsausdruck nicht zum Motto passt: "If assholes could fly this place would be an airport", steht in fetten Lettern darauf gedruckt. Nicht schlecht! Ein paar Metaller steigen an der nächsten Haltestelle zu, auch sie lassen ihr Gegröle in dem Moment verstummen, als ihre Beine die Türschwelle ins Wageninnere überschreiten.

Ein paar Haltestellen weiter steigen schließlich alle aus, die irgendwie nach Festival aussehen; auf dem Fußmarsch zur Shuttle-Bushaltestelle werden sofort wieder lautstark die Stimmen erhoben.

Die letzte Stunde meiner Jugend ist nun angebrochen. Ahne ich innerlich schon etwas von dem bald drohenden Ende? Nein, bereits high und voll Vorfreude auf die Bands beim Festival wird die Gefahr, als Drogenkurier aufzufliegen, ganz naiv verdrängt. In einem völlig überfüllten Doppelstöcker-Bus gelangen wir endlich zum Festivalgelände. Dort heißt es erneut anstehen. Alles drängt nach vorn. Nach einer halben Stunde in der langen Warteschlage kommt unsere Gruppe der Einlasskontrolle näher. In Kürze werde ich an der Reihe sein. Langsam werde ich nervös: Sollte ich das Pulver vielleicht doch noch schnell wegwerfen? Jetzt wäre die letzte Gelegenheit dafür.

„Das wird nicht gutgehen!“, meldet sich eine innere Stimme, wie ich sie in ihrer Deutlichkeit noch nie vernommen habe. Über die linke Schulter blicke ich mich verstohlen um. Von hinten wird weiter geschoben. Ein ziemliches Gedränge herrscht hier. Hoffentlich verliere ich die drei Perlen im Haar nicht – ein kurzer Kontrollgriff: Ja, sie sind noch da!

Kurz vor mir sind zwei andere aus unserer Gruppe; beide werden einfach durchgewunken. Einer davon – es ist der Typ, der mich im Zug dauernd angestiert hat, dreht sich noch einmal um. Für eine Sekunde nur glaube ich, ein leicht süffisantes Grinsen in seinem Gesicht zu entdecken.

Drei ziemlich angesoffene Angelsachsen dürfen unbehelligt passieren. Na also! Man muss nicht immer gleich den Teufel an die Wand malen. „Ich tue einfach so als ob nichts wäre", mache ich mir Mut und schon bin ich dran. Dicke Schweißtropfen bilden sich auf meiner Stirn, während ich zögerlich auf die beiden Ordnungskräfte links und rechts des Durchgangs zugehe. „Wieso steht hier eigentlich ein Polizist dabei?", wundere ich mich noch, als er mir bedeutet, ihm zu folgen. „Warum ausgerechnet ich?", steigt Panik in mir hoch – die anderen Festivalbesucher hinter mir können den Checkpoint wieder unbehelligt passieren. Etwas abseits, am Rand der Einlasszone ist ein Polizeikombi geparkt, zu welchem ich hingeleitet werde. Von oben bis unten durchsucht man meine Kleidung. „Now your shoes!", heißt es in strengem Befehlston. „Was nun?" Fieberhaft überlege ich, wie ich aus dieser Nummer noch herauskommen könnte. „Das kann doch alles gar nicht wahr sein!", versuche ich mich wieder zu sammeln und mir selbst wieder Mut zu machen, aber es gelingt nicht mehr so recht. Mit zitternden Fingern schnüre ich umständlich die Schuhbänder auf. Als nächstes ziehe ich vorsichtig den rechten, harmlosen Schuh ab und halte ihn dem Polizisten hin. „Vielleicht gibt er sich damit zufrieden", schleicht sich ein letzter Anflug von erzwungener Souveränität in meine panische Gedankenwelt.

Die Hoffnung stirbt zuletzt, aber sie stirbt einmal. Und das geschieht exakt in dem Moment, als der Polizist auf meinen linken Fuß deutet und verlangt: „What about the left one?“ Mit viel Ungeschick schaffe ich es gerade noch, so herauszuschlüpfen, dass das Plastikpäckchen mit dem Pulver vorne im Schuh bleibt, dann bin ich angezählt. Wohl als eine Art Übersprunghandlung zum Zeitgewinn versuche ich, nach den drei Perlen in meinen Haaren zu greifen – doch ich fasse ins Leere. Julias letzter Liebesbeweis ist weg, jetzt bin ich endgültig ganz allein auf der Welt! Was nun?

Das Heft des Handelns halten jetzt andere in der Hand; ich merke richtiggehend, wie mir die Kontrolle über mein eigenes Leben entgleitet. Wie im Film betrachte ich das, was gleich kommen wird, von weit außen. Mir schwant Böses, ganz Böses auf meinem letzten Gang zum Schafott. Der zweite verhängnisvolle Schuh wird jetzt hochgenommen und gekippt – das Päckchen fällt heraus, zwei weitere Beamte treten dazu. „Die erste Band werde ich jetzt wohl nicht mehr ganz schaffen“, kann ich noch halb entschuldigend mit einem letzten halbherzigen Lächeln hervorbringen, selbst wenn der Cop meine Sprache nicht versteht und auch nicht so aussieht, als wäre er groß zu Späßen aufgelegt – dann gehen die Lichter endgültig aus.

End of the century

Die Handschellen klicken – nichts wird es mehr mit diesem Konzert, vorbei sind die Tage der Unbeschwertheit, verloren die naive Unschuld; aus und vorbei die ewige Jugend – the Party is over!

Zurück in Deutschland, dieses Mal in komplett anderer Begleitung als beim Hinweg, erwartet mich ein umfangreiches Strafverfahren; die bisherigen Vorstrafen summieren sich nicht gerade zu meinen Gunsten. Kleinvieh macht eben auch Mist; besonders dann, wenn dieser aus einem erst kürzlich begangenen Drogendelikt, wie beim italienischen Biketrip besteht. Weitere Sünden aus der biographischen Vorgeschichte, wie abgebrochene Mercedessterne, selbst kultivierte Marihuanapflanzen bzw. Fahren ohne Fahrerlaubnis und Beamtenbeleidigung sind insgesamt nicht gerade hilfreich, um möglicherweise zu einer milderen Strafe zu gelangen. Selbst mein Schülerakt wird im Rahmen des gerichtlichen Verfahrens genauestens durchleuchtet – auch nicht gerade vorteilhaft.

So wie ein Bumerang immer wieder bei dem eintrifft, der ihn geworfen hat, kommt all das, was man einmal angestellt hat, zeitversetzt wieder zurück. Jedes noch so klitzekleine Tattoo wird irgendwann vom Falschen entdeckt werden, jedes verwaiste Piercingloch fällt dem Vorgesetzten einmal auf und äußert sich dann in einer völlig unverständlichen Nicht-Berücksichtigung – und das alles noch vor Facebook, Internet-Mobbing usw.

Oft habe ich mich gefragt, warum gerade ich von der Einlasskontrolle herausgepickt und genauestens gefilzt wurde. War das Absicht? Hat mich jemand verpfiffen? Bin ich hereingelegt worden? Wollte sich jemand an mir rächen? Aber wofür und warum? Vielleicht wegen der Bierkästen? Oder wegen der Auseinandersetzung am Badesee? Der Blick des Typen im Zug verfolgt mich deshalb noch immer. Nur allzu gern würde ich das Rad der Zeit zurückdrehen. Zeit zum Nachdenken habe ich nun zur Genüge. Wer im Leben nicht das macht, was er selbst will – mit dem macht das Leben was es will – diese Erkenntnis kann ganz schön wehtun!

Während des strafgerichtlichen Verfahrens wird auch Julia vernommen, meine erste große Liebe. Kaum sehe ich sie im Gerichtssaal wieder, setzt ein Mechanismus ein, der mich als starken und unbeugsamen Typen zeigen soll, was der zuständigen Richterin wenig gefallen kann. Julia hat nun wirklich keinen Grund, sich weswegen auch immer an mir zu rächen und ist eigentlich alles andere als auf den Mund gefallen. Doch vor Gericht zeigt sie sich reichlich unbedarft. Ein wenig scheint sie es auch zu genießen, wenn sie davon spricht, dass ich angeblich der zärtlichste aller ihrer Liebhaber gewesen sein soll, aber auch derjenige, der ihr am meisten wehgetan habe. Als die Anklage nachfragt, ob dies auch in physischer Hinsicht gilt, nickt sie. Sicher bin ich mir allerdings nicht, ob sie die Frage überhaupt richtig verstanden hat. Unter dem Strich fällt sie mir damit ziemlich in den Rücken, auch wenn ihr das kaum bewusst sein dürfte.

Verpfiffen habe ich während des Gerichtsverfahrens immerhin niemand, selbst wenn es mir bestimmt geholfen hätte; diese weiße Weste habe ich den ganzen Prozess hindurch anbehalten. Als besonders kooperativ kann mein Auftreten vor Gericht insgesamt nicht bezeichnet werden, immer frei nach der Devise: Lieber moralischer Sieger als ein falsches Spiel mitmachen – den Gefallen eines Kniefalls vor dem hohen Gericht wollte ich niemand gegenüber tun, „da sitze ich lieber zwei Monate länger ab“, so mein

Credo. Schlussendlich werden sechzehn Monate ohne Bewährung als Strafmaß festgesetzt.

To hell and back

Drei Wochen später ist Haftantritt – ziemlich sofort und unverzüglich also. Eine große und schwere Tür fällt hinter mir fest ins Schloss. Das in aggressivem Rot gehaltene Wasted Youth-Shirt wird gegen farblos-biedere Anstaltskleidung getauscht. Meine Jugend ist jetzt definitiv Geschichte – unwiederbringlich, für immer und ewig. Keine weitere Verlängerung und keine letzte Nachspielzeit werden mehr zugestanden; alles ist mit einem Schlag aus und vorbei.

Die Epoche, welche ich mit meinen Freunden und unseren gemeinsamen Musikidolen als ein ewiges In-den-Tag-hineinleben erleben durfte, wird es dann nicht mehr geben, wenn ich knapp eineinhalb Jahre später – im Sommer 1991 – wieder aus dem Gefängnis herauskommen werde. Unsere Ära wird dann bloß noch ein Wimpernschlag in der Geschichte aller Jugendkulturen sein.[12]

Die einschneidende und nicht nur in Deutschland alles verändernde Zeitenwende, welche mit dem Umschalten der Jahreszahl von 89 auf 90 vollzogen werden sollte, konnte kurz davor niemand in diesem Ausmaß erahnen: Wenn ich wieder auf freien Fuß gesetzt werde, wird der Sowjet-Limes durchgerostet sein, allerorts absolute Aufbruchsstimmung herrschen, eine neue Weltordnung entstanden und das endgültige Ende der Nachkriegszeit vollzogen sein. Kurzum: Eine völlig neue Zeitrechnung beginnt dann.[13]

Die LP wird bald der CD den Vortritt lassen und statt enger Kleidung wird man das exakte Gegenteil überall sehen: ausgeleierte XXL-Hosen, die aussehen, als wären nur noch Mechaniker mit dem gesamten Inhalt ihrer Werkzeugkoffer in ihren Hosentaschen verteilt unterwegs. Gegenüber diesem globalen Filmschnitt konnte der künstlich inszenierte Millennium-Hype zehn Jahre später bestenfalls zum lahmen Kinderfasching werden.

Der Untertitel des Sturmtruppencomics wird von „So war Papis Wehrmacht" in „So war Opis Wehrmacht" unbenannt, Deutschland wird in Kürze wiedervereinigt Vaterland und Fußballweltmeister sein, „Birne" endlich auch ein ganz großer Deutscher und Franz Beckenbauer der neue Kaiser – von Steuerprofi Hoeneß ganz zu schweigen.[14] Für den Rock and Roll bedeutet das alles jedoch wenig Verheißungsvolles: aus Peggy Sue wird Peggy Büchse. „Neue" Länder, auf der global Map der Entertainment-Industrie, wo man seine Kinder so tauft wie bei uns die Familienhunde (Cindy, Jenny usw.), stehen bestenfalls für angepassten Staatssport, aber ganz bestimmt nicht für die Herkunft der wilden und urwüchsigen Musik: Bad time for Rock and Roll! Zu allem Überfluss auch noch ein „Mister Hasselhoff, tear down this wall!": Er kam, sah und sang sein „I´ve been looking for Freibier!"

Ein neuer Nationalismus wird entstehen und darin gipfeln, dass schon kurz nach Wende und WM-Sieg die ersten Asylbewerberheime brennen. Doch von derartig kranken Übersteigerungen bis hin zu Prepissed-Trousers-Typen ahnt man, abgeschottet von der Wirklichkeit der Welt im kompakten Schwedenbau rein gar nichts. Wie in einem Schwarzen Loch bleibt man dort Zeit und Raum völlig fern

– bis ich im Sommer 1991 wieder aus dem Gefängnis entlassen werde.

Nevermind the destruction

September 1991. Eines meiner ersten Wochenenden zurück in der Freiheit! Ein letztes Mal treffen deshalb alle nochmals zusammen, die immer schon mit dabei waren – fast alle. Nur Kai fehlt! Er scheint spurlos abgetaucht und für alle unerreichbar zu sein. Andere erkennt man kaum wieder: So ist aus dem ehemaligen Gruftieduo ein gesetztes Pärchen geworden, dass sich statt wie früher über Okkultismus mittlerweile lieber über Otto-Kataloge unterhält. Andere wiederum driften unverkennbar Richtung Esoterik ab: früher spirituos, heute spirituell! Zwei junge Damen tauschen sich unterdessen über ihr erstes Mal aus. Gemeint ist allerdings das Spitzenerlebnis, zum ersten Mal erfolgreich einen Schweinebraten zubereitet zu haben. Der Spirit ist bei einigen wohl etwas abhandengekommen bzw. scheint nur noch in abgewandelter Form vorhanden zu sein. Man kann es drehen und wenden wie man will: Alles wirkt letztlich wie ein weiterer unvorhersehbarer Angriff des „reiferen" Zeitalters – nach dem bekannten Motto: „Ich sitze euch schon im Nacken, wagt es bloß nicht, euch noch einmal nach euch selbst umzudrehen!"

Die Studierenden haben Semesterferien und für den inzwischen arbeitenden Teil der Bevölkerung unter uns soll dieses Wochenende eine der letzten Gelegenheiten werden, sich nochmals so zu geben, wie es früher einmal der Standard war. Klar, dass ich im altbekannten Shirt aufkreuze. Wirklich jeder, der irgendwie und irgendwann mal seine Visitenkarte abgegeben hatte, ist zu Ehren meiner „Release-Party" gekommen – selbst wenn ich mir unter diesem Begriff eher ein Leben als Rockstar mit Album-

Veröffentlichung sowie Bauchbepinselung von Manager und allzeit willigen Groupies vorgestellt hatte. Aber echte Freunde, die sich extra Zeit nehmen, sind auch etwas wert – vielleicht sogar ein kleines bisschen mehr!

Ungewohnte Bekanntschaft mit neuen Dialekten darf ich im Crash-Kurs machen: Maike, Joes neuer „Ost-Import von der Resterampe!“, wie er selbst sagt, verstehe ich kaum: „Hast dü ooch so´n großes Tatü?“, werde ich von ihr gefragt. „Tatü? Nein, ich war noch nie bei der Feuerwehr“, gebe ich etwas irritiert zur Antwort. „Nö, `n Täätüüü!“, verdeutlicht Maike ihr Anliegen und zeigt auf die rückenfüllende Jagdlandschaft eines Typen, der außer seines auftätowierten Rehrückens keine Oberbekleidung trägt. „Ach so, Tattoo! Warum sagst du das nicht gleich?“, verstehe ich endlich. Maikes abschließende Antwort: „Täätüüü! Sag ich doch!“

Die Neunziger Jahre haben rein nummerisch betrachtet längst begonnen, doch meine Welt ist noch komplett die der Achtziger. Retro sind für meine Wenigkeit Musiker aus dcn 60er Jahren, wie z.B. die Kinks, die Byrds oder der seit jeher immer gleich alt aussehende Bob Dylan. Bald allerdings sollte ich eines Besseren belehrt werden und feststellen, dass wir mit unserer klitzekleinen Jugendbewegung des 80er Hard Rocks selbst schon Geschichte geworden sind.

Und das kommt so: Wie immer bei privaten Veranstaltungen haben wir uns auch bei meiner Comeback-Party des DJ-Pultes respektive CD-Players ermächtigt. Seit einer Dreiviertelstunde rotiert dort Joes neueste Errungenschaft: Dedication von Thin Lizzy; zwar nur eine Compilation, aber immerhin mit dem gleichnamigen neuen Song. Als Vorspann laufen die längst bekannten Lizzy-Killers durch, dann ist es soweit: Die persönliche Premiere eines längst verschollen geglaubten Musikstückes kann beginnen. Sogar mit einem neu eingespielten Solo des bekanntesten Gitarristen der Band, Scott Gorham. Hochspannung pur! Im Display des CD-Spielers erscheint Nummer achtzehn: Das ist es!

Das Anfangsriff klingt zwar etwas arg poserhaft, doch Lynotts Stimme gleicht wie so oft wieder einmal alles aus. Gleich kommt das Solo! Doch plötzlich reißt der Ton ab und die Musik erstirbt. Totenstille. Man hört nur das surrende Geräusch eines sich öffnenden CD-Schubers. Ein großer Typ mit halblangen blonden Haaren, gekleidet in ein rot-schwarzes Karohemd nimmt unsere Disc aus dem Fach und legt diese achtlos beiseite. Stattdessen öffnet er eine CD-Hülle, auf der gerade ein Säugling im Pool abtaucht, entnimmt den Silberling, gibt diesen in den Schuber und drückt mit erwartungsvoller Miene auf Play.

„Just push Eject“, denke ich mir, stürme drauf los und drücke wahllos eine Taste – das Display blinkt und zeigt Pause an. „Was glaubst du, wer du eigentlich bist?“, wird der freche Flanellhemdträger schroff von mir zurechtgewiesen. Es wird noch stiller im Raum. „Das war Thin Lizzy!“, wird der ignorante Zuspätzünder aufgeklärt.

„Und das ist Nirvana!“, kontert er souverän. „Was soll denn das sein?“, provoziere ich weiter. „Lass mal“, fällt mir Stevie in den Rücken, „coole Mucke, habe ich letztens auf MTV gesehen!“ „Gesehen?“, frage ich irritiert zurück, „ich dachte immer, Musik wäre zum Hören da!“ Bevor ich mehr sagen kann, hat jemand schon wieder Play gedrückt. Das Anfangsriff von Teen Spirit klingt gleich ordentlich aggressiv, da kann man nicht viel dagegen einwenden; auf jeden Fall besser als das Van Halenhafte-Dur-Gepose im Song Dedication, auch wenn ich das niemals zugeben würde – aber dann? Der Drummer setzt ein; seine Breaks sind gut gespielt und der Gesang geht als punkig durch, aber das soll ein Solo sein? Und wie geht es erst weiter?

Der Song Nummer zwei ist ein ziemliches Gejammer! Das dritte Lied auf der CD lässt aufhorchen. Dieses Riff hat man doch schon einmal gehört! Tatsächlich! Die covern etwas von The Damned, das gegen Ende der Strawberries-LP auftaucht: „Life goes on" heißt der Song eigentlich, aber auf der Rückseite des Nevermind-Albums steht „Come as you are" und was singt denn der Flanellhemdkleiderständer hier zusammen? Das ist doch ein Rip-off! Eindeutig geklaut; auch das noch! Meine Meinung tue ich jedenfalls lautstark kund: „Abgesehen vom ersten Song ist das doch alles nichts Besonderes!" Außerdem: Allein schon der Name: „Curt" – ohne Helm und ohne Gurt? Mindestens so uncool wie Bodo mit dem Bagger!

Doch mit dieser Ansicht stehe ich ziemlich isoliert da. Sogar dic normalerweise harten Klängen gegenüber wenig affinen Mädchen bestehen darauf, dass die CD durchläuft; Curt Cobain kommt bestens bei ihnen an. Überstimmt!

„Wenigstens Appetite auflegen!", soll mein letztes Versöhnungsangebot sein, „My Michelle geht doch immer". „Das will doch heute keiner mehr hören!", fallen mir meine Freunde nun auch noch in den Rücken! „Und außerdem", ergänzt Joe, „könntest du dir mal ein neues Shirt zulegen: Du bist vielleicht wasted, aber Youth ganz bestimmt nicht mehr!" „Und falls du immer noch nicht gemerkt haben solltest, was die Uhr geschlagen hat: Es ist bereits Viertel nach neunundachtzig!", gibt mir Stevie noch den Rest. „Deine Plattennadel ist einfach hängen geblieben“, setzt er noch einen drauf, „wer nicht mit der Zeit geht, geht mit der Zeit!“ Das hat gesessen! So ähnlich muss es sich anfühlen, wenn einem Bundeskanzler das Misstrauensvotum ausgesprochen wird.

Kaum ist man eineinhalb Jahre weg vom Fenster gewesen, hat sich das Blatt tatsächlich um einhundertachtzig Grad gewendet: Alles, was vorher einmal gut war, gilt nicht jetzt mehr. Curt „Bobo“ Cobain ist zweifellos zum neuen ideologischen Weltherrscher aller Jugendkulturen geworden. Ein oder zwei Biergläser fallen im weiteren Verlauf des Abends nicht ganz unbeabsichtigt zu Boden und zerspringen mit lautem Klirren, recht viel mehr bleibt ansonsten nicht zu tun. Rien ne vas plus! Die Urkatastrophe des Millenniums ist mit dem Erscheinen von Nevermind am 24.9.1991 eingetreten. Post Party-Depression: End of the game, End of the Eighties, End of the Century? End of the world!

Long time dead

Mit meinem alten Leben kann ich nun endgültig abschließen. Nichts davon möchte ich missen, aber auch nicht alles davon noch einmal erleben. Once is enough! Eineinhalb Jahre lang war ich weg vom Fenster und es ist einiges passiert, in dieser kurzen Zeit: Wo sich die Bahnhofskneipe befand, ist unlängst ein Friseurgeschäft eingezogen und der Ortsmetzger inzwischen zum Bioladen geworden. Man darf nicht vergessen: Mit den Eighties sprechen wir von einer Epoche, in welcher die meisten „Tofu“ für eine japanische Fantasy-Comicfigur gehalten und bei „Minarett“ an ein neues fernöstliches Mikadospiel gedacht hätten!

Die 80er rochen nicht nur anders, sie waren es auch! So zeigte sich die Sprache der 80er Jahre doch um einiges direkter, offener und ehrlicher als jetzt, in den Early Nineties. Man merkt, wie sich langsam aber sicher eine heuchlerische politische Korrektheit in die Gesellschaft einschleicht. Für die Musikszene gilt vergleichbares: Aus den früher wirklich noch rotzig und dreckig rockenden Toxic Twins und Bad Boys aus Boston sind die Ballad Boys geworden, die in naher Zukunft mit viel zu pathetischen Songs wie „Crying“, „Crazy“ usw. ihre Großverdienerrente absichern. Immer mehr ehemalige Rocker werden zu MTV-Balladenbarden, selbst wenn sie live noch ihr wahres Gesicht zeigen – bis zum bitteren Ende, wenn man mit ansehen darf, wie gealterte Rock-Vocalisten an ihren eigenen Songs scheitern. Wer in den 80ern am oberen Limit seines Tonumfangs quäkte, hat nun, etwas älter geworden, definitiv keine angenehme Zeit mehr vor sich. Was die Vermarktung angeht, ist Rock and Roll passe´, stattdessen regiert Grunge.

In nur sehr kurzer Zeit werden im Herbst 1991 fünf ganz große Meilensteine der modernen Rockgeschichte veröffentlicht: Metallicas „Bläck Älbum“, Guns and Roses´ Illusion-Duo, besagtes Nevermind, Pearl Jams Ten (auch wenn´s weh tut!) und Blood Sugar Sex Magic von den rotheißen chilligen Zwiebelpetern. Interessanterweise gab es noch einen letzten Gegenangriff der Eighties, als Nirvanas Nevermind nach zwei Monaten an der US-Chartspitze tatsächlich noch einmal „kraft“ Def Leppards Adrenalize von der Pole Position verdrängt wurde. Das waren allerdings die völlig falschen Vertreter und somit verpuffte dieser von vornherein zum Scheitern verurteilte Rohrkrepierer-Angriff so sang- und klanglos, wie der zuckersüße Plastik-Pop-Kitsch auf besagtem Album dafür absolut ungeeignet ist, alte Härte zu beweisen.

Tatsächlich war es sogar derselbe Nährboden, aus dem sich sowohl Guns and Roses als auch Nirvana in ihrer Ablehnung des Bestehenden speisten: glatt polierter, oberflächlicher „Nästy, nästy"-Party Pop-Rock. Zweifelsohne haben die ganzen Faschingsprinzen in der zweiten Hälfte der 80er und die vielen Bon Jovis eine ordentliche Teillast auf sich geladen, aber dass deshalb gleich alles falsch gewesen sein soll? Wer hat eigentlich diese Humanhybride erfunden, die teures Geld in plastisches Selbsttuning investieren, um danach umso billiger auszusehen? So sollte viel, viel später aus Axl **W.** Rose (sprich: Äxl Dabbelju Rose) Axl **B.** Rose werden (Äxl Botox Rose). Doch es sollte alles noch viel schlimmer kommen: z.B. das Gewinsel von Pseudo-Grungern, der Crossing-all-over-Kommerz, die Keksmonster von Limp Biszkit[15], die Stadtparkgärtner vom Linking Park und zu allem Überfluss viel, viel später noch Bands mit so dodeligen Namen wie „Milking the Goat Machine", „We butter the bread with butter" oder „The Hirsch Effect". (Unfreiwillige) Komik-Truppen, die der kommenden Comedian- und Kabarettisteninflation in nichts nachstehen: Ziegenbartscheiße und zugewucherte Vintage-Nasenfahrradbesitzer. Aber bis dahin wird sowieso schon fast alles den Missisppi runtergestreamt sein.

Man kann es drehen und wenden, wie man will – unter dem Strich bleibt nur eine Erkenntnis: Das ist alles kein Rock and Roll mehr! Die Zeit guter U-Musik war mit einem Schlag beendet. Dass sich daran nicht mehr allzuviel ändern sollte, auf diesen damals wirklich noch abwegigen Gedanken wäre man niemals gekommen. Die CD-Wiederveröffentlichungen sämtlicher Vinyl-Alben zu Beginn der Neunziger Jahre bescherten der Tonträgerindustrie immerhin ihren Allzeitpeak. Es sollte zwar der größte, dafür aber auch der allerletzte gewesen sein!

Remember tomorrow

Joe war, was Musik betrifft, immer mein bester Kumpel. Fast brüderlich teilten und verteidigten wir die Liebe zu Bands wie den Ramones, The Damned, Hanoi Rocks oder Motorhead – hauptsächlich Bands, welche die Zeit ihres ersten Erfolges schon lange hinter sich hatten. Ebenso abgrundtief hassten wir Schminkkapellen wie Poison oder Warrant – das waren die Verräter; Typen, die alles, was nur irgendwie peinlich war, gleich übertreiben mussten und so die gesamte Szene lächerlich machten. Joes und mein Musikgeschmack war jedenfalls fast eins: Lag die TNT-Single auf einer Party bereit, jeder von uns hätte die B-Seite mit Girls got Rhythm aufgelegt.[16] Joe war als Kumpel einfach eine ehrliche Haut, denn er hatte ein Gespür für die kleinen Besonderheiten und feinen Unterschiede, auf welche es ankommt – ein wahrer Freund eben. Ich als Gitarrist, Joe der Bassist – gemeinsam Seite an Seite, so verstanden wir uns; auf ihn konnte man sich immer verlassen.

Auch heute noch? Vermutlich, denn er ist ebenfalls alles andere als gut auf Kurti zu sprechen: „Dieses neue Übel hat einen Namen Curt Cobain! Der ist schuld! An allem trägt Curt Cobain die Schuld!“, höre ich ihn am Telefon schimpfen, als ich danach frage, ob irgendwelche interessanten Konzerte anstehen und er verneinen muss.[17]

Wir verabreden uns im München beim Mc Donalds in Schwabing, angeblich in den 70ern das allererste Fast-Food-Lokal Deutschlands. Die Junk-Food-Location bleibt lediglich unser Treffpunkt: Statt Fast Food retten wir als gute Tat des Tages an der nächsten Tankstelle je drei Dosen Bier vor einer drohenden Erkältung im Kühlschrank und setzen uns damit auf eine Bordsteinkante. Gut, dass das noch alles so funktioniert bei Joe, immer getreu dem Motto: Lieber graue Zellen als graue Haare, die sieht wenigstens keiner!

Joe macht weiterhin Musik, wie er gleich erzählt, hauptsächlich im hauseigenen Kellerstudio und singt inzwischen sogar selbst. „Ich bin aber kein Sänger, dem man einen E-Bass umgehängt hat, sondern ein Bassist, der singt. Außerdem mache ich das mit der Musik gar nicht deshalb, weil ich will, sondern weil ich muss!“, lässt Joe tief blicken. Mein alter Kumpel schreibt seit jeher fleißig Songs: „Selbst an meinem Todestag werde ich noch komponieren, garantiert! Ich kann gar nicht anders.“, ist sich Joe ganz sicher.

Vorzuweisen hat er bis dato keine Hi-End-Resultate. Nach eigener Aussage ist sein Gesang noch nicht so recht zufriedenstellend. Ich werfe ein, dass es doch sowieso nur Demos sind und unter dem Strich immer entscheidet, ob ein Song gut ist oder nicht. „Stimmt ja, aber einen schlechten Song aufnehmen dauert genau so lang, wie einen guten“, entgegnet Joe, „und ich bin eben Perfektionist“. Wir kommen überein, dass man mit geschulten Ohren sowieso das hört, was in der Musik selbst steckt und nicht im Studio-Equipment.

Joes erste gute Tat im Studio war es jedenfalls, für Metallicas Justice-Album den fehlenden Bass aufzunehmen, damit es wenigstens eine halbwegs professionelle Abmischung davon gibt. „Dasselbe könntest du bei Whisky in the jar von Fat Lucy auch machen“ gebe ich als weitere Empfehlung ab, worauf er entgegnet, dass ihm das noch nie aufgefallen sei. Gemeinsam überlegen wir, ob es noch mehr bekannte Nummern ohne Bass gibt. Von Slade und Judas Priest müsste etwas existieren, wir kommen aber nicht darauf, welche Stücke es sein könnten. „Mittlerweile gibt es Tools, mit denen kannst du die Drumschläge quantisieren. Wenn einer ungenau spielt, völlig schnurz! Das gleicht die Technik aus“, erklärt Joe die neue Welt der Wunder. „Klingt das dann nicht unnatürlich, ist ja fast wie Tekkno!“, gebe ich zu bedenken. Selbst dafür bzw. dagegen gibt es etwas, wie Joe zu berichten weiß: „Das wird dann per Knopfdruck wieder leicht verschoben, dass es natürlich klingt. Ich glaub Humanizer oder so ähnlich heißt die Funktion!“ Musikalische Renaturierung? Ich werfe noch ein, dass das Hauptproblem ungelernter Schlagzeuger ist, dass ihre Base nicht unregelmäßig gespielt wird, sondern regelmäßig immer ein paar Zweiunddreißigstel zu früh kommt – wobei wir wieder bei Metallica gelandet wären.

Ich berichte noch von meiner neuesten Tape-Zusammenstellung, welche auf den Namen „Dirty Demos“ hört. Joe hält mit „Good Car Music“ dagegen, während ich mit „Some fucking Masterpiece“ kontern kann, nur um von seiner Best of Sex Pistols namens „Fucking the Fuckers fucking fucked“ vernichtend geschlagen zu werden.

Allmählich kommt Joe im Laufe unseres Musikgesprächs damit hervor, dass seine erste selbst eingespielte Democassette gerade fertig gestellt worden ist, aber eben ohne Plattenfirma und in absoluter Eigenregie. „Wenn man mit Gitarrenmusik Geld verdienen will, dann muss man auf die Country-Schiene, so ähnlich wie mit der Volksmusik", erklärt Joe ausweichend, außerdem sei er kreativer Künstler und nicht „Military Musician". „Was war das für ein Musician?", frage ich zurück. „M.M. – so nenne ich Typen, die bereit sind, alles zu spielen, Söldner eben", erfahre ich von Joe.

„Jetzt red nicht herum, sondern lass′ sehen!", fordere ich ihn entschieden auf, sich nicht so mädchenhaft zu zieren und seinen Tonträger vorzulegen. „Also, wenn diese Gesellschaft meine Musik nicht will, dann will ich diese Gesellschaft auch nicht", wird Joe plötzlich ernst. „Mir kannst du dein Werk doch zeigen, du hast es doch noch gar nicht richtig probiert", überrede ich ihn endlich, die Hüllen fallen zu lassen und die Cassetten-Hülle vorzulegen.

Nicht ganz unstolz holt er nach einem letzten Zögern und Zaudern das wenigstens von mir gefragte Teil endlich aus dem Innenfutter seiner Jacke hervor. Sogar das Booklet hat er fein säuberlich per Hand ausgeschnitten und das fertige Produkt in ein kleines dekoratives Plastiksäckchen eingetütet. Etwas arg lieblich sieht das Ganze aus und unter „Eintüten" hätten wir uns damals, als wir noch daran glaubten, als Rockmusiker bald schon ganz groß rauszukommen, eigentlich etwas völlig anderes vorgestellt. Der Projektname „Peny Cillin and the Antibiotics" ist auf Joes Kassette kaum zu entziffern. Er hat sich von den vielen angebotenen PC-Schriften wohl zu etwas zu Extravagantem verleiten lassen. Im Prinzip hat Joe mit seiner Einschätzung des geringen kommerziellen Potenzials seines musikalischen Materials schon Recht, denn Songtitel wie „Die with your middle-finger up!“, „Pissing on ya grave“ bzw. „Fuck Charity“, dürften sich ähnlich erfolgreich verkaufen wie Gefriertruhen in Grönland oder Solarien in der Sahara.

Joe meint: „Wenn ich eine neue Band habe, ist das in etwa so wie eine neue Freundin...“ – „Nur besser!“, ergänze ich und Joe nickt zustimmend. „In Deutschland hast du als Musiker sowieso keine direkte Chance. Alle, die es hier geschafft haben, wie die Scorps oder Kreator, hatten den Umweg über die Vereinigten Staaten nehmen müssen. Der Prophet gilt in heimatlichen Landen nicht viel“, versuche ich, die verfahrene Situation beschwichtigend zu erklären: „Die meisten Bands starten deshalb, weil sie so sein wollen wie die Etablierten, wie ihre Vorbilder. Sie ahmen etwas nach, was es längst schon gibt. Wenn ich noch mal anfangen sollte, dann nur deshalb, weil ich etwas anderes zu sagen habe als die bereits Bekannten. Etwas, was es so noch gar nicht gibt! Zum Berühmtwerden sind wir sowieso längst zu spät dran“, behaupte ich entschieden, „in deinem Alter war Lemmy schon Roadie bei Jimi Hendrix. „Ich war auch schon Roadie!“, brüstet sich Joe. „So, bei wem denn?“, will ich nun genauer wissen. Seine klägliche Antwort „Tja, bei Ringsgwandl“, kann nicht auf ganzer Linie überzeugen.

Themawechsel: Was ich beruflich machen will, erlaubt sich Joe plötzlich zu fragen und bringt mich arg in Verlegenheit. „Nichts Bürgerliches!“, ist die einzige spontane Ausflucht, die ich parat habe: „Entweder Musik, weil sie mir gefällt oder etwas mit Tierrechten, weil mir die Situation nicht gefällt!“ „Du bist halt wieder mal mit der Gesamtsituation unzufrieden, den Film kenne ich“, bricht Joe ab. Ich kontere: „Warum soll man seine Bestimmung nicht per Ausschlussverfahren finden – Mediziner gehen doch auch so vor."

Zum Glück will Joe bald wieder von sich selbst berichten: Hauptberuflich ist er jetzt Student der Elektrotechnik. Joes Eltern sind mittlerweile nach Erding gezogen, wo gerade einer der modernsten Großflughäfen entsteht. „Den kennst du noch gar nicht: Franz Josef Strauß, oder?", fragt Joe. „Wen? F.J.S. – der ist doch schon 1988 gestorben!", entgegne ich völlig ahnungslos. „Nein, den neuen Flughafen, der soll so heißen", erklärt Joe und hält dann inne. Beide müssen wir grinsen, der Name Strauß erinnert uns an etwas: Es gab in unserer Jugend schließlich einmal die Episode als der halslose Herrscher des Bayernlandes eines Tages zum Wahlkampftermin in unserer Gegend war und ausgerechnet der knorrigste Erzspießer aus unserer Klasse, der brav in Lederhose und mit Trachtenhut gekommen war, während der Bayernhymne alles vollgekotzt hatte. Und das ganz gewiss ohne jegliche böse Absicht!

Zwei Monate später war Bavarias King dann wirklich tot, was wir im Unterricht unseren englischen Gastschülern erklären sollten. Warum bei uns in Bayern einzelne Politiker wie Ersatzkönige verehrt werden, wie es ein Artikel der Newsweek andeutete, konnten wir ihnen jedoch nicht verständlich machen – verstanden wir so etwas ja selbst nicht! Jedenfalls gab es für uns Interessanteres als die alberne schulische Pflichtlektüre namens Newsweek: Ein paar Austauschschüler hatten die Sun dabei – sogar mit Sammy Fox oben ohne auf dem Titel. Die fanden wir insgesamt ganz o.k., weil Lemmy mit ihr eine Single produzieren wollte. In musikalischer Hinsicht hatte er es zwar nicht geschafft – aber womöglich anderweitig. Das alte Warzenschwein kriegte sie einfach alle![18]

„Was ist eigentlich aus Kai geworden, der hat doch die Schule ohne Abschluss verlassen?“, fragt Joe dazwischen. Etwas Aktuelles weiß ich auch nicht. Als einziger war er zu meiner Release-Party nicht gekommen. Zum letzten Mal sah man ihn im Dezember ′90, als er einen Ein-Tages-Job als Weihnachtsmann annehmen wollte: Abendliche Haustürgeschäfte, Verstoß gegen das Vermummungsverbot (weißer Vollvisier-Bart), Bedrohung Minderjähriger und Schutzgelderpressung („Sonst hole ich den Krampus herein!“) – im Prinzip war das die Fortsetzung dessen, was Kai immer schon getan hatte, nur dass es nun dafür als Nikolo sogar Kohle geben sollte – so Joes letzte Einschätzung zum Verbleib des Verschollenen. Immerhin denken wir noch an Kai zurück: Man erinnert sich letztlich immer nur an die Besonderen. Die Normalos, die unauffälligen Langweiler sind schnell vergessen – sofern sie überhaupt registriert wurden.

„Kai ist angeblich immer wieder mal in Marokko“, ergänzt Joe und versetzt uns wieder zurück in die Gegenwart. „Ach so“, reagiere ich etwas gedankenverloren. Tatsächlich aber interessiert mich jemand anders weitaus mehr: „Weißt du etwas von Julia?“, platzt es aus mir heraus. Mein Gegenüber seufzt leicht, blickt mich plötzlich sehr ernst an und spricht: „Ich weiß nicht, ob du das wirklich hören willst.“ „Doch, ich muss es wissen!“, flehe ich ihn fast an und leere die dritte Bierdose in einem Zug. „Also, die hat, nachdem du weg warst, so ziemlich jeden gehabt, den du dir vorstellen kannst, wenn sie mal wieder hier in der Gegend war.“ „Sie lebt doch in Hannover!“, werfe ich ein, „und solange der Holger Tegthard, dieser Arsch mit Ohren nicht dabei war, bin ich beruhigt“. „Doch, genau der! Mit dem ist sie sogar zusammengeblieben. Der ist ihr dann nachgezogen – im Gegensatz zu dir“, erklärt Joe.

Das sind zwar keine guten Referenzen, trotzdem möchte ich Julia nochmal sehen. Im Gerichtsprotokoll steht, dass sie gegen mich ausgesagt hat und dabei sogar körperliche Gewalt angegeben hat. „Das hast du aber nicht wirklich getan, oder?“, schaut mich Joe prüfend an. „Mir ist einmal bei so einer Eifersuchtsstreiterei ein bisschen die Hand ausgerutscht. Aber ich glaube eher, dass sie vor Gericht physisch und psychisch verwechselt hat.“ „Das war schon irgendwie so eine Psychotante“, beschließt Joe schließlich das Thema und wir ziehen weiter mitten hinein ins Münchener Nachtleben.

Auf unserem Weg kommen wir an einem Bekleidungsgeschäft vorbei, vor dem früher viele junge Leute gestanden sind. „Das war doch der Jeans-Kaltenbach, wo wir immer hingepilgert sind, um uns die gerade heiß angesagten Schuhlöffel-Jeans zu besorgen“. Es hieß zwar, dass diese impotent machen würden, doch von solchen leeren Drohungen ließ man sich mit sechzehn oder siebzehn Jahren kaum einschüchtern! Uns machten sie nämlich important! „Haben die nicht mit Deutschlands größter Auswahl an Cowboystiefeln geworben? Im Untergeschoss, ganz hinten haben wir vor nicht einmal zwanzig Monaten noch Stretchhosen anprobiert“, versuche ich unserer Erinnerung auf die Sprünge zu helfen. „Hier war doch diese aufgetakelte Popperin als Verkäuferin!“, fällt Joe in meine Gedankenwelt, „und Stevie hat seine erste Leoparden-Gummihose so eng gekauft, dass er sich gleich im Zug bei der Rückfahrt auf sein Gemächt gepflanzt hat!" „Stimmt, der ist aufgesprungen wie von der Tarantel gestochen", werfe ich ein, „ein klassischer Eisprung!" „Vielleicht war ja das mit der Impotenz gemeint!", witzelt Joe den Gedankengang zu Ende.

Mittlerweile hat der Laden dicht gemacht. Die Schaufenster sind wenig dekorativ mit Pappkartons verklebt. „Punks not dead" steht auf der angrenzenden Häuserwand mit leuchtend roter Farbe geschrieben. „Die geben wenigstens noch ein Lebenszeichen von sich", denke ich, „aber was ist mit Streetrock?"

Den Absacker trinken wir in einer Rock Bar, wo wir immer noch zu den jüngeren Gästen zählen. Daran sollten wir uns allmählich gewöhnen – schließlich würde sich das Verhältnis im Rockbereich von Jung und Alt nicht mehr großartig ändern: Wir gehören so ziemlich der letzten Generation an, die noch richtig harten Rock als Soundtrack ihrer Jugend für den „Rest" des Lebens klanglich eintätowiert bekam. Nachgekommen ist dann nicht mehr viel. Bald sind wir selbst too old to die young. Rocker werden leider auch älter: Ging es im Tourbus früher einmal um Sex und Groupies, wird dieser Themenkreis in den mittleren Lebensjahren durch Gespräche über (gutes) Essen ersetzt; rücken schließlich Zipperlein und Wehwehchen als Hauptthema in den Mittelpunkt, kann das als untrügliches Zeichen dafür gedeutet werden, dass man endgültig zu den Altrockern zählt. Diese Erkenntnis bringt sogar meine Lebensphilosophie ins Wanken: „Alt meinetwegen, aber erwachsen? Nie!" Wenn alt auch uncool wird, dann eben weder erwachsen noch alt: Eternal Youth!

Hier in der Rockerkneipe läuft kein Grunge, sondern Biker-Rock. Meinen Musikwunsch, Circus of Power, kennt der DJ trotzdem nicht: Ich erkläre ihm schwärmerisch, dass es sich dabei um eine Mischung aus The Cult, Danzig und Guns and Roses handelt, aber es interessiert ihn überhaupt nicht.

Gegen Ende des Abends philosophieren Joe und ich noch über die Zukunft der Musik (ohne von Internetpiraterie, Napster-Nerds, Amazon-Allmacht, Streaming-Shit und App-Veräppelung irgendetwas zu ahnen) und sagen ihr eine düstere Zukunft voraus. Alles wird glattgebügelter, die echten Typen verschwinden, solche Typen wie Rick Ätzly werden gepusht und die Selfmade-Bands werden es immer schwerer haben. „Jetzt, wo die Zeiten für Musiker gut sind, gesellen sie sich zur High Society und benehmen sich trotzdem wie die Allerletzten. Alles viel zu clean, nur noch billige Unterhaltung! Keine Drogen, keine Groupies, sowieso alle schw...“, bringt es mein Kumpel ziemlich bayerisch-direkt auf den Punkt. „Apropos: Wir beide haben immerhin Rob Halford live gesehen, als er noch nicht ...“ – weiter komme ich nicht mit diesem heute als diskriminierend verstandenen Satz, denn einer gar nicht mal so unhübschen Dunkelhaarigen ist unser mittlerweile lautstark geführtes Gesprächsthema nicht entgangen. Sie mischt sich ein und stellt sich mit „Ich stehe auch auf Guns and Roses und Nirvana!“, vor. „Wie bitte? Du wagst es, diese beiden Bands in einem Atemzug zu nennen?“, entrüste ich mich. „Jetzt halt aber mal die Luft an“, pflichtet Joe bei, „das wäre ja so als ob jemand zugleich Bayern und Sechzig-Fan wäre. Das geht gar nicht!“ „Ja, aber – das ist doch beides Fußball!“, zeigt sich die Hübsche irritiert, wobei ihr offensichtliches Erstaunen einen verschmitzten und äußerst liebenswerten Gesichtsausdruck offenbart. „Oh je“, stöhnt Joe leise auf, „Fußball ist doch nicht gleich Fußball und Musik nicht gleich Musik!“ Völlig konsterniert zieht die von hinten mindestens ebenso Attraktive von dannen. „Was sind wir bloß für Idioten!“, schüttele ich zu Joe hingewendet den Kopf und deute in Richtung der Verflossenen, „da wird man einmal im Jahr von einem Mädchen angesprochen, die auch noch gut aussieht und dann vergraulen wir sie mit unserer Sturheit!“ „Ja, aber stell dir mal vor, du sitzt bei ihr im Auto und dann läuft auf ihrem Tape erst „Dead, Jail or Rock and Roll“ und danach kommt direkt „Something in the way“, werde ich entrüstet angefahren. „Stimmt, das wäre wirklich eine Katastrophe“, denke ich bei mir und spreche sogleich mit betont lauter Stimme, „das Leben ist eben auch so ähnlich wie ein Fußballspiel und am Schluss gewinnen immer...“ „...die Spießer!“, ergänzt mein Kumpan mit sich schon fast überschlagender Stimme. „Frauen sind wahrscheinlich einfach kein Rock and Roll...“, beginne ich zu lamentieren, während Joe mir immer noch völlig entsetzt erneut ins Wort fällt: „...Pistola e Rosa und Nirvana? Das passt ungefähr so gut zusammen wie Schnitzel und Sushi oder wie Frauen und Fußball“. „Stimmt! Wer will schon ein Pferderennen mit Eseln sehen?“, pflichte ich nicht ganz im Emma-Stil bei. Wo er Recht hat, dort hat er eben Recht, mein guter alter Freund! Es ist und bleibt wie immer: Wir wollen zwar dabei sein, aber trotzdem nicht dazugehören. Rein in den Club, aber niemals als Mitglieder: Inside Outsiders!

New day

Das Treffen mit Joe war fast noch so wie früher – mit der kleinen Einschränkung, dass er über Julia mehr zu wissen scheint als er mir tatsächlich mitgeteilt hat. Irgendetwas kann hier nicht stimmen! In dieser Sache muss ich wohl oder übel selbst weiterforschen. Treffen will ich Julia auf jeden Fall noch einmal!

Am Tag darauf stehe ich mit ordentlichem Kater am Münchener Hauptbahnhof und warte auf den Zug ins Stevies neue Heimatstadt am Alpenrand, um ihn dort als Part two der Comebacktour zu besuchen. Erneut ein sonniger und freundlicher Tagesbeginn mit tiefblauem, schon leicht herbstlichem Septemberhimmel und weißen Schäfchenwolken als ich noch leicht ferngesteuert den Bahnsteig entlang wandere. Da noch genügend Zeit bis zum Eintreffen meines Reisezugs bleibt, lege ich Joes Demotape in den Walkman. „Not this world again" lautet der erste Song. Ganz schön punkig! Hätte ich ihm gar nicht zugetraut. Allerdings weist das Ganze einen deutlichen Makel auf: Jeder Ton ein Treffer? Joes Quote lässt noch Luft nach oben – wie man es heutzutage diplomatisch-vernichtend formulieren würde. „Am besten gefällt mir der Gesang bei den Instrumentals!", könnte ich ihm mein Urteil schonend beibringen, falls er danach fragen sollte.

Inzwischen trifft der Zug ein. Ich setze die schmalen Kopfhörer ab und friemle den Kabelsalat eilig in meine Jackentasche. Irgendwann habe ich mir angewöhnt, immer ganz am Ende in Züge zu steigen, denn dort hat man am meisten Platz. Doch heute verhält es sich genau umgekehrt: Im letzten Waggon ist Abfeiern angesagt! Um diese Uhrzeit? Die Abschlussklasse der Krankenschwesternschule eines Münchener Großklinikums fährt nach Ungarn – und ich befinde mich zufälligerweise als Hahn im Korb mittendrin. Alles hübsche, kranke Schwestern, die mir zusätzlich zu einem Konterbier reichlich hochprozentige Medizin einflößen. Sie wirkt schnell.

Es stört zwar ein bisschen, dass einige von ihnen immer irgendwelche Hits singen, die ich nicht kenne und damit gar nicht mehr aufhören wollen – doch als der Schaffner kommt, brechen sie glücklicherweise damit ab.

Damit sie nicht wieder mit dem Absingen von doofen Schlagern anfangen, frage ich nach, weshalb sie eine große Tupper-Schüssel dabeihaben. „Das hat nichts mit Hausfrauentum zu tun, sondern mit einem Trinkspiel!“, werde ich belehrt: Es geht dabei darum, ein in einer Schüssel schwimmendes Glas so weit mit Flüssigkeit zu befüllen, dass der Nächsten in der Reihe das weitere Einschenken ins Glas nicht mehr gelingen kann und das Gefäß absäuft. Diese muss dann als Strafe ein komplettes Glas leertrinken, allerdings nicht mit Wasser, sondern gefüllt mit Hochprozentigem. Je öfter man verliert, umso schwieriger wird das Spiel, weil allmählich die Feinmotorik nachlässt. Dieser Teufelskreis produziert schnell die ersten Alkoholleichen, das zusätzliche Gewackel und Geschaukel im Zugwaggon tut ein Übriges.

Ein blondes Mädchen namens Theresa mit zu einem Zopf gebundenen Haaren hat schon zweimal hintereinander verloren. Unter einem Vorwand schaffe ich es, neben ihr zu sitzen und kann sie durch ungeschicktes Einschenken meinerseits etwas entlasten. Die Folge ist natürlich, dass es mich dabei trinktechnisch oft erwischt. Sie durchschaut mein Manöver und bedankt sich mit einem immer netter werdenden Lächeln, für das ich ohnehin schon alles zu tun bereit wäre, und danach noch mit einem Kuss! Unter großem Applaus küsse ich zurück: zuerst auf ihre Hand, die nach Desinfektionsmittel riecht, dann auf ihre Wange und schließlich auf die Lippen. Es dauert nicht lange und wir schmusen miteinander. Therry, so ihr ins Ohr geflüsterter Name, kommt gerade von der Nachtschicht und ist deshalb hundemüde. Mir geht es nach der letzten Nacht nicht viel besser, auch wenn die Ursache für dieses Unwohlsein nicht gerade als Arbeit bezeichnet werden kann.

„Was machst du eigentlich so den ganzen Tag?“, werde ich gefragt und muss mir eingestehen, dass es genau diese Frage ist, welche ich unterschwellig immer befürchte. Weshalb? Weil ich mir immer noch keine schlüssige Antwort darauf überlegt habe. So auch dieses Mal: „Ich, ich war längere Zeit in Schweden“, gebe ich eher desinteressiert zurück – was aber nicht hilft, denn allein die Erwähnung dieses nordischen Staates löst einen mittelgroßen Begeisterungssturm bei Therry aus: „Schweden! Da möchte ich auch mal hin! Wie war es denn da?“ Mit „Ach, eher langweilig“, was ja nicht direkt gelogen ist, versuche ich das Thema abzuschließen. Wir einigen uns auf ein „aber wenn du wieder Mal dort hinkommst, dann nimmst du mich mit, versprochen?“ ihrerseits. Damit kann ich gerade noch so halbwegs den Kopf aus der Schlinge ziehen. Therry lehnt sich indessen immer näher an mich an, lässt ihren zarten Körper in meine Arme zurücksinken und schließt ihre Augen. Solch großartige Überraschungen kann das Leben bereithalten! Eine Waggonladung voll Mädchen, die hübscheste davon in meinen Armen, schon leicht angesäuselt, draußen die herrliche Landschaft der Voralpen – nur die Zeit läuft gegen uns. Viel zu schnell fährt der Zug, in dem es jetzt stiller geworden ist, meiner Ausstiegsstelle zu.

Als Theresa die Augen wieder öffnet, bleiben uns noch zehn Minuten. Wir flüstern nur ein paar Worte – alles andere sind vorsichtige Zärtlichkeiten und liebevolle Zuneigung. Allein ihr direkt in die Augen zu schauen, löst ein tiefes Gefühl der Geborgenheit in mir aus, wie ich es mir nicht intensiver vorstellen könnte. Niemals im Leben habe ich mich bisher bei jemand so zu Hause gefühlt! So, wie in einer Textzeile von Sweet Child of Mine angedeutet wird: „She takes me away to a special place…" Mit Theresa ist es geradewegs so, als ob wir uns schon immer gekannt hätten.

Schließlich kommt unweigerlich der Moment der Trennung: Zusammen schieben wir uns eng umschlungen Richtung Waggonende zur Tür. Im Vorbeigehen meine ich, einen abwertenden Kommentar über uns als Paar vernommen zu haben, aber das kann uns beide nicht aus unserer Traumwelt reißen. Wir tauschen noch in aller Schnelle unsere Telefonnummern und die Adressen aus – „Love `til death" schreibe ich dazu; dann öffnet sich schon die Waggontür und reißt uns beide frisch Verliebte jäh auseinander. Dass diese erste Trennung auch die letzte und für immer sein sollte, hätte ich nie, aber wirklich niemals gedacht!

Fade to black

Hier am Bahnhof muss ich umsteigen, um auf meiner Comeback-Tournee nicht den Anschlusszug zu verpassen. Die halbstündige Wartezeit wird genutzt, um mich mit Proviant einzudecken. Es gibt schließlich nicht nur einen

Grund zum Feiern, sondern gleich zwei: endlich wieder frei und dazu noch frisch verliebt!

Vom Zwischenhalt aus muss ich noch schnell Stevie anrufen. Er hat versprochen, mich später am Endbahnhof abzuholen. Ich marschiere vor das Gebäude, wo sich die nächsten Telefonzellen befinden, allerdings nimmt man hier kein Kleingeld mehr und eine Telefonkarte besitze ich nicht. Also in die benachbarte gelbe Zelle wechseln, doch auch hier ist es wieder dasselbe. Nur eine der vier Telefonanlagen ist für Bargeld geeignet, doch genau hier stehen bereits zwei wartende Personen davor. Als ich endlich drankomme, werfe ich gleich dreißig Pfennig in den Münzschlitz und wähle Stevies Nummer. „Versicherungsagentur Schneider und Partner" tönt es aus der Leitung", „was kann ich für Sie tun?" „Mist, verwählt", ärgere ich mich. Die 30 Pfennig fallen geräuschvoll ins unerreichbare Münzfach durch. Fast gleichzeitig wird die Tür von außen aufgestoßen und der nächste Wartende hat bereits einen Fuß in die Zellentür gesetzt. „Halt, ich bin noch nicht fertig!", versuche ich zu erklären, doch der anderssprachige Mann versteht erst, als ich noch einmal Geld einwerfe und zu wählen beginne. Wieder meldet sich dieser Schneider mit seinem Partner, nur lege ich dieses Mal nicht gleich wieder auf: „Wir sind ein modernes Dienstleistungsunternehmen..." nervt die Stimme umständlich weiter, „...einen Moment bitte, Sie werden sofort mit einem Ansprechpartner verbunden". Eine unerträglich furchtbare Musik ertönt, es knackt ein paar Mal in der Leitung, dann meldet sich endlich der gesuchte Herr Stefan Weichselbaumer. Stevie ist also der Partner dieses Schneiders. Ich lasse ihn erst einmal artig sein Sprüchlein zu Ende aufsagen und spendiere ihm dafür ein Lob: „Das hast du aber fein gemacht, spielst du jetzt schon deinen eigenen Sekretär, ich bin´s übrigens, Junkie." Als Antwort ertönt ein urschreiartiges, völlig im Gegensatz zur vorherigen amtlich vorgetragenen Floskel stehendes „Naaaaaaaaaaah, da Junkie, ich glaub´s net!" Er verspricht umgehend, mich pünktlich beim Eintreffen am Zielbahnhof abzuholen.

Endstation: Ich steige aus und serviere aus Übermut zur Begrüßung einen brachialen Rock and Roll-Yell, der eine erschrockene ältere Dame fast ihren Kofferkuli ins Gleisbett versteuern lässt. Stevie, der mich schon hat kommen sehen, merkt gleich, was los ist: „Bist du besoffen?", herrscht er mich an. „Kann schon sein, da war gerade meine Traumfrau im Zug. Eigentlich unglaublich", erkläre ich nicht ganz unstolz. „Und Telefonnummer?", fragt er nach. Triumphierend halte ich den sorgsam verstauten Zettel in die Höhe. „Hoffentlich die richtige Nummer!", meint Stevie zweifelnd. „Natürlich! Die liebt mich, das ist die ganz große Liebe auf den ersten Blick – manchmal hat man eben auch Glück im Leben!", ist meine leicht entrüstete Reaktion.

Erst jetzt bemerke ich, wie Stefan angezogen ist: Trachtenjanker, Cordhose, Lodenmantel und Sieben-Meilen-Wanderstiefel. Fehlt nur noch ein grüner Jägerhut – und exakt so einer liegt dann auf der Ablage seines Autos. Zum Autofahren setzt er ihn tatsächlich auf. „Wie war das: Mann mit Hut fährt nicht gut – schon mal gehört den Spruch?", ziehe ich ihn damit auf. „Keine Sorge, ich bin kein Sonntagsfahrer geworden" spricht er und drückt zur Bestätigung das Gaspedal durch, „...du weißt schon, meine Geheimratsecken..." „Aber du wolltest doch von uns Musikern immer derjenige sein, der als Erster eine Platte hat", nehme ich den zugespielten Ball auf. „Ja, aber nicht auf dem Kopf!“, entgegnet Stefan, „mein Haaransatz wandert leider in atemberaubendem Tempo vom 25. zum 50. Breitengrad“ und beendet das Thema mit einer weiteren Geschwindigkeitserhöhung, die mich in den kalten, speckigen und unangenehm aufdringlich riechenden Beifahrersitz aus Leder drückt.

Wir fahren direkt zu ihm nach Hause. Zusammen mit seiner neuen Freundin Tine („Mein Stefan darf mich „Tini“ nennen, aber nur der!“), die auf den ersten Blick alles andere als sympathisch wirkt, haben sich die beiden ein extrem spießiges Appartement eingerichtet: alles äußerst penibel sauber, jedes Kissen mit Falte – alles streng geometrisch angeordnet.

Der Nachmittagstee wird serviert. Nachdem der abgesoffene Tabak ausgeschlurft worden ist, werde ich durch die neue Wohnwelt geführt. Tine und Stefan verfügen auch über ein Gästezimmer, selbst wenn – wie zu erfahren ist – bisher keine Gäste dort übernachtet haben. Ich bin somit der Premierengast. Während Tine sich zum Mittagsschlaf – von Schönheitsschlaf zu sprechen, wäre zwecklos – von uns verabschiedet, vertreten wir uns in der Stadt die Beine. Langsam werde ich auch wieder etwas nüchterner. „Du wirst Augen machen, wie schön dieser Ort ist!“, wird vor dem Stadtbummel versprochen. „Ist mir egal. Für Bauwerke habe ich mich noch nie begeistert“, lasse ich meine Gedanken unausgesprochen verstummen.

Halten kann das örtliche Erscheinungsbild die hohen Erwartungen ohnehin nicht. Es gibt ein zugepflastertes Zentrum, ein paar ältersemesterige Fremdenverkehrsgäste, weiter außerhalb den üblichen Aldi-Tempel mit Großparkplatz, einen Lidl-ist-billig gleich daneben, dazu ein Nordsee-Restaurant und schließlich einen dunklen und feuchten Park, wo die meisten Wege mit Hundehaufen garniert sind. Etwas Besonders ist das hier jedenfalls nicht!

Zum Mittagsmahl besuchen wir ein italienisches Restaurant. Ebenso wie ich ist Stefan zum ersten Mal dort. Dabei fällt auf, dass er zum typischen Vorzeigedeutschen mutiert ist, allerdings im negativen Sinn: joviale Gesten, markige Sprüche und Lieblingsthemen wie Aktienpakete oder Lebensversicherungen. Eine Nummer zu großspurig redet er wahllos darauf los – das fällt sogar mir mit meinem langsam wieder sinkenden Alkoholpegel auf. Fragt man bei Stefans Themenreferaten genauer nach, wird er gleich unsicher und wiegelt schnell ab. Darüber hinaus merke ich, dass seine Bewegungen langsamer geworden sind, viel überlegter wirken als früher. Dass Stefan bei einer Versicherung arbeitet, zeigt sich erneut, als er die Rechnung derjenigen, die vor uns am Tisch gesessen sind, routinemäßig in seine rechte Manteltasche einsteckt.

Wie in südländischen Restaurants oft üblich, wird zwischen den einzelnen Gängen nicht abgeräumt. Stefan will das so nicht hinnehmen und ermahnt die Kellnerin zweimal, endlich die Teller mitzunehmen. Natürlich passiert nichts dergleichen, was den Kontrollfreak ziemlich aus der Fassung bringt. Letzte Konsequenz: Statt Trinkgeld gibt es, als wir bezahlen – an die wirklich nette Bedienung gerichtet – einen sehr bösen Blick von ihm. Peinlich; nur gut, dass er hier wohnt und nicht ich. Aus dem seinerzeit coolen und teilweise doch ziemlich abgefuckten Jugendlichen ist tatsächlich innerhalb relativ kurzer Zeit ein übererwachsener Erzspießer geworden, der mehr und mehr an seinen ihm damals so verhassten Vater erinnert. Es dauert sehr lange bis sich Stevie gegen Abend, als wir zur Kneipentour starten, schließlich doch noch locker machen kann – dann ist es zum Glück phasenweise wieder wie früher: ein Wechselspiel zwischen spätjugendlichem Aufbegehren und kontrolliertem Erwachsensein. Wenn schließlich am Tag darauf die belebende Wirkung des Alkohols verflogen sein wird, darf unweigerlich wieder das Erwachsene in ihm gewinnen. Doch jetzt, gegen Ende des Abends, regiert König Alkohol in Alleinherrschaft. Stefan ist mittlerweile einhundertprozentig wieder zu Stevie mutiert. Je länger wir in Erinnerungen schwelgen, umso mehr geht er in der Identität auf, die einmal seine Hauptrolle war. Ich erinnere ihn daran, dass er es gewesen ist, der immer erst in einer Pash-Karottenjeans das Elternhaus verließ und diese dann außer Sichtweite mit seiner engen Leopardenhose tauschte. „Hast du die eigentlich noch oder hat die deine Freundin schon entsorgt?“, will ich wissen. „Na klar gibt´s die noch. Weiß sogar, wo sie liegt!“, entrüstet er sich. „Dann hol sie doch!“, stachele ich ihn weiter an. Gesagt getan! Gut zehn Minuten später taucht er mit einer Norma-Tüte wieder auf und präsentiert stolz die gute alte Plastikleopardene. „Warum hast du sie denn nicht gleich angezogen?“, frage ich nach. „Spinnst du, wenn das meine Alte sieht!“, herrscht er mich an. „Oder weil sie dir nicht mehr passt?“, fordere ich ihn heraus. „Und ob die noch passt!“, spricht er und klemmt sich in einer dunklen Ecke des Lokals in das zähe Nylonteil. Den obersten Hosenknopf kriegt Stefan – Entschuldigung: es muss jetzt natürlich Stevie heißen – auch mit höchster Anstrengung nicht mehr zu. Deshalb bleibt dieser einfach offen, was vom Träger des zu engen Beinkleides allerdings schnell wieder vergessen wird, sodass, wenn Stevie sich vom Tisch erhebt, jedes Mal sein Shirt hochrutscht und den Blick auf die halb offene, viel zu enge Hose freigibt – samt darüber hängendem stattlichem Ranzenansatz.

Stevie hat jetzt gute Chancen, bei Tine das zu wiederholen, was er vor drei Jahren am Muttertag gebracht hat. Schon damals zeigte sich, dass er under the influence nur schwerlich die Selbstkontrolle behalten kann. Es war bei ihm schon immer ganz oder gar nicht, schwarz oder weiß, Himmel oder Hölle. Stefan glaubt bestimmt noch heute, dass seine damaligen Eskapaden daheim unentdeckt geblieben wären, weil er sich nach solchen Nächten dank Filmriss regelmäßig an nichts mehr erinnern konnte. Von der Nacht vor dem Muttertag 1988 beispielsweise, der im Hause Weichselbaumer immer ganz großgeschrieben wird, weiß er laut eigener Aussage nur noch, dass er in der Kneipe den Captain Morgan aus dem Bacardiglas ex abgezogen hat. Und das nicht nur einmal!

Die nächste seiner spärlichen Erinnerungen setzt erst am nächsten Morgen wieder ein, als es an seine Zimmertür klopfte. So als ob nichts gewesen wäre, zog er sich damals seinen Festtagsanzug direkt über den Schlafanzug und fuhr brav im Wagen mit zum Familienlunch im Ortswirtshaus.

So schön, so gut, so falsch: Davon nämlich, dass er komplett zusammengefaltet daheim abgegeben wurde, war bestenfalls kurzzeitig in Stevies Arbeitsspeicher etwas Rudimentäres vorhanden; tatsächlich wurde seine Festplatte vom Captain so komplett gelöscht, wie es sich Maxwell nur zu gerne gewünscht hätte – von wegen „ich habe mich heimlich ins Haus geschlichen, keiner hat etwas gemerkt"! Tatsächlich machte er als erste Amtshandlung, nachdem wir ihm die Haustür aufgesperrt hatten, gleich einem brünftigen Hirsch lautstark den „Heiligen Ulrich“; noch dazu die komplette Bescherung mitten in den Hausflur. „Meine Eltern haben nie was gemerkt!“, versichert er jetzt noch und behauptet das alles mit einer Selbstsicherheit, die einen an der persönlichen Erinnerung zweifeln lassen könnte – hätte ich seinerzeit nicht alles mit eigenen Augen gesehen.

„Hast du etwas von Kai gehört?“, schlage ich ein anderes Thema an. „Wien!“, ist Stevies knappe, entschiedene und mir überhaupt nichts sagende Antwort. Wenn man in einer Stadt einer gewissen Größenordnung angekommen ist, erübrigt es sich offenbar, detaillierter Auskunft geben zu müssen – das gilt bereits als Gütesiegel. „O.k. Und was macht man da so in Wien? Das ist doch immer noch eine Stadt und kein Beruf, oder?“, werde ich leicht zynisch. Stevie reagiert darauf noch wortkarger: „Schreiben“. „Schreiben?“ wundere ich mich. „Schreiben“ wiederholt er noch bestimmter, „Bücher schreiben“. Veröffentlicht hat K.S. (Kai Schmidt) zwar noch nichts, aber angeblich arbeitet er an einer Biografie über Axl Rose, die so gut wie fertig sein soll und „lediglich noch“ vom LA-Rumpelstilzchen autorisiert werden muss. „Wenn´s bloß das ist“, lache ich laut auf: „Ruck zuck Zahnluck!“

Eine hübsche Brünette mit langen glatten Haaren erregt unsere Aufmerksamkeit. Sie scheint fast jeden hier zu kennen. Wie immer sind wir beide zu schüchtern, um jemand anzusprechen, obwohl ihre Blicke das eine oder andere Mal in unsere Richtung wandern. Egal – schließlich sind wir beide vergeben und in festen Händen; was für ein Luxusgefühl! Vermutlich hat das Mädchen ohnehin nur wegen der merkwürdigen Hose und weniger wegen ihres Trägers hergeschaut. Und nüchtern betrachtet ist sie wohl auch weniger be- als vielmehr entgeistert.

Wie schon seinerzeit wird Stevie mit einsetzender Müdigkeit zunehmend einsilbiger. Nur einmal läuft er erfolglos zum DJ, um sich etwas von seinen beiden Lieblingsbands zu wünschen. Obwohl das, was der Plattendreher auf dem Podest hier spielt, schon am Rande des Erträglichen ist, bin ich direkt froh, dass er Stevies Wünsche ignoriert. „Friggin in the riggin“ von Anthrax und „Durstige Männer“ von Dimple Minds. Beides absolut nicht mein Fall: Anthrax geht schon mal überhaupt nicht: Adidas-Bermudahosen, wie aus einem schlechten Urlaubsfilm und oberpeinliche VoKuHiLa-Frisuren, dazu ein albernes Gerappe, Plastikgitarren und Kinderliedermelodien – bäh! Songs, die schneller geschrieben sind als sie dauern. Auch Dimple Minds ist Musik der billigeren Sorte: Grönemeyer-Refrains, einmal in der Pfanne ordentlich durchgebraten und dann serviert – ebenfalls nein danke! In den Eighties gab es schon genügend Poserbands, bei welchen das Talent kürzer war als die Absätze ihrer Cowboystiefel lang.

Da der DJ immer genau das spielt, was wir nicht hören wollen, provoziert er unweigerlich eine Gegenreaktion: Bei Torfrock (ja, das hat jemand allen Ernstes aufgelegt!) singen wir „Wir saufen den Met bis uns keiner mehr..“ und überlegen lautstark, welche Songs mit möglichst hohem Peinlichkeitsfaktor wir uns wünschen könnten: Heatseaker, wo Simon Wright Brian Johnson beim letzten Ton ordentlich auf die Finger schlägt („Au!“ – nur gut, dass dieser damals nicht bewaffnet war!) oder das alberne „Drop dead legs“ von Van Halen schaffen es in die engere Auswahl. Es bleibt aber bei der Diskussion und wir dank Captain Alkohol auch so wunschlos glücklich.

Bis tatsächlich ein guter Song aufgelegt wird: Orion! Erst mitbangen, dann Vorfreude auf Part two, der vom allerersten Lizzy-Song geklaut wurde – auch o.k., Cliff Burton darf das! Doch es kommt zum metallischen Super-Gau: Exakt dort, wo der ersehnte zweite Teil des Musikstücks beginnt, fadet der DJ aus. Das ist in etwa so, als würde der Busfahrer nachdem der Bus wieder aufgerichtet wurde, nochmal über Cliff drüberfahren. Wir sind fassungslos ob dieses musikalischen Attentats.

Stattdessen läuft irgendetwas von Joe Satriani. „Die Kunst ist es, technisch sauber spielen zu können, das alles aber nur leicht anzudeuten“, merke ich zur Stilkunde an, „diese Angeberei ist so peinlich wie das „Wer kann am längsten Doppelbass-spielen“ von Macho-Drummern“. Es folgt ein Plädoyer für den Blues, währenddessen mir Steve mit dem Argument ins Wort fällt, dass bei Blues-Konzerten das Publikum aus an Sektglas nippenden Bankern und Bürgermeisterkandidaten besteht. „Das wird dem Punk jedenfalls niemals passieren!“, freuen wir uns zum Abschluss gemeinsam – mit einigen nachdenklichen Noten, welche mir partout nicht mehr aus dem Kopf gehen wollen: „Mein Musikgeschmack macht mich langsam, aber sicher zum Einzelgänger, wo ich doch gar keiner bin“ bzw. „Wenn sich an dir niemand stört, dann bist du nichts, höchstens nullachtfünfzehn!“ „Wer seinen Musikgeschmack ändert, hat vorher definitiv keinen gehabt!“, spendet Stevie Trost, dann gehen an diesem Abend endgültig die Lichter aus.

Geh´n wie ein Tiger

Wie zu befürchten war, ist Party Animal Stevie am nächsten Morgen schnell wieder zum Passivrocker Stefan geworden: Als ich mich an den sonderbar gedeckten Frühstückstisch begebe, liegen dort bei genauerem Hinsehen tatsächlich Versicherungspapiere ausgebreitet. Was hat denn das zu bedeuten?

Unschwer ist zu erkennen, dass diese Unterlagen für mich bestimmt sind. Sogar mein Name ist schon in ein Formular eingetragen. „Du brauchst nur zu unterschreiben", begrüßt mich Stefan mit einem „frischen" Atem, für den man eigentlich einen Waffenschein bräuchte, „ich habe schon alles vorbereitet". „Ist das dein Ernst?", frage ich entsetzt zurück. Seine umgehende Antwort: „Du hast ja selbst gesehen, wie schnell so etwas gehen kann, bei dir! Mit einer Rechtsschutzversicherung wäre das alles ganz anders gelaufen, du Junkie!" Was war das gerade? Junkie kann er mich meinetwegen nennen, aber ohne das negative „Du"; schließlich bin ich nicht von irgendeinem Trashzeug abhängig, sondern nur vom Rock and Roll!" – „Jetzt mach aber mal einen Punkt!", herrsche ich ihn verärgert an, doch er lässt nicht locker. Stefan weiß, dass ich erst um zwölf zum Bahnhof muss und hat diese Zeitspanne wohl als Arbeitszeit fest eingeplant, um mich weichzukochen und zu einer Unterschrift unter seine Versicherungspapiere zu bringen.

Schon einmal hatte ich so etwas erlebt: An meinem achtzehnten Geburtstag stand vormittags um zehn ein Sakkotyp mit Aktentasche und Sektflasche bewaffnet am Gartentor.

Ahnungsloserweise hatte ich ihn ins Haus gelassen. Als ersichtlich wurde, worum es tatsächlich ging, versuchte ich ihn folgendermaßen möglichst schnell loszuwerden: Er bekam einfach nichts zu trinken, damit er möglichst bald wieder abzischt. Geschlagene zwei Stunden hielt er durch, ohne bei dieser Sommerhitze auch nur einen Schluck zu sich zu nehmen. „O.k., dann eben anders herum", dachte ich mir: Ich holte Getränke und schenke ihm ordentlich ein. Kaum hatte er ausgetrunken, wurde erneut nachgeschenkt. Irgendwann müsste er doch einmal die Toilette aufsuchen, dann würde er gleich hinauskomplimentiert – es hatte immer noch eineinhalb weitere Stunden gedauert, bis es letztendlich soweit war. Man braucht offenbar eine besondere Physis für diesen Beruf! Unterschrieben habe ich damals übrigens nichts, ebenso wenig jetzt bei Stevie, der für mich ab jetzt nur noch Stefan heißt. Sentenced for life!

Been a long time coming

Als ich von meiner Mini-Tour wieder zurückkomme, mache ich mich gleich auf, um etwas über den Verbleib von Kai in Erfahrung zu bringen. Der Weg führt mich zu seiner Großmutter. Ihr Haus sieht aus wie immer. Der kleine Vorgarten mit den vielen Blumenbeeten, der gekieste Weg und der verblichene Windfang mit dem altmodischen, inzwischen noch gelblicheren Glas erinnern unweigerlich an früher. Den langen Sprung in der Scheibe habe ich schon als Kind des Öfteren bestaunt.

Mein eigenes Läuten am blitzblank glitzernden Knopf der ansonsten hoffnungslos verrosteten Türklingel reißt mich für einen kurzen Moment aus den rückwärts gerichteten

Gedanken. Selbst die Glocke klingt noch wie früher als ich im Alter von vielleicht zehn Jahren zum ersten Mal hier war. Damals kam ich immer mit dem Rad, einen großen gelben Ball auf dem Gepäckträger eingeklemmt und holte Kai zum Fußballspielen ab.

Wie seinerzeit schon öffnet auch jetzt seine Großmutter. Etwas unsicher steigt sie drei Treppenstufen herab um mich aus der Nähe zu mustern. Erst als sie ganz nahe herantritt, erkennt sie mich wieder. Die liebenswerte Oma freut sich und so, wie sie mit mir spricht, weiß sie vermutlich gar nicht, wo ich während der letzten eineinhalb Jahre gesteckt bin. Kai ist nicht da, aber ich solle doch meine Telefonnummer hinterlassen, damit er sich melden könne.

Keine zwei Tage später klingelt bei mir das Telefon. Es ist tatsächlich Kai! Wir verabreden uns fürs Wochenende und planen eine Traditionstour in der alten Heimat, um zu sehen, wer noch so richtig was verträgt. Ich schlage den Bahnhof als Treffpunkt vor, um 20:00 Uhr – da trifft der Zug aus Wien ein, wo Kai tatsächlich lebt.

Pünktlich stehe ich zum vereinbarten Zeitpunkt am Bahnsteig und warte gespannt. So wie man ihn kennt, wird Kai bestimmt als allererster herausspringen. Doch das macht er, als die Bahn pünktlich eintrifft, schon einmal nicht. Selbst weiter hinten, im Gros der aussteigenden Fahrgäste ist er nicht zu erblicken. Dann entdecke ich endlich jemand mit längeren blonden Haaren. Das muss er sein! Ich gehe auf den Typen zu und mache selbstbewusst das Victory-Zeichen; beim Näherkommen jedoch muss ich feststellen, dass es sich um jemand anderen handelt. Peinlich! Als schließlich die letzten Fahrgäste den Zug verlassen haben, wird klar, dass Kai nicht mitgekommen ist. Er hat mich glatt versetzt! Ich fühle mich so verlassen wie der kleine Junge im The Wall-Film bei „Bring the boys back home“. „So ein Schwätzer!“, zische ich leise, doch innerlich bin ich tief getroffen. Am Telefon war er zwar nett, doch näher zu tun haben will er mit einem, der schon einmal im Bau gesessen ist, offensichtlich nichts mehr. Niedergeschlagen trotte ich zurück. Direkt vor dem Bahnhof steht im absoluten Halteverbot ein protziges ferrarirotes Cabrio. Wenn ich einfach nur wütend wäre, könnte ich jetzt mit voller Wucht dagegentreten, doch innerlich fühle ich mich zutiefst verletzt. Das geht ganz schön ans Selbstvertrauen, wenn man erst sitzt und dann versetzt wird.

Ein Schnösel, dem das Cabrio wohl gehört, scheint mich zu beobachten. Er ahnt möglicherweise meine Absicht und hat offenbar Angst um seinen teuren Schlitten. Plötzlich tritt er auf mich zu: „Herr Junkie, ich darf Sie bitten, sich auszuweisen. Sie stehen unter polizeilicher Beobachtung!“ Werde ich tatsächlich auf Schritt und Tritt von der Polizei überwacht? In Zivil? Mit so einem auffälligen Wagen? Außerdem habe ich diese Stimme schon einmal gehört. Sie kommt mir sehr bekannt vor. Moment mal, das ist doch nicht etwa... Kai? Doch, tatsächlich: Kai!

„Wie siehst du denn aus?“, entfährt es mir. „Hier, der Schlitten ist schon verkauft. Ging für 58000 Märker über die Theke, wird am Montag abgeholt. Ich teste nur noch kurz an – die letzte Probefahrt, weißt du?“, fängt Kai sofort eine Art Verkaufsgespräch an. „Was, du bist Autohändler geworden?“, staune ich, deshalb wohl auch seine nach hinten gegelten Haare. „Könnte man so nennen“, klärt Kai mit belehrender Stimme auf, „genauer gesagt, mache ich Deals“ „Aha, so groß im Geschäft?“, nicke ich nach wie vor unwissend und frage belanglos weiter: „Zeig mal deine

Kreditkartensammlung" „Ist nicht. Bar, mein Lieber, bei mir läuft alles bar", erwidert er, dann ist das Thema durch. Ich schließe mit dem Satz: „Mein erster Ferrari hängt in Gitarrenform an der Wand – Les Paul Custom, Jahrgang 57".

Wir lassen uns in einem Straßencafe nieder und trinken ein Aufwärmbier. Kai sieht schon etwas verändert aus. Seine Haare sind zwar noch lang, jetzt aber blondiert und durchgestylt. Er kommt mir vor wie eine auf Achtziger getrimmte Provinzvariante von Andreas Baader: schnelle Autos und große Klappe. Der typische Bleiwestenschwimmer aus dem Hallenbad eben! Er macht auf edel, wirkt aber trotzdem wie ein Prolo. Diesen Eindruck unterstreicht eine deutlich sichtbare Zahnlücke, die er mit einem vom Tisch gegriffenen Zahnstocher auszufüllen sucht. So geschmiert laufen seine Geschäfte wohl doch nicht.

Im Laufe des Gesprächs kommen wir auf das Thema Now and then: „Das eigene Auto, der erste eigene Fernseher im Jugendzimmer, die große Freiheit – der ganze Konsumschrott hat unsere Träume in kurzer Zeit zerstört; nichts war tatsächlich so gut wie unsere naive Vorstellung davon. Unsere Ideen, Vorstellungen und Träume waren immer besser als die Realität! Alles, was einmal schwierig zu erreichen war, erwies sich als nur kurzfristig aufregend. Was man hat, hat man auch schnell wieder satt!", philosophiert er gleich drauflos. „Stimmt schon", pflichte ich vorsichtig bei und bringe das Thema auf ein einfacheres Niveau herunter, „die ganzen Diskos, zu denen wir eine Stunde mit dem Auto hingefahren sind, waren auch nicht anders oder gar besser als die unmittelbar vor der Haustür. Das Beste waren meistens die Autofahrten dorthin und dabei das Bangen auf dem Rücksitz. In der Disse lief dann eh nur wieder so ein Scheiß wie Rhythm is a dancer.“ „Die erste Flugreise war auch ein Flop“, fällt Kai ein, „alte tätowierte Engländer auf Plastikliegen am Pool und dann abends der All-you-can-eat-Fraß mit dem penetranten Spirituskochergestank.“ „Weißt du noch, wie die drei Zicken ausgesehen haben, mit denen wir gemeinsam im Taxi nach Palma gefahren sind?“, will ich wissen und fahre fort: „Solange bis wir das Taxi bezahlt haben, waren sie nett, dann in der Propellerbude haben sie uns sofort links liegen gelassen.“ „Wir sie dann aber auch. Wobei die Aktion, in den Drink zu pinkeln, schon grenzwertig war“, gibt er zu bedenken, „aber das hat der Rohrzucker sicherlich ganz flott neutralisiert.“ „Das bist aber du gewesen, Kai“, distanziere ich mich von solchen eher feigen Hintenrum-Aktionen. „Get what you deserve!”, sind wir immer noch einer Meinung.

„Besonders den Abend, an den ich mich gar nicht mehr erinnern kann, werde ich niemals vergessen!“, überspannt Kai den Bogen wieder einmal. „Wie soll denn das bitte funktionieren?“, hake ich ein, worauf er zurückgibt: „Na ja, ich weiß halt noch, dass es spitzenmäßig war – was genau allerdings nicht, wahrscheinlich alles!“

Wie immer landen wir unweigerlich beim Thema Musik: Auf die Frage nach seinen letztgekauften Platten, antwortet Kai im stolzesgeschwellten Brustton tiefster Überzeugung und das so laut, dass sogar der Nachbartisch zusammenzuckt: „Annnnnnihilator und Biohazard!“ und betont dabei, dass es sich um CDs handelt. „Ich wollte eigentlich wissen, was du hörst, nicht was du isst oder bei welchem Bäcker du einkaufst: Was war das Bioladenhaz...?“, „Biohazarrrrd!“ – Kai zelebriert dieses Wort richtiggehend, da versteht er keinen Spaß: „Das ist es. The real deal. Das ist Kult!“ „Meistens sind doch die Sachen Kult, die zu sonst nichts taugen“, widerspreche ich unter Protest. Konstruktiv zu diskutieren war mit Kai schon immer schwierig. Für gewöhnlich lässt er den zugespielten Ball keine Sekunde zu lang in der eigenen Hälfte liegen, sondern schlägt diesen direkt wieder zurück. Wenn er dann zum Gegenangriff übergeht, werden keine Gefangenen gemacht. Insofern ist es sinnlos, ihm auf welche Weise auch immer, näher zu kommen – wobei es speziell beim Thema Musik auch für mich keinerlei Kompromissmöglichkeit gibt. „Ich kenne deine komischen Bands nicht, Kai, aber so wie sie sich anhören, werden sie mir sicherlich nicht gefallen!“, lehne ich jede weitere schwärmerische Diskussion ab: „Annihilator erinnert mich höchstens an ein Asthma-Spray. Auf jeden Fall klingen deine antiviralen Apotheker-Bands überhaupt nicht nach Rock and Roll!“ Wir diskutieren noch kurz darüber, woran Johnny Thunders wirklich gestorben sein könnte und ob es nicht doch Mord war: Was Johnny Thunders really suicide? Scum lives on! St. Peter´s forever!

Bei der nächsten Getränkerunde mache ich dann etwas piano, was Kai nicht durchgehen lassen will: „Entweder wir trinken unkontrolliert weiter oder ich mach´ mich kontrolliert an die Schönheit da drüben ran.“ Mein Zögern wird mit „Ich zeig dir jetzt mal, wie das geht“ beantwortet. Von wegen „Frauen sind Nebensache!“ Wie oft hat Kai, wenn er gut drauf war, seinen Joke-Anmach-Spruch abgeliefert und eine unbekannte Schönheit gefragt: „Hast du eine Geschlechtskrankheit? Nein?“ – um nach einer kleinen Gedankenpause mit „Willst du eine haben?“ fortzufahren.

Ohne Umschweife geht Kai auch heute direkt auf eine dunkelhaarige etwa Zwanzigjährige zu, die zwei Tische weiter sitzt und an diesem Abend auch meine Favoritin gewesen wäre. „Bitte nicht die!“, denke ich noch halblaut und hoffe still, sie würde ihm schon eine ordentliche Abfuhr erteilen. Doch wie so oft bleibt die Hoffnung unerfüllt. Beide unterhalten sich gleich ziemlich lebhaft. „Ehrlich gesagt, traurig, dass die Frauenwelt immer noch auf so etwas hereinfällt“, spreche ich leise mehr zu mir selbst als zu irgendjemand anderem im Raum. Da Kai im Lauf der verbleibenden Zeit keinerlei Anstalten macht, wieder zu mir an den Tisch zurückzukehren, erkläre ich den Abend bald für beendet.

Bei der Verabschiedung von Kai merkt man, dass er ganz froh ist, jetzt freie Fahrt zu haben. „Auf den kannst du auch nicht mehr zählen“, sind die letzten Gedanken eines erneut aufschlussreichen Abends. „Terry würde so etwas nie machen!“, tröste ich mich voller Hoffnung auf ein Wiedersehen mit ihr. „Nimm sie und gebrauch sie“, war allen Ernstes Kais Beziehungstipp dazu und sein Lebensmotto lautet nach wie vor: „Live´s a bitch and I am living!“ Aus meiner Sicht lautet das heutige Fazit lediglich: „Außer Tresen nichts gewesen!“

Buried alive

In Kürze wird Theresa von ihrer Klassenfahrt zurück sein, dann werde ich bei ihr durchklingeln. Tatsächlich erst eine Woche später nehme ich allen Mut zusammen und wähle ihre Nummer. Es meldet sich eine sehr erwachsen klingende Dame mit „Niedermayer“. Das wird wohl ihre Mutter sein. Fast hätte ich mich mit „Junkie“ gemeldet. Kurz und knapp erkläre ich, woher ich ihre Tochter kenne und frage höflichst, ob sie zu sprechen sei. Die Stimme am anderen Ende der Leitung stockt. Es hört sich so an als würde Frau Niedermayer kurz schlucken: „Besonders gut scheinen Sie meine Tochter wohl nicht gekannt zu haben, mein junger Herr“, erlangt sie schnell wieder die Fassung. „Erst seit ungefähr einer Woche, aber wieso gekannt haben?“, frage ich zurück. „Meine, unsere Tochter ist nicht mehr unter uns – sie hatte in Budapest... ihr ist etwas zugestoßen. Mehr muss ich Ihnen dazu nicht sagen.“ „Das tut mir leid“, kann ich noch notdürftig hervorbringen, dann ist die Leitung tot – so tot wie Terry.

Zwei Tage später stehe ich am Eingang des Münchener Waldfriedhofs, wo Theresa Niedermayer begraben liegt. Es hat die ganze Nacht geregnet, kalter Dunst liegt über dem Boden. Wenn man ausatmet, steigt feuchter Hauch auf. Die trostlose Stimmung passt perfekt zum tristen Herbstanfang im Oktober.

Dieser Friedhof ist riesengroß; eigentlich handelt es sich um eine traurige Sterbestätte, dennoch empfinde ich die Szenerie zugleich als einen irgendwie durchaus schönen Platz. Nur das lebendige und hektische Verkehrsgeräusch der nahen Autobahn mag nicht so recht zum ruhigen und friedlichen Ambiente passen.

Eine ältere Frau steht auf ihren Gehstock gestützt vor einem massiven Grabstein. Es ist nicht der, den ich suche. Zögerlich gehe ich weiter. Das, wonach ich Ausschau halte, will ich in Wahrheit gar nicht finden. Vielleicht stimmt das mit dem Todesfall gar nicht – hope dies hard!

Unter meinen Füßen knirscht verräterisch der graue Kies als ich zögerlich und möglichst lautlos voranschreite und nach einem frischen Grab Ausschau halte. Für einen kurzen Moment erinnert mich das Geräusch an Daves Beerdigung nach seinem tödlichen Motorradunfall – damals im Frühjahr ′89, aber das hier und heute im Oktober 1991 ist für mich noch weitaus schlimmer. Schließlich entdecke ich ein auffallend bunt dekoriertes Grab mit sehr vielen frischen Schnittblumen und bunten Kränzen. Eigentlich mag ich gar nicht genauer hinsehen. Doch Schritt für Schritt tragen mich meine Füße unweigerlich näher. Schwer schlucke ich, denn auf der Schleife eines Gebindes ist zu lesen: „Wir werden dich nie vergessen! Dein Kurs 1b.“ Ein überdimensioniertes „Warum? “-Schild aus Pappe prangt über allem Grabschmuck. Auf dem nackten, nur notdürftig abgehobelten Holzkreuz ist Terrys Foto mit einer grünen Reißzwecke angeheftet. Sie sieht darauf unheimlich lieb aus. Genau so habe ich sie in Erinnerung – und für einen Moment in diesem Leben, den ich nie vergessen werde, sogar für mich gehabt. So wie immer lächelt sie, eigentlich sogar noch ein bisschen netter. Ich habe fast vergessen, dass sie so außerordentlich hübsch war. Je länger ich das Farbbild betrachte, umso mehr denke ich, dass es einfach nichts Besseres mehr geben kann als sie.

On your feet or on your knees

Mit Gott habe ich zwar schon seit Längerem gebrochen, doch jetzt brauche ich ihn doch noch einmal. Ich sinke auf die Knie und bete für Terry. Falls es ein Leben nach dem Tod gibt, dann hört sie mich jetzt flüstern. Zum Abschied werde ich ihr noch einen allerletzten Kuss geben. Mit den

Händen auf das Holzkreuz gelegt, beuge ich mich nach vorne um sie sanft auf dem Foto zu küssen. So wie damals im Zug zum Abschied, nur dieses Mal für immer und auf ewig.

„Was machen sie denn hier?“, fährt mich eine laute und unfreundliche Frauenstimme entrüstet an, „gehen Sie da weg!“ „Lassen sie unsere Tochter in Frieden!“, pflichtet ihr Ehegatte bei. „Sind Sie etwa Theresas Mutter?“, wende ich mich im Aufstehen an die streng dreinblickende, mittelalte Dame. „Und wer sind sie, wenn ich fragen darf?“, kommt es ohne Antwort sogleich zurück. Umgehend erkläre ich, wer und weshalb ich hier bin, nenne meinen vollen Namen und ebenfalls den Wohnort, um Vertrauen zu erwecken. Nebenbei betone ich auch, dass ich in ihre Tochter verliebt war und es immer noch bin. Ich frage nach, was eigentlich genau geschehen ist, ob es ein Unfall war. Als Antwort ernte ich nur ein Kopfschütteln des Vaters und eisiges Schweigen seitens Theresas Mutter. Da beide extrem abweisend bleiben, spreche ich nochmals aus, dass es mir leid tut und frage erneut nach, was denn eigentlich passiert sei. „Das geht sie überhaupt nichts an, junger Mann!“, kommt es zurück. „Trotzdem alles Gute“, etwas Besseres fällt mir zum Abschied nicht mehr ein.

Coming home

Als ich am gleichen Abend wieder zu Hause ankomme, liegt ein Brief im Postkasten. Mit fein säuberlicher Handschrift ist meine Adresse dort notiert. Absender: Theresa Niedermayer. Etwas unvorsichtig reiße ich das Kuvert auf und lese laut:

„Wenn du diesen Brief in deinen Händen hältst, bin ich wahrscheinlich schon zurückgekommen. Hoffentlich haben wir uns dann schon gesehen. Ich möchte dich echt gern wieder treffen. Es war wunderschön, als du mich in deinen Armen gehalten hast.

Dass wir uns überhaupt getroffen haben, war, glaub' ich, ein riesengroßer Zufall und unser gemeinsames Schicksal. Ich bin nämlich noch gar keine Abschlussschülerin, sondern erst im zweiten Lehrjahr. Aber jemand ist wegen Krankheit ausgefallen und sie haben mich deshalb als Ersatz mitgenommen.

Anrufen wäre übrigens ganz lieb von dir! Am besten vor fünf Uhr, weil da meine Mutter noch in der Arbeit ist.

Übrigens: Morgen fahren wir abends nach Budapest um zum Abschluss noch richtig einen drauf zu machen. Ich feiere schließlich meinen 18. Geburtstag! Noch viel mehr freue ich mich aber, wenn ich dich wiedersehen kann!

Alles Liebe!

Therry"

Nachdem ich den Brief studiert habe, muss ich tief durchatmen und mich erst einmal auf die Bettkante setzen. Der Text wird noch zweimal intensiv gelesen, dann lege ich das Schriftstück unter das Kopfkissen und meinen Kopf darauf.

Obwohl es draußen noch hell ist, übermannt mich bald der Schlaf. Tief entschlummert träume ich, dass Theresa und ich in einem langen, pechschwarz angestrichenen Zug sitzen, der immer schneller wird. Die Landschaft fliegt nur so an uns vorbei und unser Gefährt gerät mehr und mehr außer Kontrolle. Das Heulen des Luftstroms entlang der Außenflächen des metallenen Waggons wird immer bedrohlicher. Durch einen menschenleeren Bahnhof rasen wir ungebremst hindurch. Auf den weißen Schildern steht in schwarzen Lettern: Endstation Hölle. Terry sitzt wie versteinert auf meinem Schoß. Ihre Muskeln sind aufs Höchste angespannt. Mit großen und verängstigten Augen fleht sie mich an, nach vorne zur Lokomotive zu gehen, um etwas zu unternehmen: die Notbremse ziehen – doch ich kann mich weder bewegen noch aufstehen. So sehr ich es auch versuche – ich komme nicht vom Fleck, sondern bin einfach wie festgeklebt. Ich möchte los, aber eine unsichtbare Kraft hält mich zurück. Mein eigener Körper fühlt sich an als ob er schwer wie Blei wäre.

„Mach endlich etwas. bevor alles zu spät ist!“, ruft mich Terry zum wiederholten Male an, „drück den Emergency-Schalter und lös den Alarm aus, da vorn ist doch die Notbremse!“ Unter größten Mühen ziehe und zerre ich am großen Eisenhebel, kann mich aber noch immer nur wie in Zeitlupe bewegen. Mit letzter Kraft hänge ich mein gesamtes Körpergewicht an das rostrote Gestänge. Ganz allmählich scheint sich der Umstellmechanismus zu bewegen. Mit komplett verkrampften Muskeln kann ich ihn schließlich umlegen, damit die Bremse ausgelöst wird. Sofort schrillt die Alarmglocke.

Schlaftrunken öffne ich meine Augen und stelle erstaunt fest, dass ich komplett verkehrt herum in meinem eigenen Bett liege. Hat etwa der Wecker geläutet? Da schellt es erneut – das Geräusch kommt von der Haustür! Da klingelt jemand wie die Polizei! Um diese Zeit, um fünf nach sieben: Wer kann denn das sein?

Nur in Shorts und mit T-Shirt bekleidet begebe ich mich noch etwas umständlich zur Eingangstür, um nachzusehen. „Kriminalpolizei, bitte öffnen!“, schallt es mir entgegen. Als ich dieser Aufforderung nachkomme, treten sofort zwei Beamte in Uniform auf mich zu. Emotionslos präsentieren sie einen Durchsuchungs- sowie einen Haftbefehl. „Sind sie Herr Junker? Weisen sie sich aus!“, wird diese Aufforderung im Tonfall der Zeit, als gleichnamiges Flugzeug noch über Europas düsterem Himmel schwebte, militärisch-zackig hervorgebracht. Seit dem letzten ACDC-Konzert Mitte der Achtziger habe ich niemand mehr sich so gepresst artikulieren gehört. Es ist offensichtlich: Man versteht wieder einmal keinen Spaß. Dass sie „Junkie“ als „Junker“ eingedeutscht haben, passt ebenfalls zum paramilitärischen Gehabe. Äußerst unfreundlich werde ich gebeten, mir etwas überzuziehen, wobei man mich jetzt nicht mehr aus den Augen lässt. Bevor ich ins Polizeifahrzeug geführt werde, erlaube ich mir nachzufragen, was eigentlich schon wieder gegen mich vorliegen soll. „Es geht um den Sexualmord an Theresa Niedermayer in Ungarn – sie stehen unter dringendem Tatverdacht!“

And justice for all

„Wieso haben Sie den Brief versteckt?“, werde ich eine Stunde später beim Verhör auf dem Polizeirevier gefragt, als ein Kollege das Schriftstück triumphierend dem leitenden Kommissar mit dem Hinweis übergibt, es wäre unter dem Kopfkissen versteckt gewesen. Dieser positioniert das neue Schriftstück neben dem bereits auf dem Tisch liegenden Zettel mit meiner Adresse und dem Satz „Love ′til death“. Dieses Beweismittel haben sie demnach auch schon sichergestellt!

Als Angeklagter verteidige ich mich: „Ich habe diesen Brief vor niemand versteckt. Er lag schon die ganze letzte Nacht unter dem Kopfkissen.“
Polizist: „Sie wollen also behaupten, dass es normal ist, wenn ein Zwanzigjähriger mit Briefchen oder Kuscheltieren unter dem Kopfkissen schläft.“ *Gelächter des Polizeipsychologen und eines weiteren Beamten im Raum.*
Angeklagter: Wenn man verliebt ist, dann ist nichts mehr normal und alles möglich!
P: Sie machen sich schuldig des Mordes an The...
A: Nein, Sie machen mich schuldig, was wollen Sie denn überhaupt? Und wieso Mord? Davon weiß ich gar nichts!
P: Sie wurden auf dem Waldfriedhof am Grab der Ermordeten angetroffen.
A: Jetzt reicht es aber! Wer behauptet denn so etwas?
P: Es gibt zwei Zeugen, die sie gesehen haben wollen.
A: Wollen, ja genau – gesehen haben wollen!
P: Sie sollen sehr erschrocken sein als Sie ertappt wurden.
A: Wer soll erschrocken sein?

P: Na gut. Dann probieren wir es jetzt einmal anders: Sie wissen, dass Täter gerne wieder an den Tatort zurückkehren?
A: Wieso Tatort? Sie ist doch in Budapest umgebracht worden.
P: Aha, Budapest! Bisher war unsererseits nur immer von Ungarn die Rede. Woher wissen sie das?
A: Stand alles im Brief.
P: Der Brief datiert vom 19. Mai, da war das junge Ding noch quicklebendig und quietschvergnügt.
A: Reden Sie nicht so abfällig über meine Freundin!
P: Ihre Freundin?
A: Ja, wir waren zusammen – noch nicht gerade sehr lange, aber zusammen.
P: Die große Liebe?
A: Allerdings!
P: Den Eltern sind Sie offensichtlich nicht bekannt.
Psy: Zeuginnen sagen aus, Sie hätten das Opfer im Zug getroffen, betrunken gemacht und sexuelle Handlungen an ihr vorgenommen.
A: Wenn überhaupt, dann schon mit ihr – übrigens ist miteinander schmusen Liebe und nicht Sex. Aber davon verstehen Sie sowieso nichts mehr!
P: Auch in der Mordnacht wurde Theresa Niedermayer Alkohol verabreicht. Ist Ihnen bekannt, dass das Mädchen erst 17 Jahre alt war?
A: Mittlerweile. Aber ich sag Ihnen etwas, das Sie ebenso wenig verstehen werden: Ich hätte trotzdem mit ihr geknutscht! Und wenn sie mich dafür gekreuzigt hätten. Dazu stehe ich!
P: (zum Schriftführer) Nehmen Sie das zu Protokoll.

A: Schreibt der denn nicht alles ganz genau und objektiv mit?

Psy: Das geht Sie nichts an!

P: Na schön, dann machen wir das jetzt so: Wer gibt Ihnen ein Alibi, dass Sie nicht vor kurzem in Ungarn waren.

A: Was sollte ich dort?

P: Nun ja, vielleicht jemand besuchen?

A: Wen soll ich dort besuchen?

P: Ich stelle hier die Fragen, nicht sie! Es gibt Zeugen, die Sie in Ungarn gesehen haben wollen.

A: Wollen? Ich war definitiv noch nie in Budapest!

P: Sehen Sie, das habe ich gar nicht gefragt. Ich sprach von Ungarn, nur ganz allgemein – und Sie denken gleich wieder an den Tatort.

A: Lächerlich! So wollen Sie mich aufs Glatteis führen? Sie sollten lieber den Täter suchen!

P: Das machen wir schon, da können Sie sich ganz auf uns verlassen.

A: Auf sie verlassen und ihnen zu allem Überfluss vielleicht noch vertrauen? So weit käme es noch!

P: Heißt das, dass Sie uns belügen, wenn Sie uns nicht vertrauen?

A: Das heißt es nicht. Es bedeutet nur, dass Sie Ihren Beruf verfehlt haben!

P: *Verärgert, sich dem Psychologen zuwendend*: Wenn man die Menschen in die Enge treibt, dann kommt die Wahrheit ans Licht.

A: Wie bei der Folter im Mittelalter, ganz genau!

P: *Erneut vertrauensvoll zum Psychologen:* Sehen Sie, er wird zunehmend aggressiver, je näher wir der Wahrheit kommen.

A: Sie wollen wohl, dass ich mich auf die Knie werfe und flehe: Ich habe sie nicht umgebracht! Haben Sie überhaupt irgendeinen schlüssigen Beweis?
P: Das wird wohl ein Indizienprozess, junger Mann. Es finden sich auch DNA-Spuren von Ihnen auf der Bluse der Ermordeten.
A: Aus dem Zug!
P: Das behaupten Sie.
A: Und Sie behaupten aus Bu-, aus Ungarn.
P: *Wieder zum Psychologen hingewandt:* Sehen Sie, jetzt macht er Fehler.
Nach einer Atempause erneut zu mir blickend: Sind Sie bereit, den Mord an Theresa Niedermayer zu gestehen. Es wird Ihnen vieles erleichtern.
A: Ich habe sie nicht umgebracht, weil ich sie liebe.
P: Sondern?
A: Was sondern?
P: Sie haben das Mädchen nicht umgebracht, weil Sie sie lieben, sondern.... *der Verhörende macht eine lange Atempause ...* weil Sie sie in Wahrheit hassten?
Psy: *Zum ersten Mal spricht dieser direkt und wohlwollend mit mir:* Tief drin, hm?
A: Ich habe sie überhaupt nicht umgebracht! Wer hat denn Dich Trottel überhaupt durchs Psychologieexamen gebracht? Da ist ja einer blöder als der andere hier!
P: Mäßigen Sie sich!
Psy: *aufbrausend, mich scharf anfunkelnd:* Sie haben mir gar nichts zu sagen!
A: Sie mir schon zweimal nicht!

Das Verhör wird abgebrochen. Der Polizist in Wartestellung tritt nun in Aktion und führt mich in Handschellen ab.

Ich bin richtig wütend und reiße an der Armfessel, sodass der ebenfalls daran gekettete Polizist stolpert. Auch das wird noch wohlwollend notiert.

Back at the funny farm

Der zugewiesene Pflichtanwalt macht mir Mut. Er sorgt auch dafür, dass ich bald wieder entlassen werde. Wieder auf freiem Fuß und zu Hause angekommen, stelle ich fest, dass in meiner Wohnung tatsächlich kein Stein mehr auf dem anderen steht. Alles ist bis ins kleinste Detail durchwühlt worden. Auf dem Boden verstreut liegt meine komplette LP-Sammlung, angefangen von Aerosmith bis Wasp[19]; so ziemlich alles, was nicht eingemauert war, ist mindestens einmal umgedreht worden: das begehrte Sammlerstück, die Aerosmith-Debut-LP mit der Fehlpressung „Walking the dig", eine „Walk this way" Promo-Maxi, sämtliche ausgeflippte Kleidungsstücke und sogar meine bestens versteckte Pornosammlung. Das haben sie sicherlich mit Absicht gemacht. „Sollen auch ihren Spaß haben!", denke ich und fange an, mir notdürftig einen Weg durch das Chaos zu bahnen.

Therrys Eltern haben ihre Anschuldigungen nicht zurückgenommen und sehen mich als eine Art Fluchtpunkt und es wohl als eine gewisse Ersatzaufgabe an, jemand anderem die Schuld am Tod ihrer Tochter zuzuschieben, wie mir vom Anwalt erklärt wird. Schließlich endet der Fall mit einem Freispruch für mich, Entschuldigung von Seiten der Eltern erfolgt jedoch keine. Mein Anwalt rät mir, alles so zu akzeptieren, wie es sich ergeben hat. Große Lust auf einen längeren Gang durch die Instanzen verspüre ich nach dem Erlebten in der Tat nicht mehr. Und der Anwalt wohl auch nicht – schließlich ist bei mir finanziell nicht mehr viel zu holen. Das Fazit: Meine ohnehin nicht mehr ganz blütenweiße Weste ist noch stärker befleckt, aber man kann sie noch tragen.

To live is to die

Nach dem Erlebten bin ich für so ziemlich alles zu haben, allzuviel gibt es nun wirklich nicht mehr zu verlieren; irgendwie muss ich allerdings über das Geschehene hinwegkommen, mein Leben neu ordnen und auf die Zukunft hin ausrichten. Die Flucht aus der Gegenwart sollte deshalb nach vorn führen, doch erneut meldet sich auf dem Weg in die Zukunft die Vergangenheit zurück in mein Leben. Es lässt mir einfach keine Ruhe, was Joe beim Treffen in München erzählt hat – ich muss Julia noch einmal sehen: Der richtige Zeitpunkt ist nun endgültig gekommen, gleich jetzt werde ich sie anrufen!

Telefonzellen gibt es nicht mehr viele in so kleinen Orten wie dem, wo ich wohne. Deshalb ist es gar nicht so leicht, an das richtige Telefonbuch für Hamburg zu kommen. In der lokalen Postfiliale kämme ich dazu alle Ortsregister durch und fühle mich dabei schon fast so wie der Kriminalist, der meinen letzten Fall akribisch genau bearbeitet hat.

Bald kann ich dieser unangenehm investigativen Rolle wieder entschlüpfen, denn schnell werde ich fündig: Es gibt dort eine Julia Weinmayer-Tegthard, demnach ist sie verheiratet und führt auch noch einen Doppelnamen. Das lässt irgendwie auf nichts Gutes hoffen.

„Julia Weinmayer-Tegthard“ meldet sich die Angerufene, gleich nach zweimaligem Läuten. Ihre Stimme klingt wie immer. Ein bisschen nasal vielleicht, aber durchweg sympathisch. Und hinsichtlich des Doppelnamens und dem, was dazu geführt hat, bin ich schließlich vorgewarnt.

Junkie: Ich wollte mich nur melden und mitteilen, dass ich wieder frei bin.

Julia: Ja, schön für dich. Ich allerdings nicht mehr!

Junkie: Weiß ich bereits, dass du inzwischen verheiratet bist.

Julia: Verheiratet und eine kleine Tochter!

Junkie: Was? Von wem?

Julia: Von meinem Mann natürlich, dem Holger.

Junkie: Ja dann, Glückwunsch!

Julia: Danke. Und du?

Junkie: Ich habe im Gefängnis keinen von denen geheiratet. Ziemlich üble Typen, da drin!

Julia: War´s so schlimm?

Junkie: Teilweise schon und daran warst du nicht ganz unschuldig!

Julia: Tut mir leid, das wollte ich wirklich nicht! Deine Richterin hat mir einfach das Wort im Mund verdreht. Ich glaube, da hast du noch was gut bei mir!

Junkie: Meine Richterin? Für mich war die bestimmt nicht! Aber ist schon in Ordnung. Das mit dem Guthaben kannst du einlösen, wenn du wieder mal nach Hause kommst.

Julia: Mein Zuhause ist jetzt hier in Hamburg! Aber in zwei Wochen besuche ich zusammen mit Sarah – so heißt übrigens meine Tochter – meine Eltern. Da ginge es, dass wir uns vielleicht mal treffen.

The last time

Vierzehn Tage darauf verabreden wir uns beim Freizeitpark am See – um sieben Uhr abends, genau wie früher, auch dieses Mal beim Parkplatz an der Schranke.

Den ganzen Tag über bin ich deshalb schon voll Vorfreude und bestens aufgelegt. Die gute Laune scheint ansteckend zu sein. Erstmals bemerke ich heute, dass mir seit meiner Freilassung vor inzwischen einem Vierteljahr alle Menschen wieder unvoreingenommen begegnen. Bis ich einen weitläufig Bekannten treffe, der mir wegen seiner Wissbegierigkeit und permanenten Neugierde noch nie besonders sympathisch war. „Na, wieder in Freiheit? Wie war´s denn im schönen Schweden?“, provoziert er gleich. „Hinter Gittern, im Krieg und auf offener Straße gelten dieselben Regeln“, wird er von mir aufgeklärt, „nämlich keine!“ und stoße ihn sanft, aber mit Nachdruck zur Seite.

Tatsächlich verspüre ich, je näher die ersehnten Abendstunden rücken, eine leichte Aufregung. Um die Zeit totzuschlagen, marschiere ich die drei Kilometer zum See by foot. Fast eine halbe Stunde zu früh treffe ich dort ein. Auf eine Dame wartet man angeblich gern – ein ziemlich unpassender Spruch, wenn man ihn tatsächlich einmal selbst ausprobiert.

Als mich nämlich nach gefühlt ewiger Warterei dieselben Spaziergänger bereits das zweite Mal passieren, fängt das sinnlose, wie bestellt und nicht abgeholte Herumstehen schließlich an, ziemlich zu nerven. Zehn nach sieben ist es bereits! Bei jedem Motorgeräusch, das auf mich zukommt, schöpft man in so einer festgenagelten Situation Hoffnung – um gleich wieder enttäuscht zu werden.

„Soll ich ihr ein Stück weit entgegengehen?“, frage ich mich selbst und kenne bereits die Antwort: „Nein lieber nicht, sonst übersehen wir uns womöglich noch“. Also Stellung halten und einigermäßen lässig dastehen. Die Jacke wechselt zum gefühlt zehnten Mal von der rechten auf die linke Schulter und wieder zurück. Nachdem der erste Ärger verflogen ist, folgt allmählich die ernüchternde Erkenntnis: So wenig wichtig bin ich also noch!

Zwanzig Minuten zu spät steigt endlich die richtige aus dem falschen, weil unerwarteten Auto (einem Family-Van) und kommt selbstbewusst auf mich zu. „Schön dich zu sehen, siehst gut aus!“, höre ich zur Begrüßung. „Na, das sind ja Floskeln, aber du schaust auch noch so aus wie immer, gut gehalten!“, lüge ich beschönigend. Tatsächlich aber ist Julia erkennbar fülliger geworden und wirkt wohl deshalb auch deutlich kleiner als früher. Ihr gestufter Pagenschnitt komplettiert die insgesamt etwas biedere Erscheinung. Wenigstens ist ihr Lachen noch immer dasselbe – selbst wenn es seltener vorkommt.

Wir setzen uns auf einen Steg am Wasser. Sie erzählt von ihrer Hochzeit, von der langen und schwierigen Geburt ihrer Tochter und zu allem Überfluss auch noch vom gemieteten Reihenhaus. „Interessiert mich alles überhaupt nicht!“, denke ich still und fühle mich an einen Song der Punkband Normahl erinnert: „Geh´n wie ein Tiger“ – so komme ich mir jetzt bei meiner ersten großen Liebe vor. Die Zeiten ändern sich angesichts mancher Entwicklungen durchaus gewaltig! „Ich lebe nicht um zu wohnen, sondern wohne um zu leben!“, gebe ich mich gegenüber der Spießerwelt weiterhin unversöhnlich.

„Und, was hörst du so?“, frage ich ohne Umschweife, um endlich einmal das Thema zu wechseln. „Eigentlich alles.

Was halt gerade in den Top 10 ist“, gibt Julia allen Ernstes zur Antwort. Das ist jetzt aber zu viel und geht entschieden zu weit: Auch noch musikalischer Verrat! Früher hat ihr immer Skid Row gefallen, aber anscheinend war das alles nur aufgesetzt! Oder stand sie einfach auf Seba Bach, weil der gut ausgesehen hat?

Als Nächstes erzählt Julia von einem Buch namens „Fahrstuhl zum Ich“ und dass sie sich erst nach dessen Lektüre selbst so richtig kennen gelernt habe. Wenig beeindruckend: Vor ein paar Jahren schon hatte ich dieses Vergnügen und dabei gewisse Einblicke gehabt, welche sie schon aus anatomischen Gründen selbst nie erleben wird. Aber das ist Vergangenheit! So richtig attraktiv finden kann ich Julia jetzt im Augenblick jedenfalls nicht mehr.

Krampfhaft versuche ich im weiteren Verlauf unserer Unterhaltung, das Gespräch auf interessantere Themen zu lenken, doch es driftet immer wieder ins Belanglose ab. Manchmal reden wir sogar völlig aneinander vorbei. Meine witzig gemeinten Bemerkungen erkennt sie gar nicht mehr als solche; Julia antwortet zu allem Übel auch noch übermäßig ausschweifend auf derartige Kommentare.

Don´t be denied

Schließlich landen wir bei dem Punkt, vor dem beide Angst haben. „Warum hast du mich vor Gericht verraten?“, spreche ich das heikelste aller gemeinsamen Themen an. Entrüstet antwortet Julia: „Ich habe dich doch nicht verraten, das war nie meine Absicht, ehrlich!“ „Aber du hättest mir helfen können, darum geht es doch!“, lasse ich nicht locker. „Das hätte ich auch immer getan. Ich habe es nur nicht so gesehen. Außerdem habe ich wie jeder andere auch gedacht, dass du allein aus dieser Nummer wieder herauskommen würdest“, räumt sie etwas reumütig ein „und einen Teil der Strafe hast dir auch selbst zuzuschreiben, mit deinem sturen Verhalten“. „Stimmt schon“, gebe ich klein bei, entgegne aber erneut mit leichtem Trotz: „Das waren fast 500 Tage, weißt du überhaupt wie lange das ist?“

Auch darauf hat sie gleich eine Antwort parat: „Meine Schwangerschaft hat 270 Tage gedauert, das kann ich mir schon vorstellen.“ „Hast du mich damals beim Prozess irgendwie gehasst?“, will ich weiter wissen. „Wird das jetzt ein Verhör, oder was? Hör mal gut zu. Du warst der erste, der mit mir geschlafen hat, du hast mich entjungfert, das werde ich nie vergessen. In meinem Herz ist immer noch ein kleiner Platz für dich frei!“, zeigt sich Julia entrüstet. „Kann ich mir nicht ein anderes Organ aussuchen, so gleiche Höhe, aber links oder rechts daneben“, versuche ich wenigstens etwas witzig zu sein. Das Eis zwischen uns beginnt allmählich zu tauen. Langsam aber sicher kommen wir uns wieder etwas näher. Als die Dämmerung einsetzt, legt Julia ihren Kopf auf meinen Oberkörper, während ich sanft über ihre etwas fülligeren Hüften streiche – aber das ist jetzt egal! Die Nacht endet schließlich damit, dass wir noch einmal ziemlich intim werden. Zum endgültig letzten Mal, das wissen wir beide – was es zu etwas ganz Besonderem macht.

Als es am nächsten Morgen langsam wieder hell wird, erwachen wir beide mit leichtem Frösteln, da es die Sonne noch nicht über die hohen Bäume geschafft hat. Etwas befremdet blicken wir uns an – so als ob in dieser Nacht überhaupt nichts gewesen wäre. Merkwürdig distanziert gehen wir schließlich nebeneinander zum Parkplatz zurück. „Ich kann dich leider nicht in meinem Auto mitnehmen. Nicht, dass uns noch jemand zusammen sieht“, sind ihre ersten und zugleich einzigen Worte an diesem Morgen. „Schon gut“, folgt meine Erwiderung und ich setze mich zu Fuß in Bewegung. Das war´s dann wohl – in diesem Leben werden wir uns kaum mehr wiedersehen.

Think about you

So kann man sich irren: Als ich eine Stunde später auf dem Weg zurück noch etwas gedankenverloren am altehrwürdigen katholischen Maria-Empfängnis-Kloster vorbeitrotte, bremst plötzlich ein Auto scharf neben mir und hupt mich an. Erschrocken blicke ich auf: Diesen eckigen Family-Van hab ich doch vor Kurzem schon einmal gesehen! Tatsächlich: Am Steuer sitzt Julia und winkt mir leicht verstohlen zu. Neben ihr befindet sich etwas weiter unten und kaum zu sehen ihre kleine Tochter, mit der sie sich jetzt wohl gleich auf den Weg zurück nach Hamburg machen wird.

Mit einer einladenden Geste und einem aufmunternden Nicken deutet Julia kurz in meine Richtung. Für einen Augenblick nur treffen sich unsere Blicke. Sie wartet auf eine Reaktion von mir. Jetzt müsste ich etwas unternehmen, the last Chance!

Doch irgendetwas ganz tief drin sagt mir, nicht loszugehen. Oder sollte ich vielleicht doch? Beinahe wie versteinert verharre ich an Ort und Stelle. Julia wirft mir einen weiteren verheißungsvollen Blick zu. Gleichzeitig scheint sie etwas zu flüstern. Wenn ich die Bewegung ihrer Lippen richtig ablese, bedeutet es „Junkie“. Dabei zuckt sie mit den Schultern und schüttelt verständnislos ihren Kopf. Es sollte das letzte Mal in diesem Leben sein, dass wir uns noch einmal so nahe kommen. Beide spüren wir das, trotz der unterschiedlichen Lebenswelten, in denen wir uns mittlerweile befinden.

Der Pkw fährt allmählich wieder an und beginnt zu beschleunigen. Ein Gefühl der Endgültigkeit schnürt mir fast die Kehle ab. Ein nun wirklich allerletztes Mal drehe ich mich wegen Julia um und winke zum Abschied kurz in ihre Richtung. Das Fahrzeug verschwindet allmählich im Gegenlicht der Morgensonne. Lange schaue ich der Silhouette nach bis sie schließlich zu einem kleinen Punkt wird und man irgendwann nicht mehr weiß, ob das, was man noch zu sehen glaubt, echt oder nur noch in der Erinnerung an das vormals dort Gewesene existiert.

Ich blicke wieder in die andere Richtung: Die lange Alleestraße liegt ruhig und unbelebt vor mir. Am Straßenrand versucht eine dick aufgeplusterte Amsel, einer etwas kleineren Artgenossin das Futter streitig zu machen. Es sieht ganz so aus, als würde sich wieder einmal die Stärkere durchsetzen.

Als ich die Bank am Eingang des Stadtparks passiere, sitzt dort derselbe alte Mann wie schon beim letzten Mal – als ich aus der JVA entlassen worden bin, besser gesagt: entlassen wurde. Ich stelle fest: Das alles ist biographisch betrachtet tatsächlich schon lange her, selbst wenn seitdem rein nummerisch nur ein paar Wochen vergangen sind.

Der Greis lenkt durch seine wiederholte Anwesenheit meine gesamte Aufmerksamkeit auf sich, auch wenn er gar nichts Besonderes macht. Ich bilde mir ein, er wäre deutlich älter geworden und wirkt meinem Empfinden nach noch stärker in sich verkrümmt als damals. Ja, „damals“ ist jetzt das richtige Wort.

Ich befürchte, nach alldem, was sich in so kurzer Zeit ereignet hat, bin auch ich älter geworden. Nicht so alt wie der Greis im Park, aber auch nicht mehr so jung wie die Lehrlinge des Ausbildungszentrums, die betont lässig am Ende der Grünanlage vor einem Gebäude stehen und rauchen. Es ist wohl soweit gekommen: Ohne weitere Ausflüchte muss ich mir eingestehen, dass auch ich jetzt erwachsen geworden bin. Gerade das habe ich doch eigentlich nie gewollt! Aber irgendwie kann mich das alles nicht mehr stören. So schlimm fühlt es sich gar nicht an!

Let the music do the talking

Soundtrack Part 1: LPs aus den Achtziger Jahren von A bis Z, welche die Entstehung dieses Buches beeinflusst haben

Appetite for Destruction (Guns and Roses, 1987)
Steht nicht nur im Alphabet an erster Stelle: harte Schale, weicher Kern. Schnelle Songs, unverschörkelt, viel Emotion und ein Gitarrensound, den Slash seit drei Jahrzehnten selbst zu kopieren sucht.

Back in Black (ACDC, 1980)
Nummer zwei in der Buchstabenliste und auch in der meines Musikgeschmacks, bei den Verkaufszahlen hingegen vor „Appetite" – BiB ist immerhin ein Dreivierteljahrzehnt älter.

Circus of Power (Circus of Power, 1988)
Heute verwendet man hierfür den Begriff „Rotzrock"; als diese Scheibe erschien, versuchte man, C.O.P als die Ostküsten-G'n'R zu präsentieren – vergeblich. Geerdet in Biker-Boots und mit viel Chrom versehen sind sie Danzig und The Cult ähnlicher. Doch aufmerksame Leser wissen das seit dem Kapitel „Remember tomorrow" längst.

Done with mirrors (Aerosmith, 1985)
Rock and Roll at its best. Der Beweis dafür, dass man mit durchschnittlichen Songs, aber passender Produktion (man achte nur darauf, was Joey Kramer beim Solo-Anfang von „My fist your face" unterläuft) beinahe alles wettmachen kann; selbst ein unfertiger Song wie „Shame on you" birgt

ein Suchtpotenzial, welches die Toxis Twins seinerzeit gerne losgeworden wären; nie hat Stevie Tyler stimmlich besser geklungen als auf dieser Langrille! Joe Perry durfte sich hier als Slide-Gitarrist verwirklichen, was er auf „She´s on fire“ (Open D) und „Let the Music...“ (Open G) vorbildlich macht. Eine der ganz wenigen Rockbands, die sogar James Brown in Wort und vor allem Tat ihre Reverenz erweisen.

End of the century (Ramones, 1980)
E.O.T.C. ist von allen Alben der Punk-Rocker am besten auf Joey Ramones Stimme zugeschnitten, im Prinzip seine erste Soloscheibe. Deshalb die entscheidende Frage: Das beste Ramones-Album trotz oder wegen Phil Spector? Eindeutige Antwort: Wegen! Vielleicht baut ihn das wieder ein bisschen auf. Ich weiß ja, wie sich das Dasein hinter Gittern anfühlt...

Flogging a dead horse (Sex Pistols, 1980)
Für Ganzspätgeborene: Sex Pistols ist nicht Porno, sondern Punk! Diese Compilation (hat ebenfalls nichts mit erstgenanntem Thema zu tun!) wurde immer wieder in verschiedenen Editionen veröffentlicht, um ordentlich abzukassieren: We´re only in it for the money!

Germicide (The Germs, 1981)
Gut, wenn man wie Darby Crash Punk ist und seinen Selbstmord rituell inszeniert. Schlecht, wenn nur einen Tag danach John Lennon abnippelt und deshalb keiner vom Suicide-Event Notiz nimmt. Zum Trost: Schlechtes Timing ist auch schon wieder Punk!

Heart (Heart, 1985)
Mehr 80er Ami-Rock geht nicht: Haare, Hitschreiber und – wie der Bandname vermuten lässt: ganz viel Herz. Ann Wilson klingt wie das weibliche Gegenstück zu Angry Anderson; war damals nur deutlich hübscher (was zugegebenermaßen nicht besonders schwierig ist), aber das woll(t)en die beiden Wilson-Sisters bekanntlich nicht hören.

Ihre größten Erfolge (Extrabreit, 1980)
Für die Erwähnung dieser LP werde ich wohl von manchem gedanklich gekreuzigt werden. Wenn man das Schulanzünder-Kinderlied überspringt, hält man dennoch eine schnelle, aggressive und zugleich witzige Debüt-LP in den Händen – definitiv kein NDW-Schrott!

Johannes Paul der Zweite in Altötting (Originalaufnahmen von der Papstmesse auf dem Kapellplatz am 18.11.1980)
So, jetzt werden einige wieder um E-Breit froh sein! Trotzdem: Das größte Open Air Oberbayerns der Achtziger darf nicht übergangen werden. Wer war eigentlich Vorband dieser Broken Word-Performance?

Killers (Iron Maiden, 1981)
Jetzt wieder Ernst: Das, was Lizzy meist in Dur spielten, nahmen die fünf Briten und übertrugen es nach Moll. Die konsequente Weiterführung der zweistimmigen Leads in Richtung metallischer Klänge, aber trotz Eddie in musikalischer Hinsicht immer noch Hard Rock! Schade, dass Paul di Anno nur auf zwei Alben singt.

LA Guns (LA Guns, 1988)

Zu Unrecht werden die „unbekannten Guns and Roses“ heute als Hair-Metal-Has-Beens klassifiziert. Kommerziell mag diese Einordnung zutreffen, aber Metal waren die LA-Streetrocker, die aus Imagegründen keine Blondinen aufnahmen, nie! Sleaze at its best.

Master of Puppets (Metallica, 1986)

Für mich stehen M.O.P. und Ride the Lightning qualitativ auf derselben Stufe. Viele nennen reflexartig immer den Erstling, wenn es darum geht, die beste LP einer Band zu küren. Kill 'em all mag die kultigste all ihrer Schallplatten sein, die musikalisch beste Zeit kam erst danach!

Not faking it (Michael Monroe, 1989)

M.M. muss in diese Liste – es war nur mit diesem Album möglich, trotz leicht kommerzieller Schlagseite. Genau genommen ist Mister Monroe bis 2010 ein perfektes Album schuldig geblieben. Abzüge in der B-Note für die etwas aalglatte Produktion von N.F.I.

Orgasmatron (Motorhead, 1986)

„Fast Eddie Clarke? Maybe the nickname is ironic“, äußerte sich ein Nachfolger über Mr. Fingersteif – „If it ain't Stiff, it ain't worth a fuck“. Mit Robbo kam der erste Gitarrist zu Motorhead, mit Wurzel der erste Komponist: Alle fünf Alben mit letztgenanntem sind eine ganze Klasse besser als every song anywhere else. Selbst wenn Orgasmatron ziemlich schlampig aufgenommen wurde (Deaf forever ohne gespannten Snare-Teppich!) – allein der Titelsong ist im wahrsten Wortsinne einfach ein Gedicht!

Phantasmagoria (The Damned, 1985)
Kein Hard Rock, kein Punk, kein Gothic, kein Pop – aber von allem etwas. Einfach gehalten, aber gut!

Quireboys (Quireboys, 1989)
Sie waren G'n'R's Vorband im Hammy 1987. Ihr zweites Verdienst ist die Wahl eines Bandnamens mit Qu – that's all.

Renegade (Thin Lizzy, 1980)
"He's a boy that has lost his way..." Schade, dass die beste Lizzy-LP einen Song zu kurz geraten ist. Wenn man allerdings bedenkt, dass vermutlich „Trouble Boys" das Rennen um Songplatz Nr. 10 gemacht hätte, ist es doch so besser! Renegade soll – darf man den Liner-Notes Glauben schenken – das einzige schnauzerfreie Lynott-Album sein. Mit viel Gutwill kann man den Strich unter der Nase auf dem Rückseitenfoto mehr als unvorteilhaften Schatten denn als Pencil (Porno?)-Balken bzw. Koksbremse („Kein Krümel geht verloren!") interpretieren.

Scarred for life (Rose Tattoo, 1982)
Angrys messerscharfe Stimme cuts like a knife – ganz im Gegensatz zum Bayern 3- bzw. jetzt Bayern 1-Schmuse-Rocker B. Adams, der diesen Titel in unzutreffender Weise für sich in Anspruch nahm. Die Tatts waren zu Lebzeiten live eine ganze Nummer besser als auf ihren Studioproduktionen, wo sie nur immer drei bis vier wirklich gute Songs pro Album bieten können.

The headless children (WASP, 1989)
Anspieltipp: The Heretic. Zu Beginn des zweiten Songteils präsentiert „Down by the poolside"-Mamabubi Chris Holmes eines seiner geilsten Riffs.

Under a blood red sky (U2, 1983)
Obwohl ich alles andere als Fan bin, zeugt diese frühe Live-Aufnahme davon, dass U2 als Rockband begonnen hatte. Acht Songs, bis hin zu „40", das die Fans nach Konzertende ewig weiter singen – gelungen! Auch als Video (Live at Red Rocks) sehenswert.

Verarschung total (Normahl, 1981)
Die erste richtige Debut-LP der Süddeutschland-Punks. Nicht wirklich ihre beste Vö, aber die einzige mit „V"!

Wall, the (Pink Floyd, 1979)
Erschienen ganz kurz vor Beginn der 80er-Dekade, aber stil- und stimmungsprägend wie nichts anderes, spiegelt The Wall perfekt den Zeitgeist des achten Jahrzehnts des vergangenen Jahrhunderts wider – bis zum tatsächlichen Mauerfall am Ende der Achtziger Jahre.

X
Relevante Alben mit « X »? Da gibt's nix!

Yardbirds live (Yardbirds, 1988)
Eigentlich schon von 1971 – wie gut es doch tut, im Eighties-Kanon der Veröffentlichungen endlich einmal etwas Unterproduziertes zu hören!

Zed Yago (Zed Yago, 1988)
Erholt? Dann geht´s weiter mit Eighties Kirchenchören, Walhalla-Hall und Drums, deren Schläge bis zum nächsten Hit nachhallen. Ist bei den 80er-ZZ Pop auch nicht anders. Oder hätte sich etwa jemand Zevon Warren gewünscht?

Soundtrack Part 2: Hörenswerte Songs aus den Achtziger Jahren von A bis Z

Alone (Heart, 1987)
Eine ausgezeichnete Ballade – nur leider Eighties-Style: Wie gut könnte diese Nummer sein, hätte man statt des Bontempi-Keyboard-Geklimperes ein echtes Klavier verwendet und den Song beim Arrangement nicht auf Single-Hit-Format zusammengestutzt? Re-record this before you die! Und die Denver-Clan-Frisuren müssen auch nicht mehr sein!

Bitches Brew (Aerosmith, 1982)
Anspielstelle: „Another Fool" und das, was direkt danach kommt: So geht Rock and Roll!

Cry no more (LA Guns, 1988)
Cry no more ist kein kompletter Song, sondern „nur" das Intro zu „One way ticket" – aber was für eines! Kann mit dem Vorspiel zu Nobody home von The Wall mithalten!

Dancing on your grave (Motorhead, 1983)
Warum so politisch korrekt und nicht „Pissing on ya grave?" 30 Jahre später spielten Motorhead immer noch einen Song pro Konzert von Another Perfect Hangover-

Album. Im Hinterkopf bei Konzertgängern immer der Torschlusspanik-Gedanke: Es könnte eventuell das letzte Mal gewesen sein. Mit dem Ergebnis: Keine andere Band hat man im letzten Jahrzehnt so oft live gesehen.

Elsie (Divinyls, 1982)
In den 1980er Jahren gab es in der BRD inoffizielle Sampler, welche sich „Munich City Nights" nannten. Die Enttäuschung war riesengroß als wir diese erst- (und folglich auch letztmals) ergatterten: Standard AOR à la Whitesnake, Toto oder Foreigner. Einziger Lichtblick war Elsie von den Divinyls, das mit allen anderen Stücken stilistisch glücklicherweise nichts gemein hat.

Fade to black (Metallica, 1984)
Metallicas Children of the Damned.

Gypsy road (Cinderella, 1988)
Während der Hairspray-Hochphase finden die als Replacement-Bon-Jovis gestarteten Ami-Rocker back to Blues!

Hells Bells (ADAC, 1980)
Der beste Song der ACDC-Motorwelt. So viele Klassen über TNT, Let there be rock oder Zanderstruck.

I´ll give you love (Wild Horses, 1981)
Das Format ist ausschlaggebend: eine Doppelsingle dieser kurzlebigen Band mit einem der Club 27-Musiker: Brian Robertson. Er lebt zwar noch, ist aber – nach exakt einem intensiven Jahrzehnt von Lizzy über Motorhead, besagte Wild Horses bis hin zu Jimmy Miller – musikalisch absolut

tot. Es gibt somit nicht nur die bekannten Club 27 Mitglieder wie Jones oder Joplin, sondern auch Typen wie Leslie Harvey (Stone the Crowes), der nach einem Stromschlag auf der Bühne abgenibbelt ist – und eben den musikalisch scheintoten Robbo. Live fast die young!

Jonah-man Jazz (Tassilo Gymnasium Simbach am Inn, 1988)
Deshalb wichtig für die Entstehung dieses Buches, weil der Buchautor dort erstmalig an einer professionellen LP-Aufnahme teilnehmen durfte. Eine Platte herauszubringen, war damals für Musikbegeisterte wie uns das Allergrößte, was man im Leben schaffen konnte. Gewünscht hätte man sich allerdings eine V.Ö., die man auch vorzeigen kann. Definitiv kein Kauftipp!

Kids of the black hole (The Adoslescents, 1981)
Der US-Westcoastpunk darf in dieser Sammlung nicht fehlen. Social D.'s oder Henry Rollins' Anfänge sollten die meisten kennen; ebenso wurden Fear auf dem Tortellini Accident noch mal aufgewärmt. Die Jackass-Vorläufer Crusty um Mike Metzger und Travis Pastrana bedienten sich um die Jahrtausendwende in ihren Moto-Cross-Videos ein letztes Mal des amerikanischen Free and Easy-Lebensgefühls, wie man es in den 1980er Jahren kannte und sogar bei den Punks spürt.

Liebeslied (Tote Hosen, 1988)
*Die Hosen waren wie keine andere deutsche Band stilprägend für die Achtziger, seinerzeit noch ohne das wichtigtuerische Branding „**Die** Toten Hosen". Ich gehe davon aus, dass auch deren Aufscheinen in dieser Liste nicht je-*

den freuen wird. Eines muss man ihnen trotz allem lassen: Wenn die Hosen nicht gerade im Schunkelrhythmus über Bier und (ihre eigene) Bürgerlichkeit sangen, waren sie phasenweise richtig gut!

My oh my (Slade, 1983)
Slade durften sich mit den Ramones um die Pole-Position der „am merkwürdigsten aussehenden Typen in Rock-Bands" streiten – und das ist noch sehr wohlwollend formuliert. Deren Groupies konnten einem schon fast leidtun! Immer wieder gelangen Slade aber gute Songs; Noddy Holder war schließlich als Nachfolger von Bon Scott (1980) und erneut als Nachfolger dessen Nachfolgers Brian Johnson (2016) im Gespräch.

No one like you (Scorpions, 1982)
Als ich gegen Ende der Achtziger Jahre zum ersten Mal in den Vereinigten Staaten war, lief dort keine andere Band so oft im Radio wie die Scorps. Ihre besseren Stücke sind ganz gute Autofahrmusik.

Out in the fields (Gary Moore, 1985)
Der für einen Wolle Petry-Lookalike-Contest-Sieger leider zu früh verstorbene Philty Lynott ließ sich ein letztes Mal von seinem Freund (?) Gary Moore abzocken, als er ihm für 5000 Pfund bar auf die Hand Vocals, Bass und Video-Performance für diesen Hit ablieferte. Sein neues Management, das ihn nach dem Grand Slam-Debakel (nein, er hat nicht gegen Boris Becker im Tennis verloren!) wieder ins Licht der Öffentlichkeit zurückbringen wollte, war nicht gerade amused!

Prowler (Iron Maiden, 1980)
Dieser frühe Song beweist, wie nahe sich NWOBHM und Punk tatsächlich standen.

Question of time (Depeche Mode, 1986)
Um die Achtziger fair zu komplettieren, darf eine Band aus der Synth-Pop- bzw. New Wave-Ära nicht fehlen; auch The Cure sollten einmal erwähnt worden sein (was hiermit geschehen ist). In den Neunzigern standen schließlich Metal-Acts Schlange, um etwas von D.M. zu covern. Selbst schuld!

Rock and Roll outlaw (Rose Tattoo, 1981)
Bekanntlich coverte Helen (nicht Helene) Schneider den Song als „Rock and Roll Gypsy". Warum eigentlich nicht Rock and Roll Junkie? Come taste the original!

Something to believe in (Ramones, 1986)
Guter (Pop-)Song, witziges Video als Band Aid-Persiflage. Mit der B-Seite „Somebody put something in my drink" eine der stärksten Singles der New Yorker.

Think about you (Guns and Roses, 1987)
In diesem Song ist alles drin, was die 80er-Originalbesetzung der Gunners ausmachte: Härte, Speed und Romantik. Wer außer Izzy Stradlin wäre auf die Idee gekommen, im Refrain eine akustische Gitarre einzusetzen?

Used to love her (Guns and Roses, 1988)
G'n'R lieferten mit Used to love her bzw. One in a 1000000 den politisch inkorrekten Gegenentwurf zum „Wind der Wechseljahre" – und ja: Axl singt wie Janis Joplin. Lies hat schließlich die Unplugged- und Pfeif(en)-Welle ausgelöst.

Voices Carry (Til Tuesday, 1985)
Bis zur Komplettübernahme der PR-Seite des Musikbusiness durch die Digital World war Casey Kasem einer der wichtigsten Radio-DJs im amerikanischen Musikmarkt. Er hat immer wieder persönliche Favorites gepusht. Aimee Mann war mit ihrer Band Til Tuesday ein typisches Beispiel dafür.

Waiting on a friend (Rolling Stones, 1981)
Die Stones waren auch in den 80ern maßgebend. Sie läuteten die Ära der gigantischen und gesponserten Arena-Konzertreisen ein. Studiomäßig boten sie in diesem Jahrzehnt bestenfalls Kiffersound >>>Check out the Video!

X-Mas/Dead by (Hanoi Rocks, 1983)
Die Finnen haben leider nie einen für die Band typischen Singnature-Song geschafft/en, der alle ihre Elemente in einem Musikstück vereinen könnte; Dead by X-Mas kommt am ehesten hin...

Youth gone wild (Skid Row, 1989)
...was man für Skid Row nicht behaupten kann: Y.G.W. bringt Bachs Shouter-Qualitäten mit dem Shredder-Stil der Saitenfraktion bestens in Einklang.

Zimmermann (Normahl, 1984)
Zimmermann handelt nicht von Schraub' oder Dübel, sondern vielmehr von politischer Willkür. Veröffentlicht auf Mülleimer-Records: Ein Label, stellvertretend für eine Eighties-Subkultur an genrebezogenen Indie-Bands.

Make it: Wasted Youth

Die Idee zu diesem Buch entstand ganz spontan: Als ein paar Unvorgiven („Unvergebene"), sprich übrig gebliebene ehemalige Rest-Harte, eines Abends am Ufer des lokalen Baggersees saßen und plötzlich eine merkwürdige Gestalt auf diese Gruppe zu stolzierte: all in Leather („Lässer") gekleidet, lange und pechschwarze Haare, abgeschnittene Cowboystiefel und mit finsterem Blick: ein Typ wie aus einer völlig anderen Epoche. So als hätte es Grunge, die 90er und was danach noch alles kam, niemals gegeben. Dieser eigenwillige Typ muss direkt am 31.12.1989 in eine Zeitmaschine ein- und 15 Jahre später wieder ausgestiegen sein.

Man begann zu rätseln, um welches schwarze Loch es sich dabei wohl gehandelt und wo er seine Zeit wohl abgesessen haben könnte: in St. Adlheim, St. Ammheim oder St. Raubing – wie die ganz exklusiven Luxusherbergen im Süden der Republik heißen. Seine Kleidung dürfte er bei Haftantritt abgegeben und genau so Jahre später bei seiner Entlassung wieder in Empfang genommen haben.

„Vom Stenz zum Stent ist es nur ein Buchstabe" war einer der ersten spontanen Einfälle, „von Metallica über Alcoholica zum Metabolica", der nächste. Ohne Frage: Das war alles noch ausbau- und verbesserungsfähig! Man stelle sich einfach einmal vor, was sich inzwischen für diesen fünfzehn Jahre in einem zeitfreien Black Hole weggesperrten Inmate alles geändert haben dürfte und wie oft so jemand back on the Street in der digitalen Moderne vor den Kopf gestoßen würde. Sofort fielen uns die ersten Beispiele dazu ein: Entsprechend dem Lebensrhythmus der 80er erscheint der Freigänger frisch gestylt und geschniegelt um acht Uhr abends am Treffpunkt Ortsmitte, doch in der traurigen Realität der Nullerjahre des neuen Millenniums ist dort keiner mehr, alle hocken daheim vor dem Computer. Plötzlich erklingt Musik: ein etwas schmalbrüstiger Sound zwar, doch nirgendwo ist eine Soundmaschine als Schallquelle zu entdecken; großes Erstaunen: Die Musik kommt aus Gegenständen, die so ähnlich aussehen wie Taschenrechner, ans Ohr gehalten werden und sogar fotografieren können.

Tags darauf wird der fiktive Außerzeitliche möglicherweise den lokalen Plattenladen aufsuchen bzw. darf froh sein, wenn es so einen in seinem Ort überhaupt noch gibt. Dort heißt es dann „das Release“, „die Intro“ und sogar „der Riff“. In Metal-Magazinen wird er sich über Open Air-Berichte wundern, die dezidiert Preistabellen vom Softdrink bis zum Veggie-Flammkuchen und der Schoko-Pretzel auflisten, aber oft die Bands nur klischeehaft erwähnen. Selbiges gilt für Leserbriefe, welche der Kulinarik und deren Antagonisten (nein, gemeint sind nicht die Schank-, sondern die Sanitäranlagen) frönen.

TNT ist inzwischen nicht mehr als Song, sondern hauptsächlich als Logistikdienstleister bekannt. ACDC kennt der Außerzeitliche noch als Band und nicht als Stromlieferant. Rock and Roll war in den 1980ern auch eine ganze Generation nach Bill Haley gehaltvolle Musik und kein inhaltsleerer DJ-Aufdruck von sich modisch inszenierenden Adventure-Companys! Rock im Allgemeinen war in Europa und den USA lebendig, was inzwischen nur noch auf ferne Länder und Kontinente mit Nachholbedarf, wie z.B. Südamerika zutrifft.

Rossmann hat die führende Marktstellung von Schlecker übernommen und der sechsbeinige Hund von der gelben Tanke hört mittlerweile auf den Namen Eni. Und Didi Bohlen gilt als der wichtigste Musikfachmann der Gegenwart! Apropos echte musikalische Könner: Gesprochen wurde über Pastorius (Bassbeater), nicht Pistorius (Wifebeater). Noch ein Gedanke kam uns in den Sinn: Bei Bitburg(er) dachte kein Eighties-Mensch an das in Kürze beginnende Fußballspiel, sondern an Reagan, Ridgeway und vielleicht noch an die Ramones! Und heute? „Ramones" ist inzwischen eine angesagte Kleidermarke mit Independent-Touch – ganz im Gegensatz zur in den Achtzigern ziemlich unangesagten Punk-Rock-Truppe.

Immer mehr Ideen entsprangen unserem informellen Brainstorming; letztlich fand ich besagte Idee und die Zeit, um welche es gehen sollte, einfach zu gut, um diese komplett in Vergessenheit zu geraten zu lassen. Bevor sich eine Orga wie die UNESCO der Eighties annimmt, wollte ich lieber selbst Wasted Youth verfassen!

Fading like tattoos

Eine Frage stellte sich vorab: Sind die Eighties überhaupt relevant genug für eine Veröffentlichung in Buchform samt Soundtrack-CD?

Zunächst gab es die Idee, ein Filmdrehbuch über den dramatischen Zeitenwandel aus Sicht eines in der Vergangenheit gefangenen und geistig-ideologisch stehen gebliebenen Menschen zu erstellen. Schnell wurde dabei ersichtlich, dass eine derartige Projektidee in Buchform am sinnvollsten erscheint. Man läuft bei filmischen Darstellern immer Gefahr, dass deren Erscheinungsform nicht den Vorstellungen des jeweiligen Betrachters entspricht. Heutzutage jemand zu finden, der so aussieht und gestylt werden kann wie vor 30 Jahren, dürfte gar nicht so einfach sein – nicht nur die Zeiten ändern sich, auch die Menschen als ein Produkt ihrer Zeit verändern sich in Habitus und Gestus. Man beobachte nur, wie viele Menschen heute ihr Gesicht und ihr individuelles Aussehen hinter den uniformen drei „Bs“ verstecken (BBB = Bart, (Sonnen-) Brille, Baseball-Cap).

Darüber hinaus gab es einige Zeit später einen Film, der mit einer dort skizzierten Person, welche die Deutsche Wiedervereinigung verschlafen hatte, etwas Ähnliches umsetzte. Geistreicher erscheint ohnehin die umgekehrte und ebenfalls bereits niedergeschriebene Idee, dass in der DDR Erdöl gefunden würde und ein sozialer Wohlfahrtsstaat unter autoritärer Führung entstünde, der Westdeutsche nicht einreisen ließe.[20]

Somit war das Genre Rock and Roll-Roman in Buchform festgelegt. Damit aber noch nicht genug, denn im Mai 2015 erschien Thomas Gottschalks Biografie: mit einer ähnlichen Vorgehensweise, Songtitel als Kapitelüberschriften zu wählen. Erleichtert war ich wenigstens darüber, dass er bis auf „School´s out“ doch eine Stufe softer unterwegs ist.

Inhaltlich sollte das Wesen der Achtziger Jahre durch die Verwendung einer Identifikationsfigur verdeutlicht werden

(Wer Junkie nicht mag: Ablehnung erfüllt denselben Zweck!). Der jugendliche Charakter des Mittelklassenkindes Junkie vereinigt Widerspenstigkeit, Trotz und Auflehnung gegenüber allem, was Veränderung bewirken könnte, mit dem narzisstischen und regressiven Wunsch, dass alles bitteschön immer so einfach und anspruchslos bleiben möge – bis hin zu verschiedenen Selbstoffenbarungen. Exemplarisch sei hier die Traumszene im Kapitel „Coming home“ angeführt: Das Bild des Nicht-Abbremsen-Könnens verdichtet Ängste, wie jene des Nicht-Einhalt-Gebietens gegenüber Wutgefühlen oder von Gefühlen nach dem Geliebtwerdenwollen überwältigt zu werden. Der erlebte Tagesrest (endgültiger Verlust der Akteurin, welche diese erhoffte Liebe geben könnte) gibt der Romanfigur sprichwörtlich ebendiesen. Nach diesem Kurzausflug in die Psychoanalyse wieder etwas Profaneres – bevor es vergessen wird: Greetings to Irma bzw. Heeeeeeeelga!

Die fortschreitende Entwicklung von Junkie zeigt sich auch im Spracheinsatz. Bewusst wurden zu Beginn des Buches Elemente der 80er-Jugendprache berücksichtigt. Im weiteren Verlauf reift auch dic Ausdrucksform. Weitere Interpretationen bleiben dem Leser überlassen.

Times they are a-changin´

Etwas hochtrabend formuliert handelt es sich bei Wasted Youth um ein zeitgeschichtliches Dokument der 80er Jahre in Form eines „Sittengemäldes“. So wie es in den Fifties die Rivalität zwischen Rockabilly-Typen und (anderen) Spießern gab, in den Sechzigern zwischen Mods und Teds, in den Seventies zwischen Punks und Hippies, war es im achten Jahrzehnt des Zwanzigsten Jahrhunderts der Kampf Rocker gegen Popper – der im Gegensatz zu früheren Jahrzehnten weniger körperlich, sondern subtiler, beispielsweise mit geringschätzenden und vernichtenden Blicken von Vatermörderkragen zu Nietenhalsband geführt wurde.

Innerhalb dieser optisch, aber auch lokal (im direkten Wortsinn, denn jede Fraktion hatte ihre eigenen Lokale) segregierten Gruppen, kam es alkoholbedingt zu späterer Stunde regelmäßig zu Konflikten: Wer mit anderen „ein Problem hatte", war jedoch immer bereit, dieses an Ort und Stelle zu lösen. Meistens gingen Auseinandersetzungen deshalb glimpflich aus. Gemobbt oder gedisst wurde jedenfalls noch niemand; etwaige Streitigkeiten wurden von Angesicht zu Angesicht geklärt. Man einigte sich auf eine gemeinsame Band und trank anschließend dieser zu Ehren ein Bier.

Das für die eigene Biografie enorm wichtige Hausverbot („Schmiss der Achtziger") holte man sich persönlich beim Türsteher in der Disse wegen ungebührlichen Verhaltens ab und nicht etwa bei Facebook wegen fragwürdiger Kommentare! Damals wurden Menschen schließlich nicht nach Hautfarbe oder Religionszugehörigkeit eingeteilt, sondern ausschließlich nach ihrem Musikgeschmack. Sogar Fußball war damals noch Rock and Roll: Mit dem gängigen Stadion-Outfit, z.B. zerrissene Jeans und Kutte mit S04-Patch, wäre man auch auf einem Judas Priest-Konzert nicht negativ aufgefallen. Eine Fußballmannschaft beispielsweise, der – wie kürzlich allen Ernstes geschehen – für den erfolgreichen Klassenverbleib in Aussicht gestellt wird, zur „Belohnung" ein Helene Fischer-Konzert besuchen zu dürfen, wäre dem Geist der Achtziger folgend lieber freiwillig abgestiegen![21]

In der Tat hat sich vieles geändert, seit die Achtziger Jahre Geschichte geworden sind. Wenn der Name Metal(l) in Zusammenhang mit Insolvenzen genannt wurde, dann dachte man seinerzeit an Firmenpleiten, deren Beschäftigte der IG Metall angeschlossen waren und nicht – wie nach „Lulu" kolportiert – an die angeblich drohende Metallica-Insolvenz. Dazu war diese Band noch viel zu sehr Untergrund und – auch das sei einmal in aller Deutlichkeit gesagt – nur eine von ganz vielen!

Selbstverständlich existierten im 80er-Jahrzehnt keine MP3s, keine Klingeltöne und ebenso wenig wurden Melodien von Rocksongs, wie z.B. „I was made for loving you" im Kaufhausfahrstuhl malträtiert. Da war noch nichts mit Download und schon gar nichts mit Streaming. Musik wurde nicht auf Festplatten geladen, sondern auf Schallplatten gekauft. Wenn die neue Veröffentlichung der Lieblingsband herauskam, wollte man diese mitsamt großem Cover-Artwork schon selbst in der Hand halten. Bei Musik hörte jeder Spaß auf, das war schließlich keine Frage von Leben oder Tod, sondern viel mehr! Im Gegensatz zur heutigen Generation Baumarkt haben wir unser Erspartes in den nächsten Plattenladen getragen und nicht für Schrauben oder Dübel ausgegeben. Wir haben keine Mauern gebaut, sondern ebensolche eingerissen! Wir haben nicht durchs Glasfasernetz geschaut, sondern ins Glas! Geglassed haben wir allerdings niemand – das waren die Seventy Punks und mit diesen konnten wir diesbezüglich dann doch nicht ganz mithalten.

Yesterday

Bleiben wir noch etwas beim Thema Musik: Analoge Soundquellen hatten durchaus ihre klanglichen Vorteile gegenüber dem klapprigen und blechernen Gesäusel, welches heutzutage aus den modernen Mediaplayern kommt. Musik wurde noch richtig laut gehört – so lange bis das Tapedeck zu leiern begann und die acht großen Batterien im Soundblaster komplett leer waren. Übrigens trug man diesen nicht auf der Schulter – das wäre poppermäßig oder später dann Rapperstyle gewesen. Nein, man hielt ihn entweder lässig in der linken Hand (die rechte war tabu, weil für die obligatorische Bierflasche reserviert) oder schnallte die Soundmaschine auf dem Möped fest – wenn dort noch kein Bierkasten auf dem Gepäckträger war. Benzin kaufte man noch nicht an der Tankstelle, sondern in der Apotheke.[22] Die Straßen waren enger in den 1980ern, unser Horizont stattdessen weiter; fahrende Parkuhren (Segways) galten als noch nicht vorstellbare Zukunftsmusik.

Statt Aperol-Spritz im Designerglas trank man Bier aus Flaschen, direkt dem in der Mitte der Clique altargleich positionierten Kasten entnommen. Vom Stiefelabsatz bis zum eigenen Gebiss ließ man sich sämtliche Varianten einfallen, um eine Flasche möglichst effektvoll zu entkronen.

In den Eighties gab es noch mehr Musiker als Musikkritiker, keinen linksdrehenden Milchreis, keinen Wolfgang Van Halen und kein „Ich gebe mein kleines musikalisches Familienunternehmen an die nächste Generation weiter". Unter einem Hörndl verstand man in den Jahren mit der Vorwahl „198" nicht den Tenorhornbläser von Bavarias next Bierzeltband oder wie die ganzen Hosenjodlertruppen heißen mögen, sondern allein die Teufelshörner der gelben Engel vom ACDC. Von wegen: Jemand kratzt auf der Bühne auf einem Waschbrett herum und alle finden´s gut. Für so etwas legte in den Achtzigern niemand sein Geld hin! Analog galt: Hatte sich im Jahr 1988 jemand eine neue Lederhose gekauft, dann kam er nicht vom Trachtenausstatter, sondern aus dem Bikershop. Mit letzterem war übrigens die „Maschine“, also das Motorrad, gemeint und nicht ein neonfarbenes Mountainbike. Diese galten seinerzeit noch nicht als Ich-bin-dann-mal-weg-Symbol berufstätiger Familienväter, sondern eindeutig als Kinderspielzeug.

Freie Radikale traf man im 80er-Jahrzehnt ganz bestimmt nicht bei den Ärzten oder Apothekern seines Vertrauens, sondern bei der Demo next door! Apropos: Es hieß noch immer „Free Keef!“ und nicht „Free Willy“! Wer hätte gedacht, dass Mikkey Dee jemals bei den Scorpions enden und mit dieser Band Overkill covern würde? Bleibt nur zu hoffen, dass Klaus Meine diesen Song nicht singt, sondern nur pfeift! Und noch etwas, weil wir gerade bei Bands sind: Social Distorion war seinerzeit noch eine Punk- und keine Americana/Country-Truppe!

Selbst wenn Lemmy einmal „I knew the world before there was Rock and Roll“ verlautbart hatte – die Zeitzeugen der Eighties können hier zwar nicht ganz mithalten, aber immerhin festhalten: „We knew the world before there was Internet” – und das war tatsächlich eine komplett andere Welt! Weder Atari, Sega oder Gameboy wie die erste Welle der halbdigitalen Computer- bzw. Telespiele hieß, hatten eine realistische Chance gegen das, was das echte Leben bot. Gesurft wurde nicht im Netz, sondern auf dem Baggersee. Im Internet haben wir unsere Jugendzeit ganz gewiss nicht verschwendet – was heißt überhaupt verschwendet: Unser Wasted Youth war in Wahrheit vielmehr ein Worship Youth!

In der zeitgeschichtlichen Literatur findet man oft Sätze wie diesen: „Gemessen an ihren hohen Ansprüchen, kann die Jugendbewegung der Sechziger Jahre als gescheitert betrachtet werden.“ Das konnte den 80ern nicht passieren – deren Jugend hatte überhaupt keine Ansprüche. Selbst wenn die Anfänge des digitalen Überwachungsstaates in den 1980er-Jahren ihren Ursprung fanden – sie waren noch völlig chancenlos. Umso besser für alle Halbstarken, VoKuHiLas, langhaarigen Bombenleger (nicht wie heute „langbärtige Bombenleger“!), Matten- und Kuttenträger und Möchte-gern-Rockstars. Die Eighties-Youth-Kidz waren letztlich die Zöglinge derjenigen, die selbst auf dem Marsch durch die Institutionen im Schleim der Heuchelei stecken geblieben waren. Um dann Typen wie uns in eine Welt auszuspucken, die nur noch aus Kapital, Kommerz und Konsum besteht.

Es war schon noch ein anderer Menschenschlag in den 1980er Jahren: Die Jungen haben damals vehement gegen die Volkszählung gekämpft – und jetzt? Die Jugend von heute stellt angefangen vom virtuellen Einkaufszettel über die Preisgabe albernster Vorlieben bis hin zum erfolgreichen WC-Besuchs-Bericht alles (Un-)Relevante freiwillig ins Netz. Ist das der Dank? Wofür bzw. wogegen bzw. für wen haben wir eigentlich damals protestiert?

Angesichts der tatsächlichen Lebenswelt und dem, was heute davon übrig geblieben ist, stellt sich die Frage: Will man die Aufarbeitung dessen, was in den 1980er-Jahren wirklich los war, den Kommerzgiganten mit ihren Olivers, H.P.s und Hugo-Egons komplett überlassen? Diesen

Shows mit ihren brav von Karteikarten ablesenden Moderatoren? Um auf diese Weise wieder einmal ein weiteres Mainstream Best of NDW-Greatest Hits-Album zu verkaufen?

Die 80er waren doch viel mehr als eine einzige Bad Taste-Party mit Moonboots und Madonna, mehr als primitive Popsongs, mehr als Kleopatra-Eyeliner, Schulterpolster, Lederkrawatten, Stonewashed-Jeans, Konsumkids und Karottenhosen, mehr als hochtoupierte Haare und freakige Frisuren und auch viel mehr als Dallas, Denver und Dirty Dancing!

Das Plastikjahrzehnt steht auch für Aids, Aufkleber, Anti-AKW, Aerobic, Anarcho, Autoreverse und Amipro; Butterberg, Brottrunk, Bleichmittel und Barbara Rütting; Blutspendenaufrufe, Botschaft, Beton, Barschel und Bachmaier; Bobbele, Buttons, BMX, besetzte Hafenstraße, bleifreies Benzin und Brokdorf; Cowboystiefel, Cherry Coke, Challenger, Commodore 64 und Casio; DDR, Dauerwelle und Doppelbeschluss; Elektro, Energie und Ende-Gelände; Friedensbewegung, Flick, Flashdance, Frostschutzmittelwein, Fahrradpower, Flugzeugbannerwerbung und Frauenbewegung; Gorbi, GTI und Guldenburgs; gestörtes Sein, gespaltene Welt und G-Punkt; Herrhausen, Heidemann und Honecker; Kommerzialismus, Koalitionswechsel und Konsumkids; IM, IBM und Interpol; KITT, Krawall und Amok-Koma; Mailorder, Merbold, Messner, Miami Vice und Montagsdemo; Milchsee, Metalljalousien, MS-Dos, MTV und monochrome Medien; NATO, Neonlampen, Nikolaikirche, New Romantic und Neue Heimat; Ostermärsche, Östrogen und Ostpaket; Pop-Art, Punk, Postmoderne, Pogo und Produktdifferenzierung; Rezession, Rollschuhe, Rambo, Recycling, Rust, Rubic´s Magic und Röhrenbildschirm; Sponti, Startbahn West, Strickliesl-Parlamentarier, Straßenschlachten, Selbstinszenierung, SASE (=SelfAdreSsedEnvelope), Smog-Alarm, Safety-pin, Synthi-Sirup und Super-GAU; Trabbi, Telespiele und tiefergelegte Mantas; Unangepasstheit, Untersuchungshaft und UKW; Vopos, verspiegelte Sonnenbrillen und Vermummungsverbot; Wetten dass, wildgewordene Handfeger, Woodpeckers, Warschauer Pakt und Wall Street; Zadora, Zonk und Zauberwürfel – kurzum: die Achtziger waren die Lebenslektion der letzten geburtenstarken Jahrgänge!

Ach ja, fast hätte ich etwas vergessen: Man schrieb das gesprochene „Tschankie“ seinerzeit noch nicht „Chunky“, sondern „Junkie“ – womit wir beim Verfasser gelandet wären.

About the writer

Geschrieben wurde Wasted Youth von Dr. Achim Heinze, Jahrgang 1971, der hauptberuflich Rektor einer Grundschule ist. Er hat die 1980er Jahre erlebt und überlebt – wobei Letzteres nicht allzu schwierig war...

....und Wasted Youth letztendlich deshalb verfasst, weil er es leid war, darauf zu warten bis es ein anderer macht.

Neben der Musik sind als weitere Beschäftigungsfelder der Ausdauersport und die Tätigkeit als Buchautor (pädagogische Lehrbücher, Artikel in Fachzeitschriften, Bücher über Extremsport und Jugendkultur) zu nennen. Als zweifacher Weltmeister im Extremradsport (Ultracycling, Ultratriathlon, Berglauf), den er seit zwei Jahrzehnten parallel zu seinem beruflichen Engagement ausübt, ist er es eigentlich gewohnt, besonderen außergewöhnlichen Belastungen standzuhalten.

Doch was zu viel ist, ist zu viel: Als Heinze auf dem Weg zum zweiten WM-Titel im Extremradsport während eines Wettkampfgefechts aus den Außenlautsprechern der Teamfahrzeuge seiner Mitstreiter Tekknoklänge vernehmen muss, sieht er dunkelrot.

Dank der fortschreitenden Kommerzialisierung des Sports zum Event ist man bereits einiges gewohnt: „The Final Countdown" oder „Stand up for the Champions" und ein Herumgehopse von „Erwachsenen“ bei Rennstarts wie auf einem dritten Kindergeburtstag bzw. das unsägliche „We are the Champions" bei Siegerehrungen.

Doch es sollte noch schlimmer kommen: „Atemlos durch die Nacht" während ebenso einer Rennnacht bei der Ultracycling-WM und das alles in Endlosschleife! Dann wird auch er – wie jeder andere normal entwickelte Mensch, der bei seiner Lieblingsmusik keinerlei Kompromisse macht – zum Rock and Roll Junkie!

Heinzes musikalischer Werdegang begann bereits im Grundschulalter mit klassischem Klavierunterricht. Ergänzend dazu kam E-Bass, was er schon als Zehnjähriger mit Slappen, Thumbs und Dead Notes lernte.

Da Funk allerdings nicht der Soundtrack seiner Eighties Youth war, wurde die E-Gitarre zum Hauptinstrument. Seit der Jugendzeit spielt er in Rockbands und hat – anders als der Künstlername vermuten lässt – weder Interesse an noch Erfahrung mit dem, was man gemeinhin unter einem „Junkie" versteht. Abhängig und süchtig ist er höchstens von und nach harter Rockmusik.

Rock and Roll Junkie: Wasted Youth – Die CD zum Buch

Zeitgleich zum Rockroman Wasted Youth erscheint das gleichnamige Konzeptalbum mit dem Soundtrack der Eighties der etwas härtenen Gangart: authentisch aufgenommene Songs, deren Entstehungszeit bis in die Eighties zurückreicht.

Tonträgertitel: Wasted Youth
Interpret: Rock and Roll Junkie
Label: Timezone Records
Musikstil: Classic Rock/Hardrock/Sleaze/Rock and Roll
Für Fans von: Guns and Roses, Thin Lizzy, Ramones, Aerosmith, Hanoi Rocks
Spielzeit 43:31
Tracklist: Wasted – Full moon fever – Yesterday – Don´t tell me – Like no tomorrow – Teenage years – Never gonna marry you – Love, trust and peace – Rock and Roll Junkie – Don´t be denied

Info/Mailorder/Bestellung:

www.timezone-records.com
Bestellnummer: TZ1425

Aktuelle Infos:
www.rockandrolljunkie.de

Danksagung

Nach der Lektüre gehe ich davon aus, dass niemand an dieser Stelle ein „Very special Thanxxx“ erwartet hat. Da die Achtziger längst beerdigt sind, passt zur Abwechslung der pietätvolle Begriff „Danksagung“ besser.

Wem ist eigentlich zu danken? O.K. als Erstes Florian M.W. für die Erstlektüre. Dann vor allem den Bands, die sich dem Gepose des achten Jahrzehnts wenigstens halbwegs erfolgreich widersetzen konnten (wie angedeutet am Konformitätsmerkmal Drumhall unschwer nachzuhören). Weiter bei den Lektorinnen, die das Buch witzig und wichtig fanden – besonders bei einer Person, die sich für die Aufnahme von Andy McCoy in die illustre Reihe um Keef Richards bedankte. Nicht zuletzt gilt mein großer Dank Herrn Daniel Bieter samt Rediroma-Verlag und ganz besonders jedem Leser für sein Interesse an diesem Buch und Jahrzehnt!

Hinweis

Auf die weibliche Schreibung wird im Text verzichtet – das geschieht nicht nur aus Gründen leichterer Lesbarkeit, sondern zur Erreichung höherer Authentizität; es handelt sich schließlich um Rock and Roll und nicht um gender-friendly Harmony-Kost!

Wem dieses Ôevre trotzdem zu wenig Metal ist, demjenigen steht es selbstverständlich frei, sein persönliches Buchexemplar per schwarzem Stabilo-Filzstift zu metallisieren.

Wie? Indem jedes „O" mit zwei Punkten garniert wird! Bei Möped hab´ ich schon mal vorgearbeitet. Vive le Röck!

Fußnoten

1: Nicht direkt unerheiternd klingt es, wenn man heutzutage im Internet Kommentare über Megadaves Anarchy-Cover liest: „Megadeth's cover has incorrect lyrics“. Das wirkt in etwa so, als wären die Texte der Sex Pistols besonders korrekt.

2: Oder wir waren einfach noch zu jung und unerfahren, was sexuelle Praktiken im auf den ersten Blick so prüden Japan anbelangt?

3: Der Begriff „Portfolio“ blieb einem damals noch erspart!

4: Kleiner Hinweis an Femen + Co: Zur Zeit, als dieses Buch spielt, war das die richtige Reihenfolge! Die „Hier wohnen Dorit und Alfons Mohnhaupt-Hinterstoisser“-Nummer und eine maskuline Reihenhaus-Selbstnominierung für den „Goldenen Pantoffel“ kam erst später!

5: So manches Mal würden durchaus zwei Punkte auf dem „o“ dem tatsächlichen (Nicht-) Geschehen näherkommen.

6: Sollte Wasted Youth jemals ins Englische übersetzt werden, dann könnte an dieser Stelle „King“ eingesetzt werden. Dieser spätere MTV Moderator gilt schließlich als ungeschlagener GröVoKuHiLaZ („Größter Vornekurz/hintenlang-Frisurträger aller Zeiten“).

7: Selbstverständlich nur die Acht-Song-Original-Pressung ohne „Darkness“

8: Die Eighties waren wie gemeinhin bekannt weder laktose- noch fritteusefrei!

9: Paul di Annos Meinung, der als eigentlich viel besserer Sänger seine Metal-Fans immer wieder mit solchen J.R.-Huldigungen vor den Kopf gestoßen hat, kann man sich nur anschließen.

10: Ächsl stand noch nicht zur Debatte!

11: Zugegeben: Die letzte war eine Fangfrage.

12: Wenn nicht dieses Buch verfasst worden wäre: Hüstel, hüstel...

13: Historiker sprechen in diesem Zusammenhang vom Ende des kürzesten aller Jahrhunderte: Das 20 Jahrhundert begann faktisch mit dem Ende des Ersten Weltkriegs und endete mit dem Fall der Ost-West-

Mauer. Nicht zu vergessen: Selbst die nicht unbedingt als Intelligenzbestien bekannten Ramones hatten das 20. Jahrhundert bereits 1980 für beendet erklärt.

14: Dass er ein Vierteljahrhundert später als FIFA-Kaiser zwangsabgedankt würde – wer hätte das 1990 gedacht? Böses Spiel mit Franz reloaded? Kaiserlicher Dank an die vergleichsweise softe Titanic!

15: Falls man diese Combo so schreibt – von mir gibt´s jedenfalls keinen Klick für euch!

16: Streng genommen die eigentliche A-Seite, weil Angus und Co im Gegensatz zur Record-Company derselben richtigen Meinung waren, dass nämlich TNT der schlechtere Song sei.

17: Bitte nicht alles bierernst nehmen. Tatsächlich halte ich C.C. für einen ganz interessanten Typen, der mit seinen Weltschmerztexten einen absolut notwendigen Kontrapunkt zum oberflächlichen „It´s a Party"-Motto der 80er Jahre gesetzt hat. Ganz im Gegensatz zu seinem initialen Namensvetter, Herrn Deville! By the way: Nirvana ist nicht Grunge, sondern Punk!

18: Ja, ich weiß, es handelt sich nicht um Warzen, sondern Fibrome. Schon klar! Für politische Korrektlinge deshalb: „Das in die Jahre gekommene Fibromferkel..."

19: Von ZZ Top besitze ich nichts.

20: Sollte jemand tatsächlich Wasted Youth verfilmen wollen, gilt das eben Geschriebene selbstverständlich nicht mehr. Über Geld lässt sich bekanntlich immer reden. Hö hö!

21: Wobei ich in einem so schwerwiegenden Fall für die Zwangsauflösung des kompletten Vereins plädiere! Solche schrecklichen Ereignisse dürfen sich einfach nicht wiederholen.

22: Stopp, das waren zwar die Achtziger Jahre, aber diejenigen eines Jahrhunderts zuvor. Kleine Verwechslung, soll nicht wieder vorkommen!